Stock Market Wizards
Interviews with America's Top Stock Traders

股市金融怪杰

美国顶尖股票作手访谈录（典藏版）

[美] 杰克·D. 施瓦格 Jack D. Schwager 著

中国青年出版社

图书在版编目（CIP）数据

股市金融怪杰：美国顶尖股票作手访谈录：典藏版 / （美）杰克·D. 施瓦格著；刘雪薇译 . -- 北京：中国青年出版社，2024.7. -- ISBN 978-7-5153-7327-0

Ⅰ . F837.125

中国国家版本馆CIP数据核字第2024LT8042号

Stock Market Wizards: Interviews with America's Top Stock Traders
Copyright © 2001 by Jack D. Schwager
Published by arrangement with Harper Business, an imprint of HarperCollins Publishers.
Simplified Chinese translation copyright ©2024 by China Youth Press
All rights reserved.

股市金融怪杰：
美国顶尖股票作手访谈录：典藏版

作　　者：	［美］杰克·D. 施瓦格
译　　者：	刘雪薇
责任编辑：	肖　佳
美术编辑：	佟雪莹
出　　版：	中国青年出版社
发　　行：	北京中青文文化传媒有限公司
电　　话：	010-65511272 / 65516873
公司网址：	www.cyb.com.cn
购书网址：	zqwts.tmall.com
印　　刷：	大厂回族自治县益利印刷有限公司
版　　次：	2024年7月第1版
印　　次：	2024年7月第1次印刷
开　　本：	787mm×1092mm　　1/16
字　　数：	281千字
印　　张：	19.5
京权图字：	01-2023-2962
书　　号：	ISBN 978-7-5153-7327-0
定　　价：	69.90元

版权声明

未经出版人事先书面许可，对本出版物的任何部分不得以任何方式或途径复制或传播，包括但不限于复印、录制、录音，或通过任何数据库、在线信息、数字化产品或可检索的系统。

中青版图书，版权所有，盗版必究

谨以此书纪念

我的母亲玛格丽特·施瓦格,

她以她的善良、同理心和真诚深受所有

认识她的人爱戴。

并纪念我的兄弟科文·法卡斯,

他深受家人和朋友的爱戴,他们对他的支持

从未减弱——这是他美好一生的写照。

CONTENTS 目 录

作者的说明	007
致谢	009
前言：出师不利	011
｜斯图尔特·沃尔顿｜ 从深渊中重见天日	015
｜史蒂夫·沃森｜ 拨通财富热线	045
｜达纳·加兰特｜ 逆流而上	065
｜马克·D.库克｜ 收割标普指数收益	086
｜"兄弟"小阿方斯·弗莱彻｜ 双赢投资	119
｜艾哈迈德·奥库穆什｜ 从伊斯坦布尔到华尔街	139
｜马克·米勒维尼｜ 昼夜不停的股票交易者	161
｜史蒂夫·雷斯卡波｜ 终极交易系统	182
｜迈克尔·马斯特斯｜ 股海浮沉	202
｜约翰·本德｜ 质疑显而易见之事	217
｜大卫·肖｜ 量化优势	235
｜史蒂夫·科恩｜ 交易室	254
｜阿里·基辅博士｜ 赢家的心理	267
金融怪杰的经验	281
附录：期权——了解基础	307

AUTHOR'S NOTE 作者的说明

书中的采访是在1999年年中到2000年年初这期间进行的,也就是说正是在2000年3月的股市高点前。从2000年3月至今(2002年9月末),标普500指数跌了将近一半,纳斯达克指数的跌幅也将近75%。

因此读者看了这些专访可能会想:"嗯,那他们最近投资表现如何?"

好问题。

在这一修订版中,每一章最后都将附上简短的后续专访,关注这些操盘手在这段漫长的熊市中的经历,详细地回答这一问题。

ACKNOWLEDGMENTS　　　　致　谢

尽管我是通过个人在业内的人脉找到本书大部分交易员的，一些基金经理的数据库和文章仍然提供了有用的参考。特别是如下内容：

巴克莱MAPWindow系统版。这个软件每月更新，你可以在一个巨大的对冲基金经理数据库中搜索。软件设计直观，投资者可以对满足多个用户定义标准的交易项目进行数据提取和排序。（Barclay Trading Group: [641] 472-3456; www.barclaygrp.com.）

范氏对冲基金国际顾问公司。其对冲基金咨询服务包含了自己编选的对冲基金指数和最大的对冲基金数据库之一。这家公司向我提供了符合我一系列标准极其严格的对冲基金经理搜索结果。（[615] 661-4748; www.hedgefund.com.）

商品交易顾问报告。这是商品交易顾问业绩的季度综合汇编，包含为每位商品交易顾问精心设计的两页内容。同时，还有一个每月更新、便于使用的网站。顾名思义，该报告主要涉及专门从事期货交易的经理人，其中只有少数经理人主要从事股票衍生品交易。（国际交易者调查公司：[858] 459-0818; www.managedfutures.com.）

美国离岸基金目录。一本包括超700只离岸对冲基金的单页摘要和年度收益的汇总年刊，也有保持更新的网页版。（[212] 371-5935; www.hedgefundnews.com.）

在最初寻找值得纳入本书的交易员时，我将第一通电话打给了道格·梅克皮斯。他事业的根基，就是找到卓越的交易员，并让其投资自己和客户的资金。他从不吝啬与我分享信息，即便他这样做会影响他的后续投资。如果这些交易员变得太过出名，势必会产生影响。

汤姆·狄马克，作为一位声名远扬的技术分析师，他首创的指标在美国众多金融数据服务中被广泛使用。汤姆特别积极地帮我为本书找寻交易员。他为4位金融怪杰或他们所在的机构工作过,这有利于他为我提供这种帮助。

马蒂·施瓦茨与琳达·拉希克,这两位前金融怪杰("前"指的是他们的专访出现在之前的《金融怪杰》系列图书中,不是针对他们的交易才能)为我找来了这本书的金融怪杰。

对我寻找天赋异禀的交易员帮助良多的其他业内人士还包括:索尔·瓦克斯曼、乔治·范、鲍伯·摩里斯、安迪·古德、托尼·斯米让斯迪、洛兰·弗莱肯斯坦以及贾森·珀尔。

我意识到我很难客观判断自己正在写的书写作质量如何。因此,在写书过程中能有人提供客观反馈是非常宝贵的。我的妻子乔·安在每一章完成后都会马上阅读草稿。她之所以这么积极看草稿,并不是因为她有多么渴望阅读这些内容——事实上没什么比金融市场更让她不感兴趣了——只是因为我喋喋不休唠叨她,问她"你读过了吗",她逃不过就遂了我的意。乔·安提供了恳切的评价——有时甚至有点残忍——以及十分有用的建议,几乎所有建议我都采纳了。无论这本书最终定稿后有什么瑕疵,我都可以向读者保证,如果没有乔·安的建议,只会更糟。

PROLOGUE 前 言

出师不利

男人来自火星，因为他们错过了前往金星的航班。什么时候该出发去机场一直是我和我妻子各执己见的话题：我的观点是，够晚才让人心跳加速；我妻子的观点则是得提前到把堵车、爆胎、机场购物和吃一餐丰盛晚饭的时间都算上。

多年来，我去机场从不提前，也从未误过机。大概18个月之前，我搬到了玛莎葡萄园岛，那儿可以精确估算去机场所需的时间，因为旅游淡季交通通畅，机场也非常小，有点儿像老电视剧《比翼情天》里的机场，只是比那个还小一些。（至少我开始写书时是这样，后来启用了新机场。）

就在我和我妻子乔·安搬到玛莎葡萄园岛不久后的一天早晨，我们计划飞往波士顿。我对于能及时赶到机场这件事自负得很，机场离我家大约20分钟车程，我就比计划起飞时间早出门了35分钟。由于被一台开得很慢的车堵在了禁止超车的单车道上，车程比预计慢了几分钟，我意识到我把时间压缩得太紧张了。

"我们能赶上的，"我向我妻子保证，"只是不会有太多额外时间。"她似乎有点怀疑，我认为这是不合理的。车开到机场入口的时候，飞机还有10分钟就起飞了。尽管停车场与航站楼近在咫尺，我还是在入口处先让乔·安下车了，说道："让他们知道我们在这儿。"

大概1分钟后，我回来了，看到乔·安不安地站在外面等我。我很疑惑她怎么站在这里，就问道："怎么了？"

"飞机已经起飞了。"她以一种介于失望和"我早跟你说过"之间的语气说道。

"飞机已经起飞了是什么意思？"即使我知道准确的时间，还是看了一眼手表问道,"现在才9点52。"

我气愤地走进航站楼,之所以生气,是因为这架小型螺旋桨飞机没等我们,就早于预计起飞时间离开了。"我不理解",我对航空公司柜台的那位女士说,时刻准备进入那个委屈的顾客角色。

她的态度再和善不过了,"人一到齐,我们的飞机就会起飞。我们没有接到您的消息说您会晚到,我们就以为您不来了。如果您打电话提前告知的话,我们会让飞机等一等的。"她所言非虚,知道的话飞机真会等你,在玛莎葡萄园岛就是这样的。得到这样的解释之后,我怎么还能怪别人呢?

快进到6个月后,也就是本书第一次专访的时候。我计划要搭乘一整趟紧凑行程中的第一班航班,行程中我要在4天内前往4个州进行6次专访,绝没有误机的余地。

汲取了之前的教训,我预留了不少时间,准备提前抵达机场。在驱车前往机场的路上,送我过去的乔·安发现我的夹克上粘有棉絮。她提了一个有用的小建议,让我去机场柜台找人借胶带粘掉那些棉絮。我们提前三十多分钟到达了机场,我在路边下了车,和乔·安告别。办理完登机手续又坐了一会儿后,我意识到我还有足够时间来处理我的粘有棉絮的夹克,就走到柜台拿到了要用的胶带。

那个小小的候机室里有十来个人。不一会儿,就有一则我那趟航班的广播响起:"现在开始登机,批次一,座位号1到8的乘客。"我掏出信封大小的红色塑料登机牌,看到上面刻印着数字11。"真够稀奇的,"我小声自言自语着,"他们居然让这么小一趟航班的乘客分两批登机。"我坐下,继续我手上粘走棉絮的活儿。

我就心不在焉地坐在那儿,粘着我夹克上的棉絮。突然我回过神来,意识到在那则通知第一批乘客登机的广播后,至少又过了5—10分钟。我环顾整个候机室,惊恐地发现这里的乘客已经寥寥无几。我一跃而起,跑向通往飞机跑道的门,看见一架螺旋桨正飞快旋转着的小型飞机。"等等!"我一边跑向飞机一边疯狂地挥舞着双臂喊道。我意识到我整趟精心安排的旅程——整整4天,4个州,6场专访——就在这一刻土崩瓦解了。

空乘人员拦住了我，我亮出我红色的登机牌。"您哪儿也不能去。"他的口吻不容置疑。起初我以为他是说我迟到了，误了机。紧接着他就补充道，"您的批次将在5分钟后登机离开。"这时我才知道，在玛莎葡萄园岛机场，"批次"指的是不同的航班！

我溜回自己的座位，那种惊慌失措的感觉消失了，我也渐渐清醒过来，完全能体会到我刚刚的所作所为有多么愚蠢。上一次我感觉这么尴尬，还是因为我问了个不常来往的亲戚"孩子什么时候出生"，结果后来发现她两个月前就生了，只是显然保留了增加的体重的很大一部分。真糟糕。

"好啦，好啦，"你会说，"也许这算是有点意思的趣事吧，可这和交易或者投资又有什么关联呢？"很简单，如果你都把精力集中在从夹克上粘除棉絮这件事上，就很可能会误机。也就是说，别捡了芝麻却丢了西瓜，因小失大。这里有几个对市场短视的例子：

▶ 为找到最有潜力的新兴技术公司而做了详尽研究的操盘手，却忽视了该板块的股价过去6个月内上涨了70%，可这样的上涨却意味着极高风险的投资环境。

▶ 仔细分析了一家公司财报的操盘手，却没意识到，该公司飙升的利润来源于即将被新竞争对手威胁到未来销售额的单一产品。

▶ 将所有精力都投入到寻找更佳入市时机方法的操盘手，却几乎忽略了退出的时机与方式、控制风险的方法这样一些关键问题。

所有这些例子都包含相同的基本信息：保持全局观。关注整个市场和板块，而不仅仅是个股。注意定性因素，而不仅仅是可用的定量信息。制订一个交易计划，包括交易的所有方面，而不仅仅是入场策略。

|斯图尔特·沃尔顿|
从深渊中重见天日

  1999年6月，斯图尔特·沃尔顿历经8年时间打造了20世纪90年代最卓越的股票交易纪录之一，坐拥1.5亿美元管理资金，正是他事业如日中天之时，他却把所有资金都返还给了投资者，不再做任何交易。婚姻破裂对他情绪的影响干扰到了他专注交易的能力，斯图尔特觉得在他能再次将精力和热情百分之百投入资金管理之前，不应该继续从事这项工作。在之前8年里，他的年收益率最高达到274%，最低也有63%（不包括1999年的部分时期），年均复合收益率达到了惊人的115%（扣除管理费后，他的客户仍能获得92%的收益率）。

  斯图尔特·沃尔顿的操盘手生涯有着一系列的矛盾与对抗。他想做个画家或是作家，却做了操盘手。他热爱学术，鄙夷金融世界，可股市还是成了他一生的事业。他一度恨极了这份工作，每天早上醒来就觉得一天也干不下去，不辞职不行了，几年后股票交易却成了他十分热爱、全力奋斗的事业。他最初尝试交易股票时，一无所获，差点破产，后来他却游刃有余，能让自己的资金每年都翻一倍以上。

  我到访了加拿大侨民沃尔顿在旧金山市中心的办公室，发现他虽然管理着九位数的资金，却没有交易助理，没有后台工作人员，没有营销人员，没有程序员，甚至连全职秘书也没有。他的公司驯鹿资本，只有斯图尔特·沃尔顿一个人，他刻意将自己孤立起来。在一次又一次因为听从消息和意见做出错误决定之后，他意识到不被他人影响到交易判断这件事至关重要。

沃尔顿很随性，也很外向。眨眼间，我们一口气交谈了5个小时。

★

公司的名字有什么特殊含义吗？还是说你只是喜欢驯鹿？

公司是以我曾祖父威廉·格莱斯顿·沃尔顿的绰号命名的，他曾构思并领导过一次著名的迁徙，因此被称为"驯鹿"。我对他的了解大多来自我的祖父，祖父去年去世了，享年100岁，只差一点就完成了跨越3个世纪的壮举。1892年，23岁的驯鹿沃尔顿离开英国去加拿大北部当了传教士。他每年都乘着独木舟、坐着狗拉雪橇远行两千公里，去拜访他那些遥远的支持者——住在北极圈附近的印第安人和爱斯基摩人。

有一年，森林火灾肆虐魁北克北部，摧毁了当地几乎所有植被和野生动物，将当地居民置于食不果腹的窘境中。驯鹿沃尔顿想出了将西伯利亚驯鹿（也叫北美驯鹿）从阿拉斯加迁徙到魁北克北部的主意。通过坚持不懈的努力，他说服了加拿大政府，让他们为自己构思并亲自执行的这场迁徙出资。从1921年到1925年，他整整花了5年时间，在加拿大北部迁徙3000只驯鹿。迁徙驯鹿可不像放牛那样，驯鹿只在自己想走的时候才会走，走的还是截然不同的方向。

那他是怎么把它们往一个方向赶的呢？

北美驯鹿会沿着觅食的路线行进，他在选路时深谋远虑，成功让3/4的鹿群都得以迁徙，余下的那些要么走散了，要么死了。他这次长途跋涉永远地改变了西伯利亚驯鹿的迁徙模式。活下来的那些驯鹿在魁北克繁衍生息，他也成了当地的英雄。

你想通过这个名字象征一些理念，还是仅仅为了纪念你的曾祖父？

我是想告诉人们，我的曾祖父对社会的贡献我这辈子都无法企及。

你是什么时候开始涉足股市的？

从麦吉尔大学毕业，拿到工商管理硕士学位时。我最初是想成为一位漫画家的。

有工商管理硕士学位的漫画家吗？你是不是打算成为世界上第一个商业漫画家？

不，这个漫画家梦想比那还要再早些。我本科毕业的时候，就坚定不移地想成为一名漫画家。我和艺术系主任坐在一起，他跟我说："你如果觉得你像艺术史上的大师们那样了解如何表现人体、如何画好人体，也做好了画一小时漫画赚5美元的心理准备，那你就把成为漫画家当作你的职业规划吧。"他这段话真的给我的想法狠狠泼了一盆冷水。大学时期我也写过一些文章，有几篇短篇故事也发表过。我想着当个新闻工作者也是个不错的职业选择，也同样能发挥我的创造力。

你似乎对艺术方向很感兴趣，那为什么要去读工商管理硕士呢？

因为那个新闻工作者的梦想也夭折了，我决定还是先谋生。

新闻工作者又出了什么岔子？

我申请了几所新闻学院。那个夏天，就在我去巴西看望我父母的时候，我收到了卡尔顿大学的拒电，那是我首选的新闻学院。我是在聚会上接到这通电话的。也许是因为我喝了太多巴西桑巴舞酒，就是他们那儿的朗姆鸡尾酒，我跟自己说："我想这又是人生的一个十字路口。"所以我决定放弃成为新闻工作者的想法。我想是我没有极度渴望实现这个梦想，才没有用尽全力追逐吧。

现在回想起来，你会庆幸自己被新闻学院拒绝吗？

再庆幸不过了。我父亲总跟我说，要把爱好和事业分开。我想他说得对。我母亲最近问我，会不会后悔没有坚持追逐那些感兴趣的方向。一开始我说没有，因为我正沉浸于我在这项事业上所取得的成功。可随着时间一天一天地过去，我越发后悔。最终，我看得出来自己还是重拾旧梦了。

是想回归绘画还是写作呢？

也许两者都有，也许都没有。我总是觉得将我的绘画兴趣和写作兴趣结合起来的最好方式就是电影，特别是电影短片。我已经想了很多点子。一个商业化的都没有，全是些可能全世界都没几个观众想看的东西。

你之前拍过电影吗？

没有，我得参加一个电影课程去学学怎么用摄像机。

你是否在考虑放弃目前的股票交易工作，用其他兴趣取而代之？

我真的很佩服那些不在乎其他事，一门心思做自己想做的事的人。我大学的时候有个朋友，想当摇滚明星。他组了个名叫"瘾君子牛仔"的乐队。他刚上大学的时候，连吉他都不会弹，如今他的演唱会场场座无虚席。但我了解我自己。我喜欢舒适的生活，而对我来说，这份事业就是过上舒适生活的最好方式。尽管最终我还是可能会追求一些我感兴趣的方向，但近期我还不打算这样做。

你被新闻学院拒绝之后发生了什么事？

我决定去申请工商管理硕士，因为我觉得这样最容易找到工作。

你想过你拿到工商管理硕士学位后会去做什么吗？

我打算进军广告业，因为我想着这样一份工作也能满足我的创造需求。可我从未有过那样的机会。我毕业的时候，加拿大的经济一塌糊涂。校园招聘就只提供了两个职位。其中一个是劳埃德银行的管理培训生职位。这份工作吸引我的原因是它的地理位置，在纽约或者伦敦。我觉得在这两个城市中的任意一个城市工作都会很不错。我应聘了这份工作，也成功就职了。

他们把我送去纽约参加实习项目。在实习期间，我绝大多数时间都待在外汇交易室里，这其实是走了运，因为本来是要把我培养成信贷员并送回加拿大的。

所以你涉足交易市场完全出于偶然。

这也是我觉得无论谁都能做这个工作的原因。我不认为你必须要有天赋。

这我可说不好，我可以向你保证，在成百上千尝试股票交易的人里，几乎没人能接近你的业绩。你在外汇交易台做什么样的工作？

我只是个打杂的。接待客户，做各种各样的杂事。我凌晨3点半就要上班——对于一个在纽约单打独斗的小伙子来说真的太残酷了——为操盘手把一切都准备妥当。我把报纸上的文章给他们剪下来，交易指令单也要在指定位置放好。说得好听是管理培训生，其实就是个勤杂工。

你那时候对金融市场有兴趣吗？

完全没有。我还沉浸在我之前念书时的理想主义美梦中。我有些看不起我的工商管理硕士学位，会想，"学这么多东西做这么多学术有什么用呢？余生这些东西是不是一点用都没有呢？"

在外汇部门的工作没有什么帮助。如果说有什么事让我对交易毫无兴趣的话，那就是无尽的日常摩擦。这份工作是我第一次接触美国人，过去我的生活里只有加拿大人。加拿大人更懒散些，比起直击要害或是表达自己的观点，他们更在意礼节。总有操盘手坐在桌前一直对我大吼大叫。大多数时候我都根本不清楚原因。也许他们就是需要在头寸的表现变糟时对别人发泄一下，也许是因为我手脚不够麻利他们才对我发火。那时我每晚回家都情绪低落，就是因为总有人对我大吼大叫。

那份工作你做了多久？

大概6个月吧。我离开是因为我收到小道消息说要把我调去多伦多。那时候我很喜欢纽约的生活，也刚刚认识了我未来的妻子，不想离开她。因此，我另找了一份在加拿大公司伍德甘迪纽约分部的工作。这份新工作吸引我的原因之一是他们能让我拿到绿卡。我在美国一直用的是临时签证。

你找到的那份工作是做什么的？

那份工作杂活儿没那么多。我完成了伍德甘迪的培训计划，被分配到股票交易台。我就只是个接收订单的人，工作很无聊。客户做好决定，场内经纪人执行交易，我只不过是个中间人。当股票交易的卖方经纪人说自己是交易员时，我总是会笑。他们根本不是什么交易员，只不过是接收订单的人。他们没有为公司或自己的钱持有头寸。

那时候，我为我自己的账户做出了第一笔交易。我女朋友，也是我后来的妻子，在丽诗加邦工作。她一直跟我说自己的公司发展得有多好，"我甚至不用打电话给客户，客户会自己打电话给我"。因为我没有能用来投资的本钱，我打电话问我爸借了一笔。"爸，"我说，"我有个点子，你借点钱给我就行。"他借了我1000美元，我全数投进了丽诗加邦的股票里。那只股票很快上涨了3个点，我也小赚一笔。可作为新手最糟的一件事，就是第一笔交易成功了。3周之后，我不仅亏掉了我在丽诗加邦那笔交易里赚到的收益，也亏掉了我爸借我的所有本金。

怎么会这样？

我深深沉醉在我第一次交易的成功里，所以我开始听从各种各样的小道消息。早上给我送咖啡的人向我提起一只股票，我都会买。3周时间我就亏得两手空空。我花了5年时间，一点点地把借我爸的钱还清了。

你爸爸得知你把钱全亏掉的时候说了什么？

"我早就知道会这样，"他说，"但我很欣赏你有了想法就去实践这件事。"讽刺的是，我一开始借钱投资的丽诗加邦股票，一路上涨，一年时间就涨到了之前的5倍。

你的第2份工作如何？

伍德甘迪股票交易台就是另一个版本的纽约被骂之旅。我又一次发现自己所做的工作，每天都有人在交易台前对我大吼大叫。那只是每天寻常的工作内容，可我恨透了这点。我打量交易室，发现债券交易台的人都很安静。他们不会互相大喊大叫，十分文明，这很吸引我。我拿到了转去债券交易台的许可。

那时，伍德甘迪正试图成为美国债券市场的主要交易商，他们雇了一群操盘手。这些人爆仓频频，造成各种巨大亏损。有个操盘手甚至把自己的票据藏起来掩盖损失。最后几乎所有人都被解雇了，只有我和少数几个人被留下了。

你到债券交易台之后觉得开心一些吗？

感觉有点复杂。我很高兴能免于言语辱骂。同时，债券交易台的工作也很令人兴奋，因为相比于股票交易台，交易的头寸要大得多。我想到我的收益是股票交易台那边20个人之和的5倍就很高兴。但我不喜欢负责交易各种缺乏流动性的证券，其中大部分是海外债券。

日本人会在凌晨两三点打电话给我，我就得在不清楚市场的情况下对大量缺乏流动性的债券报出买价或卖价。而且因为我昏昏欲睡，还可能给他们报错价。如果你给他们的报价偏离了100个基点，他们也会让你遵守承诺。你可能会因为一个显而易见的失误损失100万美元，他们会坚持说这笔交易仍然有效。

发生过这样的事吗？

当然发生过。

你因为失误损失了100万美元吗？

100万美元的失误我倒没犯，犯了个30万美元的。就因为给他们报错了价。我困极了，以为收益率是9.5%，实际上是10.5%。

坚持完成一笔报价显然出错的交易，这正常吗？

在北美肯定不是正常情况，我怀疑在日本现在也不会再发生这样的事了。

你操盘表现如何？

我干得不错，晋升为伍德甘迪最年轻的副总裁。

你买入卖出都是基于什么样的策略呢？

没什么策略，我甚至觉得市场就是完全随机的。

但如果你能一直获利，肯定是有正确决策的。就只是直觉吗？

我所有的交易都涉及直觉。但在我人生的那个节点，我之所以干得不错，是因为债券市场正处于大牛市，而我的直觉显然也很敏锐，让我在大多数情况下没有做空。我表现最好的那年，在交易台上赚了大概70万美元，也不算什么，毕竟那些收益得分摊给那么多人。

有一次，在和我老板喝了几杯之后，我说："我们并不是真的在交易债券，我们只是在投资，就如我们的客户一样。如果这就是我们的工作的话，还有更好的东西值得我们投资。"

"不要莽撞行事，"他说，"我们只需要继续躲闪和迂回。"

就在那时候，我真的开始对这份做了3年的工作感到倦怠了。之所以坚持了3年，是因为能负责交易这么多资金让我很兴奋。

那时候，你已经对交易产生热情了吗？

是的，我知道这是我的兴趣所在。我喜欢与市场对抗的感觉。我只是不那么喜欢我当时做交易的债券市场。让我提不起兴趣的原因之一是，我们在纽约交易的这些债券流动性很低。我决定转去伍德甘迪在多伦多的总部，这样我就可以交易加拿大国债，相对来说流动性好得多。一开始我很开心能去总部，在流动性强的债券市场交易。6个月后我却意识到，我不想在加拿大工作。这里的大环境就像个乡村俱乐部，比起你的表现，成功更依赖于政治因素。我也厌烦了债券和利率。

为什么？

因为它是一种商品。我们晨会上一个标准问题是"今天会怎么样"，所有参会者都对答如流，阐述他们认为当天市场的涨跌情况。他们会谈到汇率变动的影响、财政政策与货币政策、美国和其他国家的利率趋势，等等。轮到我的时候，我只会简单回答一句："我觉得今天会跌。"他们问我原因，我就回答："因为昨天涨了。"他们甚至不知道我是认真说的还是开玩笑的。我认为市场是如此有效，如果某一天价格涨得很高，那么第二天它很可能会下跌。

有一天早晨我起床的时候，意识到这辈子我都不想再考虑利率的事了。我知道我无法忍受再做任何债券交易。尽管我刚搬到加拿大7个月，还是走去公司辞了职。他们都觉得难以置信。

你还没找到下一份工作就辞职了吗？

是呀，我就是无法忍受了。讽刺的是，那天我妻子打电话告诉我她辞职了，我压根都没提到我准备辞职。我知道她那时很不开心，但我不知道已经到了要辞职的地步。在同一天我俩都辞去了自己的工作，这真是意料之外的惊喜。我们决定晚些再找新工作，这样就可以花上6个月环游美国，纵横各大滑雪度假村。

我们在太浩湖的时候，顺带去了趟旧金山。我们很喜欢这座城市，决定搬到这里。旅行结束回到多伦多的时候，我们想搬家前再去一次旧金山，确认我们是否像之前那样喜欢这座城市。我们到了那儿，开始求职，我俩都找到了工作。我们甚至还找到了喜欢的房子，我们的出价也被接受了。我们当时都觉得就这么定了。我们飞回了多伦多，租了辆卡车，把我们的东西搬去了旧金山。但我们到那儿的时候，我俩的工作都告吹了。

你本以为你有了一份怎样的工作？

我面试了一家小型风险投资公司，面试我的人也毕业于麦吉尔大学。

你那时肯定觉得这提高了你面试成功的可能性。

是的，他当时可热情了。"好呀，我们可以聘用你。等你回来我们就给你安排。"我到旧金山的时候，一直给他打电话，可他根本不给我回电。等我好不容易联系上他的时候，他说："噢，我们今年不招工商管理硕士。"这和他之前跟我说的完全相反。

我当时把毕生积蓄都用在购房上了，几乎分文不剩。一开始我们也不太担心，因为我们觉得一两个月就会找到工作。一个又一个月过去了，可我们一个人也没有找到工作。我真的不敢相信。我开始熬夜，喝廉价啤酒。

你是抑郁了吗？

不，我不是那种人。只是早起在街上徘徊找工作对我来说压力太大了。我不敢相信在纽约有了一段成功的职业生涯，我居然连个工作都找不到。我很绝望，以至于连保险公司的销售岗位都去面试了。

听起来是你深恶痛绝的工作。

说得没错，但我当时走投无路了。什么工作我都会接受。我需要钱付我的按揭贷款，我也不想求助家里。

你妻子对于这样的严峻考验是怎么想的？

她心态比较积极，觉得我们总能想出办法。

你们的钱花完了吗？

花完了。在我们搬过去6个月后，我妻子终于拿到了一份J.克鲁的零售销售工作，这比她在丽诗加邦的销售经理岗位要逊色很多。她那时也到了无论什么工作都会接受的地步。那个月我们的钱彻底花完了，她用她第一份工资支付了按揭贷款。

在她找到工作之前，你有没有感到恐慌？

我已经放弃希望了。我彻底听天由命，房子没了就没了，我不管了。我那时心烦意乱。这是我第一次了解旧金山。如果你来自纽约、洛杉矶或伦敦，他们不会对你刮目相看。纽约或者洛杉矶是流动人口多的城市，从其他城市搬来找份工作是可以的。而旧金山不是这样，它更像是一个社区。人们希望看到的是你已经在这里生活了一阵。现在我非常理解这一点，但当时真的让我大受打击。

你的意思是，你应聘的工作都更想聘用本地人是吗？

没错，尽管工作机会并不多。我不敢相信我从一个高级职位走到了差点要去星巴克工作。我去图书馆把每一家听名字像是金融行业的公司存储下来，给他们寄去了我的简历。终于，我接到了一通看上我简历的人打来的电话。"我自己这里暂时没有工作能提供给你，"他说，"但我有个朋友也许有意招你。"

他是被你简历中哪一点吸引的？

他喜欢这种多样性——金融工作与艺术爱好的结合。

在你有希望得到那份工作之前，我想一定已经是你人生中的低谷了。

并不是，低谷还在后面呢。那个收到我简历的人，说服了他在沃尔普威尔蒂公司（一家地区券商）负责销售和交易的朋友给我一个面试机会。当我到达面试地点时，我完全不知道接下来会发生什么。他问了我的背景，我跟他说的就跟刚才告诉你的那些内容差不多。

接着他问道："你想赚多少钱？"

我在按揭贷款的数额上加了200美元回答他："一个月2500美元。"

"4000美元，怎么样？"他问。

"那也挺好的。"我这样回答道。

他知道你当时所处的窘境吗？

不知道，但他在简历上看到了我之前的工作，我想他可能觉得不应该就只给我报的那点儿薪水。

他雇你做了份什么样的工作？

我被聘为了机构股票经纪人，可我没有客户。我只能在其他人面前打电话推销，这真的让我很难受。我从一个人人都想请我吃晚餐的债券操盘手，变成了一个给藉藉无名的机构电话推销我们糟糕股票点子的销售。

你打电话推销时，我想很多人都会直接挂断吧。

说得没错，我打了一轮又一轮的电话。我有一个拨号名单，我就只是低下头，开始拨号。我天生不是那种活力四射的类型，所以我试着通过当一个好人的方式来吸引客户。效果并不算好。那是个日复一日无止境的过程。我打着电话，看着其他人在工作，只要有人挂我电话，他们就会明白这一点，这让我感到难受。我打通电话后5秒就被挂断，于是我放下听筒，环顾四周。然后我又会接着打下一通电话。整个过程毫无尊严。我痛恨这点，恨极了。我不知道我什么时候赚的钱能覆盖我的工资。我一笔交易也没做成。

你不会是真的一笔交易都没做成吧？

真的，一笔都没有。

这种状况持续了多久？

我没有一个客户，或者说没有促成一笔交易的状态，大概持续了8个月。

你打电话推销了整整8个月，一笔都没成交！听起来太残酷了。这才是你的人生低谷吗？

不，这也不是我的人生低谷（他笑了笑）。真正的低谷很快到来。暂且不论我的销售业绩如何惨淡，我知道交易和销售还是有很大区别的。最终，在观察市场之后，我决定我要重新开始交易。尽管身无分文，我还是意识到我可以申请房屋净值贷款，然后用这笔钱做我想做的事。我对自己说："我可以把我的房子变成流动性资产，并将其拿来投资。"

我可以预想到会发生什么……

我开始卖出那些我觉得已经涨得太高的股票——像丽诗加邦还有盖璞这样的牛股——买入我觉得跌得太低的股票。实际上，我在看空好公司，买入差公司。

你办理了多少房屋净值贷款？

我在买房时付了75000美元的首付，办理了50000美元的房屋净值贷款。在贷款后的3周内，我就已经损失了75%。

你妻子对事态的转变作何反应？

她不知情。

她不知道你办理了房屋净值贷款吗？

她知道我贷了款，但不知道我用这笔钱做了什么。

那你跟她说你要用这笔钱做什么？

我确实告诉她我要用来投资，但我跟她说的是，我打算投资到有保守分红的项目里，其收益率比我们的房屋净值贷款利率要高。那确实是我的本意。可我一拿到钱就在想，"我才不要把这些钱投进只能在分红和贷款利率间赚个几美元差价的无聊分红项目里。"

当你就职于一家券商，总会有让人兴奋的事发生。总会有股票翻倍，甚至翻两倍。这种疯狂你想躲都躲不掉。我一直听着这样的故事。销售都可会讲故事了。

关于不要听信小道消息，很显然你没有吸取教训。你又犯了同样的错误。

确实如此。我无法开口告诉妻子，我几乎亏掉了所有的钱。那一整个月我都睡不好觉。我给自己病恹恹的状态找了无数个理由。我跟我妻子说我得了流感。她很担心我，但她完全不知道真正的原因是什么。

有一天坐在我旁边上班的兄弟给了我一个小道消息，让我买康懋达计算机这只股票。"我觉得这事真的能成，"他说，"我们听说他们最新的游戏前景光明。"我当时已经病急乱投医，跟自己说："那我就投这个了。"我把账户里剩下的所有钱，加杠杆加到了200%，买入了这只股票。

那是我的人生低谷。我购房的那75000美元，是我的所有积蓄。想到这一押注可能会让我失去我十年攒下的所有收入，我就感到害怕。那真是个无底深渊。

那只股票从10美元涨到了17美元，我就卖掉了。在我卖出之后，那只股票最高涨到了20多块，但最后那家公司破产时一文不值。那次交易让我又重新振作起来。

你实际上是因为运气好，听从了本可能导致一场灾难的消息才起死回生，因为那只股票最后还是跌到了0。你只是碰巧在对的时间窗口抓住了这只股票。

就是因为运气好。时至今日，我回顾生命中的重要时刻，都搞不清到底是运气使然还是智慧使然，但我从不在乎其中的区别。事情是怎么做成的，这是很有趣的。我总是告诉人们，干这一行运气是很重要的。也许你必须让自己幸运，但我想，我们的运气是公平的——既有好的也有坏的，我们都只能接受。

那笔康懋达的交易救我于水火之中。你可能认为我的心态会是"这条消息奏效了，别的消息我也要听听看"。可那时，我意识到了这是靠运气。我明白我是被股市之神救了一命。我得到了教训。从那时起，我交易得好多了。

你那时是不是想"谢天谢地，我不会再犯错了"？

没错。尽管一切都解决了，但当时的压力很大。我之所以能全身而退，只能说是运气好。当然，我仍然有很多需要学的，但至少我已经积累了这次经验。我认为，经历低谷，看见深渊，是很重要的。

那次经历对你有什么帮助？

它带来的冲击让我清醒。我明白股票不会因为故事、消息或是人们的想法上涨，如果股票上涨那必然是有具体的原因。我决定找到这些原因，屏蔽其他杂音，以我自己的知识储备采取行动。在我开始这样做之后，经过时间的积累，我的操盘业绩越来越好。

这真是你人生中第一次在股票交易里获得成功。做对了什么事情呢？

当时我注意到的一个贯穿牛市和熊市的主题是：总体而言，好公司的股价会继续上涨。

你是怎么找到这些好公司的？

我会找那些市场眷顾的公司。它们获得眷顾，可能是因为连续多个季度报告的盈利达到或超出预期，或是其他原因。你可以通过这些公司的表现来找到这些股票。由于某种原因，市场会眷顾某些股票，不会眷顾其他股票，不管有多少经纪人让其客户买入其他便宜的股票。

你实际上是与自己之前的做法相反了：不再买入便宜货、卖出已经涨了很多的股票，而是买入昂贵的股票。

这一主题一直延续至今。最难的就是买入一只已经暴涨的股票，或是卖掉一只跌了很多的股票，可我总是发现，最难的事才是最应该做的事。这点很难学会，我仍然还在修行其道。

是什么告诉你——用你的话来说就是——一只股票被"眷顾"了？

有很多因素影响。股票基本面只占25%。

还有75%是什么？

还有25%是技术面。

技术面你主要关注什么？

我喜欢那些趋势呈相对线性的股票。我不想买那种总是来回波动的股票。

你说了基本面和技术面，这就50%了，剩下的呢？

还有25%是观察一只股票对于不同信息是如何反应的：宏观经济事件、企业自身的新闻等。我也会注意一只股票在整数价位附近时的表现：20美元、30美元等。我会试着去感受一家公司是否有那种特别的光芒。

你想看到的是什么样的反应？

我想看到，比如有利的盈利报告或者新产品发布这样的好消息出现时，会涨得更多，同时有负面消息时也不会跌得太狠的股票。如果一只股票对负面消息反应不佳，那么它没有得到市场眷顾。

这样是75%了，还有什么？

最后25%是我对整个市场方向的直觉，这是基于我对市场如何回应宏观经济新闻和其他事件的感觉。基本是把整个市场当作一只股票那样去看待。

你买入一只股票之后一般会持有多久？

我不做日内交易，但我平均只会持有一只股票几周。而且，当我买入一只股票时，即使是几十万股的核心头寸，我可能会同一天买入卖出两次，在同一周买入卖出6次，试图得到一种感觉，我在做的事是否正确。如果我对这只股票交易的方式感到不舒服，我就会退出。这是我喜欢管理对冲基金的原因之一。我不用担心我的客户在我的交易中看到"精神分裂"。我曾经在一家公司工作，当时我做的每笔交易客户都会收到一份确认声明。他们会情绪失控，打电话来说："你疯了吗？你在做什么？我还以为你做的是真正的研究。"

什么会促使你清仓一只股票？

我退出的原因，要么是因为这只股票看起来要下跌，我有失去我的利润的危险，要么就是因为这只股票短时间赚了太多钱。

你会在调整后买回这只股票吗？

会。

这种做法奏效吗？还是说你经常会错失之后的涨幅？

我经常会错失之后的涨幅，因为我买的股票都是好公司，一般都会持续上涨。

你想过改变你的交易策略，持有股票更长时间吗？

这么多年我已经逐渐有所改变，但直到今天，我仍然会犯过早退出的错误。

你卖出一只股票后，有时会在更高的价格买回它吗？

是的，我总这样做。

那你至少能承认你之前的卖出是错的，并且能以更高的价格买回。你没有说："我现在不能买入，我之前是比这低10美元卖出的。"

你说的这种情况我早些年时有发生，但现在以更高的价格买回股票已经不会对我造成任何困扰了。对我来说，成功的股票不是我在10美元买入持有到100美元的那只，而是我在这波赚了7个点，那波赚了5个点，另一波又赚了8个点，上涨的大部分区间我都抓住了的股票。

但听起来买入一只被市场眷顾的股票且持续持有要容易得多。

有时候确实如此，但还是要看市场情况。比如说，现在的估值如此之高，以至于我没有任何想要持有的核心头寸。

这让我想问一个问题：在龙头股价格已经飙升的股市中，你是否仍用一样的策略？如果不是，你会如何调整你的策略？

说实话，调整策略对我来说很难。我的理念是，像水母一样漂浮，让市场把我推向它想去的地方。我不会说这就是我的策略，然后等着市场来找我。我一直想搞明白什么样的策略会在股市中奏效。有可能一年是使用动量策略，另一年可能是价值策略。

所以你会根据你对于股市环境的看法来采用策略。

没错，我会试着预测市场青睐的方向。

你怎么预知什么时候会有巨变？

我会眼观六路耳听八方，从出租车司机到证券分析师，他们说的话我都会听听看。然后我就坐下来，看看有什么投资想法浮现。有时候机会显而易见，当它们到来时，你几乎不会错失；问题是这样的机会并不那么常见。关键在于在这期间，不要亏钱。

举个这种显而易见的机会的例子。

去年（1998年），对我来说显而易见的就是——我不喜欢说这种话，听着像是我有个占卜水晶球似的——股市有很大可能在8月大幅下跌。

是什么让你如此笃定？

我一直都在评估市场情绪。股市是否充满希望？还是有所畏惧？然后等着价格行为来确认我的评估。在上个冬天到春天这整段时间里，情况是非常复杂的。有很多报告提到了亚洲的潜在问题，但市场忽视了一切。因此，赚钱的唯一途径就是做多，即使面临这些潜在问题。

所以我决定在7月做多。龙头股表现优秀，大盘也在猛涨。我一度在那个月收益率达到15%。然后突然之间，在几天之内我损失了所有利润，实际上那个月还亏了3%。看看我的投资组合，全是龙头股，没有基本面不佳的股票，我的钱却在股市中迅速蒸发了。我知道肯定出问题了。

那时候你做了什么？你说你那个月刚开始时重仓做多。你是否平了整个仓位？是否转为净做空？

我当时是130%做多。当我觉得股市中出现重大看跌行情时，我一般会清仓然后观望，我当时就是这么做的。

那你做空了吗？

是的，大约两周之后我做空了。我觉得亚洲金融危机导致的暴跌还会有第二回合。一般来说，你听到的问题不会轻而易举就得到解决。我们也开始看到关于俄罗斯潜在问题的新闻头条。尽管之前我们就看过这样的新闻报道，区别在于，这一次股价对此有所反应。我很确定，这种状况还会持续下去。俄罗斯没法立刻解决其问题，泰国和韩国也一样，而股价会反映这种恐慌。在8月第2周的时候，我是130%净做空，事情的发展就像我预想的那样。对我来说这是显而易见的。

你什么时候平了你的空头头寸呢？

我是10月第2周平了空头头寸。我在我的报价机上贴了一些规则。其中一条是，在极端疲软时买入，在极端强势时卖出。判断是否属于极端情况的唯一方法就是感受市场情绪，确认其是狂热还是悲观。接下来你必须迅速行动，因为经常会有突然的头部和底部。10月第2周的时候，我感觉我必须趁着市场极度疲软时平掉我所有的空头头寸。我一天就平了全部仓位，实际上还净做多25%。

那天有什么重大的事促使你转变了头寸方向？

那天像戴尔这样的股票从50美元跌到了40美元，而在收盘之前，这些股票飞快上涨了两三个点。

所以你是以比当天早上高得多的价格买入了这些股票。

正是如此。实际上我乐于见到我想买的股票变得难买。我在42美元的位置下单买入戴尔，然后以45美元成交。我很喜欢这样。

你是以市价下买单，还是希望以某个特定的价格成交？

我总是以市价买入卖出的，从来不会试图拿到最好的成交价。我是经纪人最喜欢的那种客户。

你说你做多了约25%，是什么时候加的多头头寸？

每当我开始回到多方，我喜欢等待，并看到第二天股市的反弹持续，并且没有更多的利空消息。如果有更多的利空消息，并且市场没有下跌，我就真的要变得狂热了。

那时发生过这种事吗？

第二天没有，但是当周晚些时候出现了这种情况。那时出现了长期资本管理公司倒闭的消息。（这家管理数十亿美元的对冲基金在债券市场中过度杠杆化，遭受了巨大损失，导致人们担忧整个金融系统都会受到影响。见大卫·肖的专访。）而大盘对此无动于衷，这给了我更大的信心去做多。我有机会在这些龙头股从最高点大幅下跌时买入，我喜欢这样做。

那次孤注一掷的交易，让你赚回了之前损失的房屋净值贷款的钱。这是否标志着你成功交易生涯的开始？你是否遵循了你放弃错误做法的誓言？

总体而言是的。我立刻开始交易高质量的成长型股票。我买入那些在大盘上涨时，比大盘涨得更多的股票。我觉得这些是值得押注的对象。我强迫自己在这些股票下跌时买入。我发现它们总能在一周内涨上5个点，然而我之前买的那些低质量的股票，一年能涨5个点都算是我走运。

唯一一次我真的惹上麻烦是落入了一个推销的陷阱。华尔街最危险的就是那些巧舌如簧的人。我和一些很厉害的销售共事。他们会说："斯图尔特，你一定得看看这个。"在某些我意志不够坚定的时刻，我就会自己说服自己，我已经做得很好了，有些闲钱来投机。也许这笔交易很不错呢，要是出了什么问题，我尽快脱身就是了。可在我意识到之前，就已经亏了20%或者30%了。这是我必须不断学习的一课。

你现在还觉得自己很容易轻信别人的消息吗？

当然了。从某种程度来说，我有些赌性，我很久之前就决定小小地顺应它，因此我在基金里留了一小笔钱用来做这种投机型交易。

总的来说，这些投机交易你是赚了还是赔了？

差不多不赚不赔吧。

你是怎么从一个股票经纪人转型为基金经理的？说到股票经纪人，你做成过一笔销售吗？

最终我股票经纪人的工作做得不错，因为我学会了如何销售。

你是怎么销售的呢？

你得了解客户的需求，根据需求对应地包装你的推销说辞，而不是产品。

那客户想要什么？

即时满足，兴奋，知道很多人也买了同一只股票的慰藉，以及这只股票会上涨的无数个原因。

所以你会把股票无限制地形容得尽可能好吗？

没错。所有股票经纪人都是这么干的。

你就不会因为把不确定的事说成确定的事而感到困扰吗？

当然会，但这算不上说谎，因为我不知道股票会不会涨。虽说算不上说谎，但也美化了不少。没过多久，我就受不了了。

你是怎么脱离出来的呢？

在我把自己的账户做得很好之后，我就不只是推荐公司的股票，而是开始推荐我自己的一些股票想法。我其中一个客户看上了我的风格，向我伸出了橄榄枝，请我去为他们管理资金。这确实是我想做的事。如果不是找到那份工作，我就不得不辞职，因为我再一次处于早上醒来就感觉无法继续这份工作的临界点了。

那是一家什么样的公司？

一家管理着约3亿美元机构客户资金的注册投资顾问公司。他们有自己的投资策略。

他们允许你自己做交易决策吗，还是说你必须遵循他们的指导意见？

我可以买任何我想买的股票，但必须符合他们的投资标准。

都有些什么样的标准？

市盈率必须低于15，盈利增长每年至少要20%。还需要符合一些资产负债表和流动性相关的标准。

这些标准帮助还是掣肘了你？

它们极大地阻碍了我，因为这大大缩减了我所能投资的公司范围。

这项政策让你错过了哪些股票？

举个例子，我不能买入微软或者思科，相反，我不得不买入诺威尔或者3Com公司。

因为市盈率大于15？

没错。

你觉得买入低市盈率的股票是一种有缺陷的投资策略？

不一定。我自己肯定不会使用这样的策略，但是我觉得只要你坚持下去，任何合理的策略都是有效的。

你在自己的账户上买入股票时有什么限制吗？

我可以买入任何我想买的股票，只要避开那些我为公司客户买入的股票就行。

你自己的账户和你为公司管理的账户之间有什么业绩上的不同吗？

就公司账户而言，平均每年的收益是15%—20%，而我自己的账户平均每年能翻上一倍。

你试过去找管理层，跟他们说"看，这是我用自己账户没有任何限制地交易所创造出的业绩。让我对公司的账户以这种方式交易如何"吗？

当然说过，但是他们让公司遵循他们特定的理念，而客户认同的也正是这样的理念。投资者最不想看到的就是投资策略上的变动。

然而，我的理念是，试着调整到任何看上去有效的新策略。最终我在自己的账户中积累了足够的资金，这样我就可以单干了。我开立了一个130万美元的基金，一半左右的资金都是我自己的钱。

你怎么找来投资者的？

完全是靠口口相传，我没有做任何宣传营销。

我看到你完全是靠你自己一个人，这对一家管理着1.5亿美元的对冲基金公司来说很了不起。就没有任何人帮助你吗？

我有个秘书，每隔一天会过来一趟。

就这样吗？你不需要其他帮助了吗？

我去年雇了一个人——他很不错，现在已经自己单干了——但我立刻就意识到这不适合我。

怎么说？

我发现有另一种意见出现在办公室里会让我动摇。我的问题在于，我很容易受影响。如果有一个人每天为我工作，他可能也在管理资金，因为我不再做出自己的决策了。

我喜欢安静。我整天打电话，这对我来说就够了。我不需要委员会、小组会议来解释为什么某只股票会下跌。我甚至很喜欢我的助理只会隔天来办公室，这样每隔一天我就可以完全独处。

我很理解你，因为我是居家办公的。我发现独自工作时，就能全神贯注做手头的工作。

没错，这就是为什么我喜欢独自工作。人们总是来我这儿问我："你怎么能独自管理这么多钱？你不想把公司做大一些吗？"

那你是怎么跟他们说的？

嗯，目前为止这样就行。唯一重要的是我的业绩如何，而不是我管理的资金量有几位数。

以你的历史业绩，你可以很容易地筹集到很多钱。

那会毁了一切的。唯一可以让我保持业绩纪录的方式就是确保我不会被资金量压垮。现在，如果我有一个收益不错的季度，我管理的资金就会增加。通过资本增值的增长，我可以让我的交易风格逐步适应增加的资金量。

我猜你宁可管理1.5亿美元获得50%以上的收益率，也不想以10亿美元获得20%的收益率。

没错。有很多业绩优异、决定大幅增加管理规模的人最后都发现，第一年是他们业绩最好的一年。在那之后，他们就走下坡路了。当然，他们还是赚了很多钱。但我想每天来办公室都感觉良好。我希望客户开心，并看到我的资产稳步增长。我不想在走下坡路的事业上收入不菲。我几乎没有日常开支，所以我仍然有很高的收入，没必要变得贪婪。

你觉得差点破产的经历有助于你变得成功吗？

是的。

怎么说？

这个行业的奇怪之处在于，不管你变得多成功，一旦你自视甚高，那么一通糟糕的电话就会让你破产，而我曾见过深渊的经历让我幸免于打出那样的电话。我知道事情变糟糕可以有多快。任何股票都有可能跌到0，你必须意识到这点。

当我与我潜在的投资者交流时，我会聚焦于我犯过的错。因为如果你打算让某个人管理你的钱，你会希望他已经用他自己的钱犯过错了，而不是用你的钱去犯错。从没出过错的人很危险，因为总有一天会出错的。如果你已经犯过错了，你知道同样的错误可能再次出现，就会更小心。

我们之前聊了你职业生涯早期犯过的错误。那么在你事业成功的近些年里有没有出过什么错呢？

今年我在没有等股价证实我的观点的情况下，就极度看跌。

是什么让你如此盲目地看跌？

对于利率上涨这件事我十分担忧。过去，利率越高就会导致股价越低，我认为今年也会是这种模式。然而市场选择了关注其他因素。我没有等市场证实对更高利率的恐惧，结果很快赔了钱。3月我的业绩跌了7个百分点，对我来说是很大的单月跌幅了。

还想到什么别的失误了吗？

1998年1月，我投资了一批小盘股的首次公开募股，而它们上市后第一季度的表现都很糟糕。

那你在其中犯了什么错？

错在没做充分研究就投资了流动性不好的证券。

是什么促使你买入这些股票呢？

市场情绪。市场对于概念股的首次公开募股十分兴奋——那些股票有梦想和故事却没有盈利。当这种股票下跌的时候，可能会在短期内下跌70%甚至更多。我的投资组合仿佛就像是被龙卷风席卷了一样惨烈。业绩一个月就跌了12%，我决定清仓。有一只股票我买入的时候是18块，卖出的时候只剩两块。

如果这些股票跌得这么狠，你继续持有等着它们反弹不是更好吗？你清仓之后它们的表现如何？

它们有反弹，但涨得不多。我清仓这些股票之后，用那些钱买入了我本该买入的那种股票——股价更高的好公司。

所以你之前偏离了自己的理念。

是的，又偏离了一次。就像是已经戒毒了3年的瘾君子遇上了说服他复吸的毒贩。我不是想把责任推给说服我的那些人。容易被那些故事影响是我自己的问题。我想我已经学会不再基于这种类型的故事做交易了。好消息是，我很快把买入股票的类型转换回了我喜欢的那种公司。到那个季度末时，我就把亏损的钱赚回来了。

我想这意味着，一直持有亏损的股票也许是个错误，即使它会反弹，套牢在其中的资金用在其他地方可能会得到更有效的利用。

绝对是这样。通过清仓我的投资组合，重新投资在可靠的股票上，我赚的钱比我继续持有这些股票，等着它们反弹要多得多。

你和公司交流吗？

我在为投资顾问公司工作时，我会一直拜访公司。

这样做有帮助吗？

几乎没有。我意识到他们告诉我的，要么就是已经说给其他人听过的内容，而且已经体现在股价上，要么干脆是假话。有时你难得会知道点有价值的内容，可为了这么一条有用的信息要在公司与公司间不停奔波拜访的机会成本实在太大了。

你能给我举一个管理层对你说假话的例子吗？

这些例子多得几乎记不住。

说一个特别过分的吧。

我看到秋日软件（化名）在一场会议上做了个宣讲。我从没听过那么好的故事。他们所生产的软件被应用于全世界的计算机备份系统中。管理团队非常可信，伶牙俐齿。股票价格很高，可我感觉仍然有很大的上涨潜力。我买了50万股，接着股价几乎瞬间就开始崩溃。

我打给管理团队，问他们出了什么事。"我们也不知道，"他们说，"业绩其实比上个月还要好。"有一天，我在南塔科特，接到了一通电话，电话里告诉我秋日软件刚刚预告它们这季度的业绩将不尽如人意。那只股票当天的收盘价大概是30块，第二天开盘已经跌到了7块。这太可笑了，因为我每次跟那家公司交流的时候，他们总是说"业绩就没这么好过"。这件事向我证明了，作为一个外部投资者，你永远不知道真相。

这个例子是否说明，你忽略了自己的规则——仔细观察股票对新闻的反应，还是说这只股票的下跌没有显而易见的原因？

对我的前雇主来说，不幸的是当时我还在学习这一功课。

这段经历让你完全不想再和管理团队交流了吗？

没有。当一家公司的股票价格非常低，没有人与他们交谈时，我可能会打电话给管理层，因为在这个时候，他们通常会绝望到愿意与任何人交谈。而我的期待是，也许我会了解到一些让股票起死回生的催化剂。

一个成功的操盘手会有什么特质？

我觉得很多成功的操盘手都理智、勤奋且自律。讽刺的是，我发现这些特质我一个也没有。我非常情绪化，也算不上勤奋，也不够自律。我会把我的成功归功于既能相信我的直觉，又能快速付诸行动。这是非常关键的一点。

那就你个人而言，你能弥补这些不足就因为有这种行动力吗？

没错。

人们对股市最大的误解是什么？

就目前而言，最大的误解是人们普遍认为在股市中交易赚钱谋生是很容易的。人们觉得他们可以辞职，以交易为生。他们中的大多数都会失望。

你在电脑上贴了哪些交易规则？

- 耐心等待机会。
- 以你自己的想法和风格去交易。
- 绝不冲动交易，特别是不要因其他人的建议冲动交易。
- 别因为单个事件或公司冒太大的险。
- 保持专注，特别是在市场波动时。
- 要预期，而不要反应。
- 倾听市场，而非外界的意见。
- 在将交易付诸行动之前，好好想清楚，包括盈亏退出点。
- 如果你对于某个头寸不确定，就退出。
- 强迫自己与共识进行相反的交易。
- 识别交易形态。
- 无视明天市场如何，展望6个月和一年预期的状况。
- 股价比基本面先行变动。
- 如果市场没有对数据做出正确的反应，那这是警示信号。
- 必须灵活变通，出错的时候敢于承认。
- 你会经常出错；快速分辨赢家和输家。
- 每天的起点是前一天的收盘，而不是你的最初成本。

- ▶ 加仓亏损的股票很容易，但通常是错误的。
- ▶ 强迫自己在极端疲软时买入，在极端强势时卖出。
- ▶ 摆脱所有让自己分心的事。
- ▶ 保持自信——机会时时都有。

我知道你不想与任何人共事，但假设5年之后，你打算追寻拍电影的梦想。你会培养一个人接替你的位置，以你的准则投资吗？

我可以教别人基础的规则，但我没法教别人去复制我的所作所为，因为很大程度上那是基于因人而异的经验和直觉。

当你在金融行业取得一定程度的成功后，继续下去的动力是什么？

业绩上的挑战，以及当我知道我为人们的财务安全做出了贡献时，我得到的巨大满足感。这些太棒了。我有很多客户，其中一些人和我年纪相仿，而我引导他们获得了完全的财富自由。

你是如何面对连续亏损的情况的呢？

我会使交易额更小。我知道以这样的交易额我不会大赚特赚，但我也知道我不会亏损很多。就像是一个加油站，我得让自己清醒一下。等到下一次重大机会到来之时——总会到来的——如果我抓住了机遇，即使在这期间错过了几笔交易也没关系。

你对初学者有什么建议吗？

要么全力以赴，要么就不要去做。切勿浅尝辄止。

你还想说什么我们之前没有讨论到的事吗？

对我来说很重要的一点是，公平礼貌地待人。

也许这是因为我在纽约交易室遭受了辱骂。但不管原因是什么，每天对人彬彬有礼都给我带来了诸多好处。

★

斯图尔特·沃尔顿并没有成为一名交易员的强烈愿望，也没有特别的分析才能和数学才能，还容易做出情绪化交易决策，这样的交易决策好几次让他倾家荡产或差点倾家荡产。那么，到底是什么让他走向了成功之路，而且是如此巨大的成功呢？

有这样5个要素：

持之以恒。一次又一次的失败也没有让他停下脚步。

自知之明。他很清楚自己的弱点是容易听从别人的意见，并采取了行动来对抗自己的缺陷。他决定完全独自办公，并留出一小笔资金投机——小到不能造成任何伤害——以顺应他听从消息的冲动和赌性。

方法论。沃尔顿正是在形成了自己特别的股市投资理念和方法论之后才取得了成功。

灵活性。尽管沃尔顿初期采取的策略是买入便宜货，卖出强势股，但他非常灵活，根据他对市场实际运作的观察，将自己的初期策略完全反了过来。如果他相信他之前持有的股票会涨，他就会毫不犹豫地以更高的价格买回。如果他意识到自己做了错误的决策，即使这只股票现价比买入价低上不少，他也会彻底清仓。最后，他会根据他对当前市场环境的看法调整自己的策略。用沃尔顿的话来说，就是，"有可能一年是使用动量策略，另一年可能是价值策略"。

诊断能力。许多伟大的操盘手都有自己独特的技巧和能力。沃尔顿的天赋可不仅仅是能观察到其他人也能观察到的新闻和讯息，而是对于大盘未来的方向有着更清晰的洞察力——有时到了对大盘未来趋势一目了然的程度。这样的市场诊断能力比起后天习得，更像是天赋异禀。打个比方，两个智力水平相当的人就读于同一所医学院，付出同样的努力去学习，在同一所医院实习，然而还是会有一个人的诊断能力更优秀一些，因为能力也基于内在天赋。

沃尔顿的经历证明了早期的失败并不会阻碍后来的成功，也体现出建立自己的方法论、屏蔽其他声音的重要性。

斯图尔特·沃尔顿的近况

在获得了惊人的高达3位数的8年年平均回报率之后，沃尔顿在暴涨的牛市期间停止了交易。他于熊市时期（2001年1月）重新开始交易，可他与大变样的市场环境步调不一致。在他重新操盘后的21个月中，他的累计损失与大盘指数的走势相仿，比标普500指数多了6%的跌幅，比纳斯达克指数少了4%的跌幅。在这次后续专访中，我们讨论了沃尔顿业绩剧烈反转的原因，也讨论了他因此在交易方法上做出的改变。

你曾有8年收益斐然，休了个假回来，就经历了收益很惨的一年。怎么回事？

我在1999年年中停止交易时，纳斯达克还没有到疯狂暴涨的阶段。它的年涨幅逾20%，但在我退出市场的仅仅8个月时间里，它就又涨了75%。所以我并没有在那段股价暴涨和市场狂热的时期交易。同样地，我也没有在随后泡沫破裂时交易。在2001年我回归时，因为我没有经历过市场之前的大涨大跌，所以没有完全理解市场情绪在2000年时所受伤害的程度。我最近的交易经验，是1990年代时见证的成功。所以，我没有大笔押注市场下跌后继续下跌，而是在股市中同时做多和做空。事后来看，显然我缺乏了些洞察力。

在目前的熊市中，许多过去数十年都十分可靠的指标都已失效，让许多专业的市场参与者看起来愚蠢。问题在于，我们大多数人这辈子都没见过类似的股市状况。我们中很少有人经历过市场泡沫破裂后的情况。最接近的类比是1930年代的美国股市或者1990年代的日本股市。

你是说，目前的熊市会像你举的极端例子那样持久吗？

这个类比并不完全合适，因为目前美国的经济远比1930年代的美国经济或过去10到15年的日本经济更为健全。但我不认为目前股市的低迷会直到1990年代牛市的记忆完全被抹除了才能永久结束。仍有许多人准备抄底和购买科技股。

如果你看一眼某些科技公司的基本面——盈利为负，巨额债务，高估值——你想不出任何可以投资它们的理由。然而还是有很多人在这些股票开始反弹时跳进去。为什么？因为他们仍然有20世纪90年代末期这些股票从10美元涨到200美元的记忆。这让人想起计算机刚出现时的打字机公司。即使计算机革命已经开始，投资者对打字机的主导地位仍深信不疑，人们还是愿意买入史密斯·科罗纳❶的股票，然后看到它一路跌到零。同样的动态似乎也出现在了目前市场的科技企业和投机领域。

还有这样一个例子，没有什么事会比9月11日发生的事更可怕、更能破坏稳定了。然而股市远没有接近过去多次出现的极端水平，尤其是在危机时期出现的极端水平。我觉得这很神奇，这让我意识到这个过程需要持续很长时间。每当反弹失败，大盘跌至新低，就像最近的2001年9月的低点被突破，越来越多的人不再抱有幻想。但极端状况没有出现，这表明在熊市结束前，这一过程还会重复。

你说的极端状况，是指极低的估值吗？

没错，显然2001年9月的估值水平，甚至2002年7月的更低点，都比过去的大盘底部高得多。但我说的极端情况，也包括极端市场情绪的衡量，比如上涨数量与下跌数量之比。"9·11"事件后的水平和2002年7月的低点与过去的极端情况相去甚远，这也是我相信我们会看到更多20世纪90年代暴涨所带来的影响的主要原因之一。然而，无论我的长期观点如何，如果股市将迎来一场为期3个月的强劲反弹，我想要参与其中。

你是如何分辨大盘开始中级反弹还是只是反弹一周的？

从技术角度而言，我会寻找很多趋势线被突破、股票放量上涨的情况。并且我现在一次一只股票，一次一天。我不会说，现在是为3个月的上涨行情而买进多头头寸的好时机。如果一只股票的基本面看起来很不错，这只股票和其所在的行业在技术上也表现良好，总体市场基调在改善，我也许会建仓，并且只要这些因素没有明显恶化，我就会继续持有。

---

❶ 打印机制造商。——译者注

你经常会使用止损吗？

对。

为什么2001年的时候这没帮上你？

我使用止损，可我经历了可怕的一个月——就是2月份——我整个投资组合两次止损。龙头股下跌了50到70个百分点，所以我买入了一篮子这样的股票，结果它们又继续跌了10%，我被止损。那个月晚些时候，我试着进行了同样的交易，结果再次被止损。我现在不仅在单只股票上止损，还会在投资组合的层面上进行风险控制。如果有哪个月，整个投资组合下跌了5%，我就会减少风险敞口，如果下跌了10%，我就直接全部转为现金。

除了没能充分关注投资组合层面的风险，你重新操盘之后最严重的失误是什么？

没有意识到熊市能极大地改变收益和风险之间的平衡。比如说，你青睐于一家制药公司，因为你已经做了详尽的研究，认为美国食品和药物管理局批准它的药物申请的可能性超过80%。在如今的熊市大环境下，即使你对批准的可能性估计正确，这笔交易也可能是糟糕的押注，因为如果申请通过，这只股票也许只会上涨5%，然而申请不过则会下跌50%。

那么，你在2001年的艰难经历中，吸取到的最重要教训是什么？

知道了只在有优势的情况下交易的重要性——别在没有交易时机时交易。

你现在的交易是不是更少了？

没错，大幅减少。我重新审视了我在之前的对冲基金里的交易，发现我换手率最高的时期，我没有取得任何真正的进步。当我回顾那些时期，我意识到，那段时期也是我情绪最高涨的时期。太多的情绪容易导致过高的换手率和糟糕的决策。虽然我仍喜欢随性，但如今我决定进行交易前会进行更多的心理训练。

史蒂夫·沃森

拨通财富热线

史蒂夫·沃森从不畏惧冒险。他愉快地回忆起儿时的夏日在奥沙克山脉地区与他的表哥一起抓蛇。他11岁时，他和他的表哥觉得从抓无毒蛇升级到抓毒蛇会很"有趣"。他们找到了两只巨大的水蝮蛇。在把每条蛇固定在一根长树枝上并紧紧抓住其颈部之后，他们想出了一个绝妙的主意，将他们的猎物带回顺河而下约一英里远的家庭小屋，这样就能骄傲地向他们的父亲展示自己的战利品。在那条浅浅的河中缓行约半英里后，他们缠着蛇的手臂，还有那紧紧握住蛇头以免蛇头摆动的手，都有些累了，他们又有了不同的想法。"也许这主意也没那么妙"，他们达成了共识。最后，他们的手累得再也握不住了，于是他们将蛇扔进水中，向着反方向飞奔而去。相比之下，买入和做空股票显得格外平平无奇。

沃森在他的职业生涯中也乐于冒险。成为操盘手两年之后，他渐渐意识到，在实现他交易股票的目标的道路上，他选择了错误的路径，于是他辞职，去了纽约。他做出这一举动时，没有任何行业人脉、工作线索及有用的简历。事实上，对史蒂夫·沃森而言，在这场探索之旅中取得成功，并没有合乎逻辑的理由——除了他的决心。几年后，他又辞去了一份大型基金公司的稳定工作，创立了自己的对冲基金。在他开始这份新事业时，他甚至没有足够的钱租办公室。

但是，在交易中，沃森只愿意接受风险，而不愿意冒险。"你必须愿意接受一定程度的风险，"沃森说，"不然你就永远无法采取行动。"但他坚信必须牢牢把控风险。他的净多头头寸通常不到资产的一半，一般来说远远小于一半。自他四年半前创立他的基金以来，他从净值最高点到随后低点的最大跌幅略低于4%——这与扣除管理费后他的月均回报率相同。就风险回报率而言，这一表现使他跻身于顶级基金经理的行列。

在为《金融怪杰》一书所做的专访中，我学到的最重要的一课就是，成功的操盘手都会使用与他们的个性契合的方法。沃森选择了一种非常依赖于与他人交流并从他人那里获取信息的方式，这种风格与他随和的性格非常匹配。我问他，让陌生人愿意花时间与他交谈会不会觉得有些困难，沃森回答道，"我爸是你所能遇见的最和善的那种人。而他教会我的一件事就是，'就像对待你最好的朋友一样对待任何人。'我发现一旦你以这样的态度接近别人，大多数情况下他们都会助你一臂之力。"

我和沃森在他公司曼哈顿分部的一间会议室里会面。他很放松、友善，说话带着阿肯色州口音。

★

你是什么时候开始对股市感兴趣的？

我出生在一个从不会看《华尔街日报》，也不会买股票，更不会投资公募基金的家庭里。在上大学前我都对股市一无所知。在阿肯色大学上学时，我上了一门投资课程，激起了我的兴趣。

这门课程的什么内容激起了你的兴趣呢？

研究一只股票。作为课程的主要项目之一，我们需要选一只股票，为其撰写报告。我那一组选择了一家正经历一些风波的本地公用事业公司。我们通过分析得出结论，这家公司糟透了。我们都准备好在汇报展示中抨击这只股票。

就在汇报展示的前一天，小组中有人灵光一闪，决定去当地券商看看他们对这只股票的评价。那家券商为这家企业写了一份很漂亮的报告，充满赞美之词，还得出一个推荐买入的结论。我们只是一群上着基础投资课的本科生。我们想，既然这些人靠做这个谋生，肯定是我们错了。我们完完全全改写了我们的报告，得出了一个正面的结论，即使我们认为的与此完全相反。

第二天，我们做了汇报，而教授给出了严厉的批判。"这就是家烂公司！"他大喊道，还列举了一系列的理由来支持他的结论——而这些理由我们之前的那份报告中都提到过。当然了，我们什么也不能说（说到这他笑了）。

最后这只股票怎么样了？

跌了。这就是我在股市中学到的第一课，也是最重要的一课：坚持自己的信念。

那门课是否让你做出了职业生涯投身于股市的决定？

没错。我毕业之后，搬到了我唯一去过的大城市达拉斯，去寻求一份股票经纪人的工作。我以为当个股票经纪人就意味着你得整天炒股，管理其他人的钱。我很快发现，这份工作更接近于销售。坦白讲，我是个差劲的销售。我获得我最大的客户，只因为他的经纪人在1987年10月股市崩盘的那天不愿意接他的电话——因为无法面对自己的客户——而我是他客户当时唯一能联系上的人。

我在那儿工作了大约两年之后，我还记得我打电话给我爸说："我不喜欢当股票经纪人。我唯一的工作内容就是整天打推销电话，试图推销他们可能不需要的东西。"将我的感受用语言表达出来，让我下定决心辞职。我知道我真的很想成为一名基金经理。于是我搬到了纽约，以求得一个与我的目标更接近的职位。

作为股票经纪人，你在选股上是否成功？

不，我当时在选股上非常失败。

那是什么给了你自信，让你觉得自己可以成功地管理资金？

我也没指望一开始就能得到基金管理的工作。我只是想进入这个行业。一旦我决心去做一件事，我就下定决心要成功，不管有什么障碍。如果我没有那种态度，我永远也不会成功。

我刚到纽约的时候，不认识什么人，而我的简历——一份绩点2.7的阿肯色大学简历——再加上两年股票经纪人的工作经验显然打动不了任何人。我无法与那些有高盛实习经验的哈佛毕业生同台竞技。因此，我得选一条更难走的路。我去了一家保险公司工作，做信用分析，基本是为了挣口饭吃，但也是为了积累一些分析方面的经验。我还申请了纽约大学的商学院，但没被录取。我被福特汉姆大学录取了，一学期后成绩优异，我就转校了。

毕业后，我面试了大约40个不同的对冲基金经理的工作，让我受益匪浅，因为这让我了解了其他人都在做什么。我在信孚银行找到一份在小盘股部门的工作（专门投资小盘股的部门）。尽管我是个新手，但雇用我是因为我比其他人都更懂小盘股。我都不记得我到底有多少次熬到凌晨3点还在彭博上翻阅股票。那时候，也许每一只市值在3亿美元以下的场内股我都有所了解。

你为什么决定聚焦小盘股？

我一直很钟情于小盘股，因为在微软或是英特尔这样的股票上，我没有任何优势。我不能给这些公司的首席财务官打电话。大学的时候，即使我连份工作都没有，我也会给首席财务官们打电话，跟他们说我在做一个关于他们公司的项目，然后问他们一些问题。我的公寓里堆满了公司报告。

你在信孚银行主要负责什么工作？

我作为比尔·纽曼的助手负责公司的两只小盘股基金之一。他给了我很大的自由度。如果我有中意的想法，他就会让我放手去做。就跟我自己作为投资组合经理没什么差别，因为他很少会否掉我选的股。不幸的是，我入职后3个月他就离职了。我和他的继任不太合得来，我们的投资理念有冲突。

怎么说？

我的新上司——顺便说一句，他是我见过选股眼光最糟糕的人之一了——是个坚信买入股价涨得快的高市盈率股票的那种动量操盘手，可我认为应该买入价值型股票，还得对这家公司做一系列详尽的研究。大概一年半之后，我就离职了，再次在华尔街的工作机会中广撒网之后，找到了一份弗里斯联合公司的工作，管理白兰地基金的就是这家公司。

这份工作你主要负责做什么？

正式点说的话，我被聘为顾问，因为我在分公司工作。当时，这家公司的总部位于特拉华州的威尔明顿市，而我在曼哈顿上班。弗里斯的运作模式是每个人既是研究分析员又是投资组合经理。他们采用的是一种被称为"食槽旁的小猪"的方法。如果你找到一只你中意而且想买入的股票，就得说服其他人卖出他们持有的一只股票，这样投资组合里才有空间让你买入，就像一头猪想要挤到食槽旁边的位置，就得把别的猪拱出去那样。

你在那待了多久？

大概两年吧。

为什么离职呢？

那家基金的资产飞速增长。我非常喜欢小盘股。可是那家基金的资产体量已经大到对小盘股不屑一顾了，而且基金的重点也几乎完全转向了中大盘股，这也让联系首席财务官问他们问题这件事变得越发困难。还有，随着资产增多，分析师也增加了。在有15个分析师的时候，你的业绩对这只基金没有太大影响。我更想处于一个业绩受我控制的环境下。我决定离职，创立我自己的基金。

你从哪儿筹到钱创立自己的基金？

那时候我名下只有大概两万美元。我去找了几个首席财务官，我曾为他们的个人账户提供过一些股票的建议——这些建议对他们来说效果都很好。我只筹到了70万美元的资产，我真是世界上最糟糕的销售了。不过这些钱足够让我的基金起步了。

那你是怎么支付你的运营费用的？

我超级幸运。艾德·迈克奎因，那时我就是从他手上租下的办公场地，他想帮我起步。他知道我一个人付不起租场地的费用，所以他就允许我免费使用一间小办公室。那是我见过的最小的办公室了——大概12英尺长5英尺宽吧——但我感激涕零。他甚至帮我交了我每个月彭博的使用费。

我注意到，你作为基金经理的第一年，你的净风险敞口高得多，可能是后来的两倍。为什么会这样？

第一年时我管理的钱不足100万美元，所以我对风险回报比有着与后来截然不同的观点。我当时允许我的净敞口上升到70%—80%，单个头寸占资产的比例高达5%—6%。这让我们那年拥有了3位数的回报率。

你是怎么选股的呢？

我们有两只基金：微盘股基金用来投资市值小于3.5亿美元的公司，小盘股基金用来投资市值在3.5亿美元到15亿美元之间的公司。在管理这两只基金时，我们首先选择股价相对便宜的公司——市盈率在8—12。在这些公司中，我们会试图找出那些投资者即将改变观点的公司。通常，这些公司也许正遇到了些麻烦，但它们的业务即将好转。我们会试着抢在其他人之前发现这些信息。

那你要怎么做呢？

我们会打很多电话。我们公司与大多数其他对冲基金的区别就在于，与各个公司交流是我们的重中之重。我有两个手下，他们3/4的时间都花在与公司管理层的通话预约上，此外还有5位研究员，几乎整天都在给各个公司打电话，与首席财务官们交流。

做这一行，你不能坐等新产品的问世与成功。到那时，你得为同一只股票付上3倍的钱。我们试图通过自己的研究来增值。如果你买入不被看好的股票——市盈率仅在8—12——任何重要的变动都会极大地影响股价。

首席财务官们不是倾向于给自己的公司描绘一幅美好的图景吗？

当然会。你不能完全按他们所言行事。首席财务官也只是人，他们会倾向于夸大自己公司的业绩。但我们也会和经销商、顾客以及竞争对手聊。如果我们打算买入持有，不会只和公司谈，还会和销售该公司产品和使用该公司产品的人谈。

你是怎么教你的研究员进行电话采访的？

你想要的是对方站在你这边。千万别跟首席财务官说，你说得不对，或者试图告诉他要如何运营公司业务。如果你这么做了，他可能下次再也不会接你电话了。你还得学会用正确的方式提问。你不能直截了当地问一位首席财务官类似"这个季度预计会有多少收益"这样的问题，因为很显然他不能告诉你。但如果你换种问法，问他，他的公司将会受到竞争对手所发布的某个产品什么样的影响，也许就会得到一些有用的信息。我们都是侦探。我们试图找的是那些尚未广为人知的信息，再将一系列线索拼凑到一起，获得先机。

你买入一只股票时还会看什么？

低股价和即将发生变化的前景，这两点很关键。除此之外，如果有管理层的内部买入也会很有帮助，这恰恰证实了公司未来前景会有所改善。

内部人员买入是你经常会参考的内容吗？

对，但最好还是不要把这点写进书里。

为什么呢？

因为我不想泄露我的秘密。

但内部人员买入严格来说不算是秘密吧。实际上，在我为本书所做的与其他人的专访中，已经被提到好几次了。

在我职业生涯两次在华尔街求职的过程中，我面试了至少80家公司。我很惊讶有如此多的对冲基金经理使用图表和卖方信息（券商研报）却不利用内部人员买入。事实上，有好多基金经理跟我说，利用内部人员买入蠢透了（他又笑了）。

股票投资并不是精密的科学。你能参考的有用信息越多，你成功的概率就越大。相比于不与企业沟通，和他们聊聊更有可能让我们做出正确的投资决策。同样地，如果我们聚焦那些有内部人员买入的公司，并不意味着股票一定会涨，但肯定会提高我们的胜算。

你是不是也在表明，你不使用图表或是华尔街的研究报告？

我为我们基金买入的股票中，99%从未看过它们的图表。

你不看图表是因为你之前用图表的时候没找到任何有价值的东西，还是说你从没探索过这种研究途径？

用图表的人太多了。如果有太多人在用同一种方法，我觉得我不会有什么竞争优势。

那券商研报呢？你也从来不看吗？

我会看分析师的盈利预测，因为我工作的一部分就是要发现一家公司的实际状况比人们认为的更好还是更差。但是我从来不会打电话给卖方分析师寻求建议。

别误会，肯定有很多很棒的分析师。但这是我的理念：做自己的研究更有价值，这样你可以自己决定入场和退出的时间。

如果我买入某只股票是基于某个分析师的建议，然后这只股票突然跌了20%，我还是会依赖分析师给出信息。如果我打电话给他，他告诉我，"一切正常"，然后我再打给这家公司的首席财务官，财务官大概率不会回电给我，因为他根本就不知道我是谁。与此同时，他正和其他10个已和他建立关系的人交谈。如果我是和这家公司已建立关系的人，那我也许会是他们的首席财务官第一个回电的对象。

另一个方面是卖方研究往往有偏见，它是由投资银行关系驱动的。如果一家券商从某只股票的承销中赚了几百万美元，那么这家公司的分析师即使认为该股票存在严重问题，也很难给出买入以外的评级。我的一些研究分析师与卖方分析师十分交好，看过他们迫于压力推荐并不看好的股票。

比如说有一只股票，市盈率在8到12之间，而你也很看好其基本面。你会决定什么时候买入？显然，你甚至都没看过图表，也就不会用到任何技术分析来判断时机。

你需要的是一个能使这只股票上涨的催化剂。

举个例子，什么样的催化剂会促使你买入一只股票。

艾梅瑞冈就是个例子。两周前，他们发布了一份新闻稿，声称与福特汽车公司达成了一份5年协议，为其生产通风汽车座椅。这份新闻稿没有包含太多关于合同体量的信息。但是我们不仅与这家公司沟通，还与福特公司的内部人员沟通了，了解到这份合同体量巨大。我们同时还了解到，他们也在试图与其他汽车制造商达成类似的协议。

还能再举个催化剂的例子吗？

一个会提高利润的变动。我们的另一只持股是温德米尔。这是家个人护理产品制造商，比如吹风机之类的。去年，他们买下了百得公司的一个分部，支付了过高的价格。这家买来的分部高昂的运营成本拖累了他们的盈利。最近当我们知道这家公司准备关闭一些不盈利的部门时，就买入了他们的股票——因为这正是一个会降低他们的成本，并在未来几个季度带来高于预期的盈利的举措。

还有什么催化剂的例子吗？

有时候催化剂也可以是一个新产品。我们去年最赚钱的一只股票是LTXX，一家半导体公司。他们推出了新产品，跟他们的客户交流之后，我们意识到销量将会非常可观。华尔街还不知道这点，因为新产品的销售情况还没有出现在财报中。当盈利开始高于预期时，股价一飞冲天。

如果你买入的股票涨了，你会打算什么时候清仓呢？

我们清仓过早了（他笑了）。我们一直会轮换我们的股票。如果我们在市盈率10的时候买入一只股票，通常会在市盈率涨到20的时候清仓卖出。我们会把钱轮转到一只品质相近的股票上，这样我们投资组合里的风险回报比就能尽可能保持较低的水平。LTXX就是个很好的例子。我们在股价大概5美元的时候开始买入，即使我们对于这只股票的预期是继续上涨，涨到15美元时我们还是卖出了。如今这只股票的价格已经是45美元了。这是个很典型的例子。但这种过早清仓的特点也让我们在市场下跌期间受益匪浅，因为我们不会持有高市盈率的股票，这类股票在市场调整期受到的冲击最大。

如果你买入了一只静如死水的股票，你会什么时候卖掉？

如果它看上去死气沉沉，并且我之前认为会发生的没有发生，也许清仓并投资其他股票会比较好。

换句话说，一旦你买入的原因不再成立你就会清仓对吗？

或者因为我有了一个更好的想法。我们能用的资金是有限的。所以，将其投资于你最棒的点子至关重要。

同一时间你有多少个持仓？

超过100个。我们不会让任何一个持仓很大。我们最大的持仓是资产的3%左右，即便这样的仓位也很少。就空头头寸而言，我们最大的持仓是这个的一半。

你如何平衡你的多头头寸和空头头寸？

我们的总敞口一般会是20%—50%的净多头，如果我对股市极度看跌，这个比例还可能会更低。现在我们多头比例在80%左右，空头比例在40%，还挺典型的。我们一直保持着相当大的空头头寸，未来也将继续这样做。这样做一部分是因为我多年看跌。

在有史以来最伟大的牛市里看跌——这可不像是有益的特质。为什么你倾向于看跌？

谢天谢地，无论如何我们还是赚钱的。我有这种感觉已经有一段时间了，但如今（2000年3月）尤为显著，我想我们在见证一些板块的狂热，比如互联网板块和科技板块。估值高得直冲云霄。这与我们过去看到过的那些市场狂热没有什么不同：几年前的俄罗斯股市，20世纪80年代的日本股市，20世纪70年代的房地产市场，甚至17世纪荷兰的郁金香热。现在，当每个人的高尔夫球友都在买这些股票赚钱时，不随大流会很有压力。当股价上涨时，你有一个火车头，可问题是，当火车头不可避免地停止并转向时，会发生什么。

股市快接近峰顶了吗？或者说3年内股价会到顶吗？这问题我答不上来。我能做的就是控制那些我能影响的因素。我能控制我们每天与多少位首席财务官和客户交流，但我决定不了市场走向。

与你所做空的公司里的首席财务官交流会不会很困难？我想他们不会太想跟卖出他们股票的基金经理聊。

我们已经不再和做空的公司里的首席财务官谈了。

是因为不好接触吗？

不，因为之前我们被说服放弃了几个最好的做空头寸。早些年的时候，我有很多次改了主意没卖某只股票，就因为他们的首席财务官跟我打包票说一切都好，接着股票就开始暴跌。如果我们考虑做空某只股票，我们会花大量时间与客户、供应商以及竞争对手交流。

你是如何选择要做空的股票的？

我们肯定是寻找那些高价股——市盈率大概在30—40的那些公司，或是毫无盈利的那些股票。在这个范围内，我们再找出那些商业计划有问题的公司。

举个商业计划有问题的例子。

我最喜欢做空的就是那种产品单一的公司，因为如果这款产品失败，他们也没有其他产品可以支撑。确认单一产品公司的销售情况也要容易许多。一个典型的例子就是里程碑科技。这家公司生产一种产品，据说是牙科普鲁卡因麻醉针的无痛替代产品。这听起来是很好的股票，最开始我们把这只股票视为值得买入的对象。我们其中一位分析师去了一场牙科展览会，收集了一堆参会牙医的名片。一名研究这只股票的华尔街分析师认为，每家牙科诊所都会购入5台这样的仪器，他预计将会有惊人的巨额盈利。

我到访了这家位于新泽西州的公司。公司有3个人坐在他们租来的办公室里，外包了所有事务。我们开始给牙医们打电话，发现这款产品并不如广告宣传的那样好用，并不能做到完全无痛，还比普鲁卡因起效慢。另一个关键因素是，这家公司出售的产品有退货保证。他们将所有出货量都计为收入，产品退货方面存在不确定性。

我们也与这家公司外包的生产厂商聊了聊，了解了实际发货量与他们未来的生产计划。我们可以看到，生产端的订单量正在急剧下降。现实与华尔街研究报告之间的差距是我所见过的最大的差距。

这只股票后来怎么样了？

最后股价跌到一美元以下了。

在那种情况下，让生产厂商和你交谈不会很困难吗？更别说让他们向你提供所有这些详细资料了。

如果你打过去，至少电话对面的那个人有可能跟你聊。我跟我的分析师说过一件事，"把电话打出去。他们可能不会和你谈，但我可以向你保证，如果你不把电话打出去，他们就不可能跟你谈。"在这件事上，一开始生产厂商真的帮了大忙，但紧接着他们就意识到我们在做什么，不再接我们的电话了。但到了那时，我们已经拥有了所需的全部信息。

在这种情形下，你打给生产厂商一般会说什么？

我和他说实话。我会告诉他，我是一名基金经理，在做这家公司和这个行业的研究。有时候，我们打给某家公司，请他们提供他们主要客户的名字，以帮助我们评估他们的产品。

给你这些信息会不会有时对这家公司不利，因为他们的客户并不像他们想象的那样喜欢他们？

我最开始这样做的时候，觉得联系公司给的客户名单就像是联络简历上的推荐人——他们只会说些赞美的话。但事实往往并非如此，这让我还挺惊讶的。我常常在想，这些公司到底知不知道他们的客户对他们的真实看法。有时我们通过这种方式获取了最佳信息。

还有什么你挑选做空目标的例子吗？

一个很好的例子是均衡营养棒。你可以走进任何一家健安喜店面，看到货架上放满了其竞品，而均衡营养棒的价格被标得很低。然而，这只股票的市盈率是35，其市盈率本该是10的。

听起来很像彼得·林奇谈到的和家人去逛商场获得交易灵感的事。

彼得·林奇可能是给我最多启发的人了。我拜读了他的《彼得·林奇的成功投资》不下10次。我在面试别人的时候问的一个问题就是有没有读过他的书。如果没读过的话，就相当于告诉我他们对待股市并没有自己声称的那样严肃。

你个人认为这本书的哪一部分非常有价值？

书中的一个信息：自己做研究，而不是依靠华尔街的研究是至关重要的。

什么样的研究？

去和公司还有客户交谈。

但普通投资者没法给这些公司打电话。

普通投资者也许打不通首席财务官的电话，但就如林奇所建议的那样，非专业人士可以给投资者关系部门打电话，问对问题的话还是能收获有价值的信息的。林奇给普通投资者的重点建议是：投资你知道的——你就职的公司（假设发展还不错的话），你所在行业的其他公司或是你能摸到、感受到其产品的公司。他的意思是，投资于自己有所了解的公司，比听股票经纪人的建议投资于自己一无所知的公司要好得多。彼得·林奇的理念其中有一点提到，如果你没办法在4句话以内简要概括自己为什么持有一只股票，也许你就不该持有它。

你见过彼得·林奇吗？

从来没见过，但是我去富达资本面试过几次。我当时非常想要进入这家公司工作，因为想要成为下一个彼得·林奇，最终管理麦哲伦基金。我最后一次去富达资本面试的时候，是我入职弗里斯之前，我经历层层筛选见到了杰夫·维尼克（林奇最初的继任者，担任麦哲伦基金经理）。他只问了我两个问题，这两个问题在我心中永远无法忘怀。首先，他问的是，"债券利率是多少？"我是做股票的，从来不关注债券市场。我后来了解到，维尼克非常关注利率，因为他交易了大量债券。他的第二个问题是，"你29岁了，什么耽搁了你这么久？"这场面试不到5分钟就结束了。

你会像彼得·林奇那样通过逛商场获得交易灵感吗？

我一直都这么做。我可喜欢去商场了。投资并不像人们说的那么复杂。有时候需要的只是常识。任何人都可以去商场逛一圈，看到蹦买门可罗雀，盖璞人头攒动。如果你去四五家商场，都见到同样的场景，背后必然有其原因。多年来蹦买都缺少让顾客购买欲旺盛的产品，然而盖璞能持续推陈出新，提供切合顾客需求的产品。

这是不是意味着你买入了盖璞，做空了蹦买？

我们不会买卖盖璞股票，因为我们只交易小盘股。我们时不时会做空蹦买。

能举些逛商场受到巨大启发促成交易的例子吗？

去年圣诞节，我去了男装零售店男人衣仓，因为我想买套西装。我很不喜欢那些衣服，此外，我还注意到店里没什么人。我们又额外做了些研究确认交易，最终做空了这只股票。

有没有做多的呢？

我们买入的其中一只股票是克莱尔斯公司。我注意到这家店里总是挤满了青少年。我们也很欣赏他们的财务状况，他们的管理层也很积极地向我们提供信息。

我们之前谈到商业计划有问题的公司。还有什么例子吗？

伊娜美乐。这家公司唯一的产品就是一款据说美白效果较好的牙膏。如果他们不花大笔经费进行广告推销，就绝无可能在竞争激烈的牙膏市场获得立足之地。从另一个角度来说，如果他们推广经费花到位了，获得了消费者的广泛认可，他们也会消耗大量资本。这从一开始就是无法取胜的局面。还有一个问题是，这款产品比普通牙膏贵上不少，却没有更好的效果。我们办公室里每个人都试了，只有一个人喜欢这款产品。

你说的那家公司叫伊娜美乐吗？我从没听说过这个牙膏品牌。

这就对了，正是我想表达的。

那这只股票后来怎么样了？

我上次查看时，股价已经只有1美元了。

听起来你决定做空这只股票的一个很重要的因素是让办公室所有人都尝试公司的产品。还有什么通过"消费者研究"决定做空的例子吗？

（他回想了片刻，然后笑了起来。）我们还做空过唯女派。这家只生产单一产品的公司市值超过1亿美元。他们的产品是一种使用了该公司所称的"软杯技术"所制作的卫生巾替代品。这家公司曾发布新闻稿大肆宣传他们的产品相比于传统同用途产品的优势。我打给生产厂家让他们给我寄了5个免费的样品，我将这些样品送给了5位女性朋友。她们试用之后，都给了我一个相同的回应："你在开玩笑吧!"我做空了这只股票。在我进行我的"市场调查"时,这只股票的价格是20多美元,现在这家公司市值26万美元,股价只有3美分。

你是什么时候退出的?

我们最近才平仓。

你一直持有到最近!

这可能是我做空股票里排名第一的股票,但不幸的是其股价下跌时我们拥有的股票很少,因为我们的很多股票被买入了。

你提到"被买入"是指你借来的股票被收回了吗?(为了做空一只股票,卖方只能借来股票卖出。如果出借方要求他们归还股票,做空者要么得从别处借来股票,这可能是不可能的,要么就得从股市里把这些股票买回来。)

没错,而且当时没有任何可以借出的股票。那时我认识到,做空游戏非常依赖人脉。如果可供借出的股票很少,我又与那些和经纪公司有更多交易往来的大型基金经理在竞争的话,你猜会是谁拿到这些股票呢。这件事发生在1997年,那时我们的规模比现在小很多。

为什么已经借出的股票会被收回?

因为投资人要求以他的名义持有股票。[除非投资者特别要求,否则股票会由经纪公司("以华尔街的名义")持有并可以借出。]

为什么投资者会突然要求以他的名义持有股票?

因为基本面不佳、股价摇摇欲坠的公司往往会引来大量做空。有时候这些公司会鼓励他们的投资者要求以他们的名义持有股票,期望在借出的股票被收回时迫使空头平仓。有时一些公司会买入大量做空份额高的股票,然后收回股票,迫使空头以更高的价格平仓。接着他们就卖出这些股票赚笔快钱。

你是不是在暗示大型基金经理有时会一起逼空?

投资组合经理一起推动价格涨跌是违法的——会被认为是操纵股市。那有没有这样的事呢?当然有,一直都存在。过去的5个月内,几乎每一只高做空份额的股票都一度被逼空。

大多数被逼空的股票最终价格会下跌吗？

我坚信，如果一只股票被严重做空，通常都有合理的基本面原因。大多数情况下，这些股票最终会股价下跌。然而在此期间，即使几乎一文不值的股票也可以因为人为的可借股票稀缺而股价飙升。

你如何确定你的做空时机？有很多股价过高的股票股价还会涨。

确定时机绝对是最难的部分。这也是我们为什么将空头头寸分散在这么多只股票并对其执行严格的风险控制。只要我仍然相信基本面稳健，我不在乎我做多的股票下跌了40%。然而如果我做空的股票涨了20%—30%，即使我对这只股票的分析丝毫没变，我们也会开始平仓。事实上即使我笃定这家公司最后会破产，也还是会平仓。我见过太多公司的例子，一切都表明公司一年内股价会归零，但因为这家公司发出一个公告，空头被轧，一开始股价可能会翻4倍。如果在我们的投资组合里，有1%是这只股票的空头，我不会让它变成5%的亏损。我们平仓过很多空头，都是因为股票一开始的走势对我们不利，但之后股票就崩盘了。但比起错过盈利的机会，我们还是更重视避免巨额损失这件事。

关于做空股票被逼空风险的讨论把话题引向了本章开头沃森和毒蛇打交道的那次童年经历。

你拿着那些蛇的时候感觉过害怕吗？

没有，我觉得那种感觉更接近于兴奋。我那时候是个很亢奋的小孩。

你有什么害怕的事吗？

我下周要去跳伞，这让我有点害怕。

为什么？

我思考过这件事。我意识到我害怕的是我无法控制的事情。当我抓着那些蛇的时候，它们就在我的掌控之中。我计划今年在意大利学赛车，我也不害怕，因为我能控制赛车。但我控制不了降落伞。我只能祈祷给我准备降落伞的那个人当天没遇到什么不顺的事。

如果你觉得你控制不了的话，为什么要去跳伞？

刚刚过去的那个周六，是我的生日，这是我的一个生日礼物。我别无选择。也许送我礼物的那个人会忘记这件事——但我怀疑他不会（他笑了）。

你聘用一个分析师的时候，会看重什么？

我聘用的每个分析师都是20多岁，有以下原因。首先，他们每周可以工作80到100个小时。其次，他们还没赚到足以让他们躺平放松的钱。最后，他们会毫不迟疑地打给首席财务官、分销商，或是客户。我也会雇用有好胜心的人。

选股既是一门艺术，也是一门科学。有些人无论多努力，做多少研究，打给多少家公司，都不会成功，因为他们不知道什么可行、什么不可行。

你有没有雇用过不合适的人？

我第一个雇用的人就不合适。他是我认识的最聪明的人之一。问题在于，他直觉迟钝，也意识不到风险。比如，他会说："我们得在股价10美元的时候做空雅虎，它实际一文不值。"他对市场没有任何直觉。

你的诸多方法似乎都与和公司管理层沟通有关。如果明天你醒来发现自己不是管理数亿资产的基金经理，而是一个普普通通的投资者，你会如何改变自己的策略？

嗯，首先，电话我还是有的。我也许没法直接打给首席财务官，但我仍可以打给公司的其他员工，以及他们的产品分销商和顾客。还有，如今的网络让你可以无须和任何人对话就掌握海量信息。你可以找到公司的10-Q表和10-K表（美国证券交易委员会要求提交的季度公司报告和年度公司报告）、公司新闻稿、内部交易统计数据以及其他很多有价值的信息。此外，我还可以去逛商场，观察某个公司的产品，这是我们工作的重要部分。

有什么可以称得上你职业生涯业绩最佳的亮眼交易吗？

（他思考了片刻。）我一般不会对胜绩感到兴奋，而是忙着寻找下一个交易机会。

你在投资方面学到了什么教训？

自己研究并相信自己的研究。别被其他人的想法所左右。

还有吗？

你投资时不能带入情绪，如果你带着情绪，就会做出糟糕的决定。

你不能害怕承担损失。在这行成功的人，都是愿意输钱的人。

★

股市金融怪杰们最常提到的交易失误之一就是听从他人建议这一愚蠢行为——事实证明这个失误让一些人付出了昂贵的代价（比如沃尔顿和米勒维尼）。史蒂夫·沃森很幸运：他是从一门大学课程里学到的别听他人建议，而不是花自己的真金白银买下的教训。

沃森的选股流程首先是关注价格相对较低（市盈率较低）的股票，这一点能控制风险。低价是必要条件，而不是充分条件。许多低价股票价格低是有原因的，还会保持相对较为低迷的状态。沃森的方法关键在于预期投资者可能对这些低价股票中的哪一只出现看法的转变。为了找到即将到来的可能转变市场情绪的潜在变化，沃森与这些公司以及其竞争对手、消费者、分销商都进行了大量沟通。他还强烈主张常识性的研究，比如试用某公司的产品，如果是零售商的话，则去造访其店铺。最后，沃森还会将内部买入作为他股票选择的确认条件。

做空被视为一项高风险的行为，而且可能不太适合普通投资者。然而，沃森证明了如果风险控制到位，避免在空头头寸中出现无穷无尽的损失，做空可以通过与投资组合中的其他头寸对冲来降低投资组合的风险。在做空这一方面，沃森会寻找商业计划有问题的高股价公司——一般是单一产品的公司，这类公司摇摇欲坠要么是因为它唯一的产品离宣传效果相差甚远，要么则因为该领域对于竞争对手没有进入壁垒。

沃森通过分散投资、精挑细选和限制亏损的规则实现了风险控制。他的投资组合实现了充分分散投资，最大的多头头寸不超过投资组合的2%—3%。空头头寸在投资组合的上限则是1.5%左右。因沃森严格从低价股票区挑选公司，限制了多头头寸的风险。而在空头头寸方面，即使交易的基本面完全没变，如果股票股价走高，就需要减仓或清仓，这样的资金管理规则限制了风险。

沃森保留了他在弗里斯联合公司所接触到的"食槽旁的小猪"理念。他持续不断地升级着他的投资组合——替换进风险回报比前景更好的股票。因此，他通常会卖出有利可图的持股，即使他预计它还会涨得更高，因为在足够的涨幅之后，他会找到另一只风险更小但收益潜力相当甚至更大的股票。问题从来都不是"这是只该持有的好股票吗"，而是"这只股票是否比尚未出现在投资组合中的其他股票都要更好"。

史蒂夫·沃森的近况

在我采访他不久后，沃森就将他基金的日常管理交接给了两位公司的投资组合经理，以便他能在西海岸醉心于自己的兴趣。（他拒绝公开讨论这些新的尝试。）沃森仍然是基金的投资者，并与他指定的投资组合经理通过频繁的电话交流继续参与投资决策。鉴于沃森在牛市接近尾声时戏剧性地改变了职业，这让人在想，他与生俱来的市场嗅觉是否影响了这一时机，至少在潜意识层面。

你为什么决定从忙碌的基金管理事务中抽身？

我雇用了两位我十分尊重的能人，我觉得他们能做得很好，这就如同薪火相传。

可你不是什么老者——你比我还年轻不少！

我想追求些新的挑战。

你对市场的长期看法是什么？

我从没见过微盘股股价如此之低，可我也从没见过这么多股票都缺少推高它们股价的催化剂。因此反弹的因素是具备的，但时间不会是最近。我昨天回顾了200只微盘股，震惊于有这么多只股票股价等于或低于现金。他们的生意算不上好，但他们在削减成本。当他们的成本结构降低后，如果经济转好，他们的收入增加，他们就会有好的收益。尽管在此之前股市可能还会疲软一些时日（这场专访进行于2002年8月），我仍对长期前景相当乐观——比如说2003年开年。

|达纳·加兰特|

逆流而上

想象一下，在一条河里相隔一英里的两位泳者决定来场比赛，每个人游到对方的起点。河流湍急，顺流而下的泳者赢了。他是更好的泳者吗？这个问题显然十分荒谬。河流如果足够湍急的话，奥运会游泳健将都有可能会输给新手。

现在再想一下，两位基金经理，一位只买股票，每年平均收益率25%，另一位只卖股票，同一时期每年平均收益率为10%。哪个经理是更好的操盘手？这个问题还是一样荒谬。问题的答案取决于股市的方向和强度——市场趋势。如果在这一时期，股市平均每年上涨30%，那位收益率为25%的经理的表现还不如掷飞镖的策略，而另一位经理是在极端不利的市场环境中获得了两位数的收益。

在1994年至1999年期间，达纳·加兰特的年平均复合回报率为15%。这可能听起来并没什么，但得考虑到加兰特只进行做空交易。与典型的基金经理相反，加兰特投资组合中的股票下跌时她会获利，上涨时她则亏损。加兰特正是在一个代表性股票指数（纳斯达克指数，占她交易的大约80%）年均涨幅高达32%时达到了15%的回报率。客观来说，她所达成的业绩就相当于一位公募基金经理在大盘年平均跌幅高达32%的时期获得了15%的年平均收益。这两种情况下，抗衡如此强大的反向股票交易趋势，都需要卓越的选股技巧。

在有着强劲上涨趋势的股市里通过做空股票获得15%的收益令人钦佩，但这有什么意义呢？即使20世纪90年代的股市涨幅空前，股市自创立以来处于一个长期上升趋势中。为什么要与一个持续几十年，甚至可能是长达几百年的趋势对着干？关键是，做空通常不作为一项独立的投资，而是和做多结合在一起，从而让整个投资组合有更好的风险回报率。如果不是全部，大多数加兰特的投资者用她的基金去平衡他们的多头股票投资。显然，有足够多的投资者认识到了加兰特相对业绩的价值，以至于她的基金美丽华资产管理已不再接受新的投资。

大多数人都意识不到，一个收益高于借贷成本的做空策略可以与被动投资——比如指数基金或是多头股指期货——相结合，从而打造比指数收益更高风险更低的净投资。即使做空策略的收益远低于指数本身的收益，情况也是如此。比如，如果一位投资者投资了纳斯达克指数，为了平衡这一投资，他将等量资金投资到加兰特的基金（为了进行这两项投资，借了额外的资金），那么，他不仅能跑赢指数收益（减去借贷成本后），还能大幅降低风险。从风险的衡量标准之一来看，这个投资组合在1994年至1999年之间的两次最大回撤是10%和5%，而同期指数的两次最大回撤则为20%和13%。

加兰特的金融事业起航于一家机构资金管理公司的后台工作。之后她被提拔到交易员（负责输入订单）的位置。令人惊讶的是，加兰特拿到第一份基金经理的工作前没有任何的选股经验。而幸运之处在于，事实证明加兰特在选股技术上比选老板更胜一筹。在1997年建立她自己的公司之前，加兰特的14年职业生涯遇上了不少让人讨厌的雇主。

加兰特很喜欢在股市中进行交易，也喜欢这一挑战——尝试通过与金融界背道而驰来获利，也就是做空他们做多的股票。但股票交易只是个爱好，并不是她全身心投入的热情所在。她每天身体离开办公室以后，心神也不再在工作上，意味着她的注意力从股市转向了她的家庭。她每天准时离开办公室去学校接她的孩子，正因她身处西部时区才让这种日程安排可行，而且她刻意避免在家做研究工作或是交易。

这场专访是在一间会议室里进行的，从那里可以俯瞰旧金山的天际线全景。那天风和日丽，泛美大厦、电报山、旧金山湾和恶魔岛呈一条直线在我们眼前铺开。这样动人的景色促使我向她描述起《金融怪杰》系列前两本书中专访所在的一些富丽堂皇的豪宅。加兰特开玩笑说，我们应该去她家做专访。"那样，"她说，"你就可以描写我后院的攀爬架了。"

注：出于显而易见的原因，该专访中所有提到的人名与公司名称都为化名。

你第一次接触股市是什么时候？

我父亲曾是个场外交易做市商。我还在念高中的时候，假期我会在交易台前和他一起工作。

你会帮他做些什么工作？

那时候，尽管我们有终端机，但没有电脑。所有工作都必须手动完成。我就会在他交易的时候记录下他的交易。

你那时发现自己试图预测大盘走势吗？

我真的不太记得了，但我从来没有像你书里写到的许多人那样真的对股市痴迷过。我喜欢股市，觉得令人兴奋，富有挑战性，但我回家就不会再想这些事儿了。

你大学毕业后第一份工作是什么？

那时我在一家大型机构资金管理公司金士顿资本工作。一开始我做的是后台和行政工作。最后我被提拔到了交易员的位置，经手这家公司的所有交易，这家公司管理着10亿美元的资金。

你说的交易员，我猜是那种负责输入订单的职务，而不是负责做决策的那种，对吗？

没错，我就只负责输入订单。

那你职业生涯的下一步又去了哪里呢？

1985年，金士顿在一次合并中被收购了。收购它的那家公司改变了所有人的工作内容。他们告诉我，我不能再做交易了，因为所有交易都必须在纽约完成。

他们想让我转岗到行政工作，而这对我来说有些走回头路了。

金士顿分部的前基金经理亨利·斯基夫也有着类似的经历。他被转到一个让他无法忍受的岗位。在合并后，他与另一位职员一起离开了金士顿，创立了他们自己的机构资金管理公司。亨利给我提供了一份交易员和研究员的工作。尽管亨利是个很难共事的老板，但我挺喜欢另一个人的，我也不想回去做行政岗。

我和亨利一起离职了，协助他成立了他的新公司。我为他做了两年研究和交易工作。尽管这段经历不错，但我觉得自己的前景受限，因为亨利不愿意放手太多投资组合的控制权。在我决心要离职的时候，我丈夫在另一座城市谋得了一份好工作，我们决定搬家。我找到了一份在阿塔卡姆投资公司的工作，当时这是一家机构资金管理公司。我从投资组合经理做起，与别人一起管理他们的小盘股基金（一种投资于小市值公司的基金），基金里大约有几十亿美元的资产。

在那之前你有相关经验吗？

选股方面没有。

那你是怎么得到投资组合经理的工作的？

我最初面试的是一份交易员的工作。但之前管理投资组合的简女士正在休产假。她自己也只有大概6个月的工作经验，他们需要人填补这个职位空缺。阿塔卡姆的老板马克·哈尼根相信任何人都可以胜任那份工作。他叫我们"猴子"。他会跟我们说："我随便找只猴子坐在你们的工位上都可以干你们的活。"他以前总跟我说我想太多，我真的很烦他这样说。

马克的理念是，如果一只股票的股价在K线图中涨了，涨了25%甚至更多，并且有券商在推荐这只股票，你就可以买它。基本面分析很少，也没考虑过盈利或者管理的质量。这也是我为什么最终选择在股市里进行做空交易。

女性的身份有没有帮助你得到这份工作？因为你的上一任也是女性。

没有，我得到这份工作也许是因为他们可以付我少得多的薪水。

他们给你的薪水有多低？

我最开始的薪水是一年两万五千美元。

那简后来怎么样了？

两个月之后，她休完产假回来，我们就一起共事了。她一直都很看好股市，觉得一切都好。她总是愿意买任何股票。我是唯一一个认为在买入股票前应该再等等的人，也是唯一一个建议在股价崩盘前卖出我们持有的股票的人。

你和简当时属于平级，还是说因为她比你更早进公司，算你的上级？

我们当时是联合经理。我其实比她的经验还多些，但是她早6个月进公司。我们以团队方式一起工作。我们两个人都可以在投资组合中加入股票。

和另一个人一起共同管理资金会不会有问题？

不会，因为我们俩都没有太多经验。我会选只股票然后说"看看这只"，简就会说："嗯，这只看着不错，我们买个十万股。"真正的问题在交易台。

一旦我们给了他们一个买入指令，我们就对这个头寸失去控制了。订单实际成交的时候可能已经高了几个点了，或者已经是几天以后了，但我们对此无能无力。

你说的这些真的是这样吗？为什么订单实际成交会拖这么久？

因为公司的交易员会抢先交易（抢先交易是指在成交更大的客户或公司订单之前，先用自己的账户下订单，从而他可以从后面要下的更大的订单带来的市场影响中获利）。如果一只我们想买的股票当天交易了10万股，我们一股都没买到，他就会说："抱歉，我尽力了。"因为我之前是做交易员的，我知道可以看时间与交易记录（记录了所有交易及确切执行时间的电子日志）。然而如果你质疑他，他就会在所有人面前严厉训斥你（我们都在同一个大房间里工作）。

怎么训斥你？

他会朝着我大喊大叫："你对交易一窍不通。回你自己的工位。"

你当时就知道他没说实话，还是后来才发现的？

他是那里工资最高的人了。可能一年能赚个几十万美元吧。但他生活的奢靡程度远远超过了他薪水能负担的程度。他有一幢很大的房子，去哪儿都开着豪车。人人都怀疑这其中可能有鬼。事实确实如此：多年后美国证券交易委员会对他进行了调查，禁止他再从事这一行业的工作，这时一切才水落石出。

讽刺的是，作为一个只负责输入订单的交易员，他的收入是作为投资组合经理的你的10倍。我想这应该很反常。

没错。一般来说，交易员的收入相对都要少很多。

你是什么时候开始倾向于做空股票的？

我的座位离吉姆·莱维特很近，他运作阿塔卡姆的对冲基金。我当时对他做的事很感兴趣，因为他把基金运作得很成功。

在做空这方面，吉姆算是你的导师吗？

是的，因为他善于从华尔街的炒作中洞察真相。我开玩笑说都怪他我才决定做空头的。当事情进展不顺利的时候，我就打给他，说都是他的错。

相比于做多，做空这件事为什么更吸引你？

我觉得做空更有挑战性。你得真的非常清楚自己在做什么。我是在跟这些推荐股票的分析师还有买入相应股票的基金经理对着干。当我押对了的时候，感觉很棒。我感觉自己是用实力赚到了钱，而不是仅仅因为一只股票在涨就盲目地买入。这感觉有点像是做侦探，查出别人没有发现的事情。

你是什么时候开始做空股票的？

1990年，就在吉姆·莱维特觉得公司对于运作对冲基金的条条框框让人失望，离开阿塔卡姆建立自己的基金之后。

什么样的条条框框？

当时公司的环境并不利于运营对冲基金。有一条规则是，你不能做空公司本身持有的股票。由于公司可能随时持有1000多只不同的股票，能用来做空的股票范围大大缩小。他们对于做空股票的态度也很消极。

吉姆·莱维特辞职的时候，我正在太浩湖度假。马克给我打了电话，告诉我因为吉姆走了，所以我将会接管对冲基金。马克的理念就是，任何人都能做空股票。他把股票根据相对强度（股票股价变动相对于大盘指数的强度）和盈利增长率在电脑屏幕上排序。他会买入列表里最靠前的股票，卖出列表中最靠后的股票。问题在于，当股票在他的列表中垫底的时候，往往正是强有力的价值型股票候选者。从本质上讲，这实际上是在做多成长型股票和做空价值型股票——这样的方法并不经常奏效。但他从来没当过对冲基金经理，他以为就是这么干的。

那你用他这套方法了吗？

不，我真的没有。

那你当时是怎么挑选做空的股票的？

我不会做空盈利已经下降的股票，而是会寻找我预期盈利会下降的公司。

你是怎么预测一家公司盈利将要下降的？

很多预测是自上而下的。比如，我接手对冲基金的那一年，海湾战争导致了石油价格暴涨。那很轻易就能预测，经济和周期性股票将疲软。

你为什么离开了阿塔卡姆？

1993年，阿塔卡姆由一家机构资金管理公司转型成一家公募基金公司。还有就是，我和我丈夫都想搬回旧金山。我与很多家当地的对冲基金公司沟通了，没有人有兴趣移交一部分他们的资产组合控制权给我，我也不愿意在做了一阵投资组合经理之后再回去从事分析员的工作。

带着些许不情愿，我和亨利·斯基夫共进了一次晚餐。5年来我第一次见他。他说了很多深得我心的话。他向我保证他已经今时不同往日，也赞同我所说的一切。他以一百万美元建立了一个小型合伙企业。他说我可以把它发展成对冲基金，想怎么运作都行，报酬是费用的1%。

在5年前你和他共事时，你到底是因为什么不喜欢他？

他作为投资组合经理，并没有赢得我的很多尊重。我给你讲个故事，这是个很好的例子。在我为他工作期间，垃圾债券变得很受欢迎。亨利有一个在经纪公司的朋友提出，如果他可以管理一个垃圾债券投资组合，就给他提供一个大客户。我们对垃圾债券完全不了解。亨利给我们所有人发了一本垃圾债券的书，让我们周末读完。接着第二周周一，我们就开始交易垃圾债券。亨利是基金经理，我是交易员。那本书上说，违约率是1%，结果我发现这根本就是骗人。后来所有这些都爆雷了，钱也没了。此外，多年之后我又发现，亨利在公司的宣传文件中美化了他的学历，谎称自己有著名大学的本科和博士学位。

不管怎样，亨利说服了我，重新加入他的团队机会难得。他向我提供的报酬比我之前的收入高上不少。他甚至打算为我的搬家事宜买单。我觉得这份工作能让我搬回旧金山，如果行不通的话我也能再找一份工作。亨利很会做市场营销，我们将那个基金增长到了9000万美元。但亨利还是老样子，我所做的一切他都会事后批评。

亨利会看到一只股票涨了5美元，就很兴奋地跟我说，"嘿，达纳，你为什么不买某某某股票。"他甚至根本不知道这家公司是做什么的。我会因为他想让我买就买入这只股票。第二天订单出现在交易记录上，他又会问我，"嘿，达纳，某某某是什么股票？"这也是让我不想再做多股票的经历之一。

因为亨利对他的员工很差，所以公司的人员流动非常大。我们每天早上会开个会，基金经理们会聊他们投资组合里的股票。亨利会非常严厉地批评经理们。他当时有个员工，一个50多岁的男人，自杀了。亨利会将别人的自信击碎，而那个可怜人无法承受这样的打击。我跟他共事过一阵，他是一个心灵受创的人。我不会说他是因为这份工作才自杀的，但这份工作作为原因之一我也不意外。

亨利也会这样批评你吗？

他总是事后批评我，每次我进行他不同意的交易就要和我争论。

那你到底有多大的自主权？

只要我干得好，我就有自主权，但每次股市反弹，他就想让我平掉我所有的空头。因为我不愿意让步，我和他没少吵架。当时我会这样做，如果亨利坚持要我买入一只股票，我会买入，但接着我会立即做空另一只股票来抵消影响。这样我就可以消除他对于投资组合造成的影响。我这样干效果还不错，但是两年过去我实在受不了了，还是辞职了。

你第二次离开亨利的时候，创立了你自己的公司吗？

没有，我辞职之后，彼得·博伊德雇用了我，他的对冲基金资金量巅峰时期高达两亿美元。他告诉我,他听说了不少关于我的好评,打算让我管理一部分他的基金。他说我想怎么运作都行。我告诉他我可以通过做空来增加最大的价值,因为他不做空。他起初给了我1000万美元,让我自由支配。对我来说这很不错,因为感觉像是拥有了自己的事业,不被那些条条框框所困扰。

最初两年一切都好,但到了第三年,这只基金由于表现不佳开始被大额赎回。博伊德不得不从我这把钱拿走,因为他自己的投资组合流动性已经很低了。因为买入大量标普100指数看跌期权,而这些期权几天到期后就一文不值,他亏了很多钱。(他会买入大盘暴跌就能大量获利的期权,但如果股市没有暴跌,期权到期后就会一文不值。)

听起来像是他在拿投资组合赌博。

看起来是挺像赌博的。现在回头看,似乎他想通过抬高他的投资组合中非上市公司股票的价格来掩盖这些亏损。他对这些头寸的定价有着完全的自行决定权。

他怎么能随心所欲地给这些头寸估值?

因为那些是非上市公司,不是公开交易的股票。

给非上市公司股票定价有这么大的自行决定权是否合法?

合法。在对冲基金披露文件中,就这些私有公司而言,普通合伙人被赋予这样的自行决定权。审计师也会每年被收买。他会告诉他们他认为这些公司值多少钱及其理由,他们就会接受他的估值。他们都是些刚从大学毕业的22岁的审计师,而他是个一年赚两千万美元的对冲基金经理,他们不会去质疑他。

我采访的另一位进行了很多做空交易的对冲基金经理说,以0到100形容有价值的程度,审计的价值是0,你同意这个观点吗?

同意。

即使是业内领先的会计师事务所也一样吗?

没错。

对冲基金的投资者怎样才能知道基金经理是否对投资组合的股票给出了

错误定价呢？

季度业绩报表需要说明投资组合中非上市公司股票占多大的比例。他一直以来业绩都很优秀，所以人们没有对这一点质疑。

那他的投资组合里，非上市公司股票到底占了多大比例？

一开始大概是10%，随着他亏损得越来越多，投资组合内的非上市公司股票的比例持续攀升。最后，在投资组合里，非上市公司股票已经占大头了，他只剩下一堆几乎没有价值的期权。

听起来像是他在期权市场里赌博，然后以抬高非上市公司股票股价的方式来掩盖他的亏损。那投资者赎回自己的钱时，收到的钱远小于报告的净资产值不会让他暴露吗？

尽管我不是很确定，但我想最初一批赎回的投资者收到的是全额，但随着越来越多的投资者赎回他们的资金，实际的亏损程度就渐渐明朗起来。

你那时知道他在做什么吗？

我知道期权亏损的事，但没人知道非上市公司股票交易的事。资产负债表上不会记录。

听起来似乎你与很多人一起共事过。你选老板的眼光可不太好。

是的，我知道。你觉得那不是什么好迹象，但……

你是怎么创立自己的公司的？

我有一个客户，是通过彼得认识的。他雇我管理一个只做空的投资组合。我带着这个客户创立了公司。

那时是哪一年？

1997年。

你的业绩记录显示的是1994年以来的业绩。

为了生成我早年的业绩记录，我提取了我开始管理只做空的投资组合之前的空头交易。

你会使用图表吗？

我用图表来确认交易时机。我觉得这是多年来拯救我的东西之一。举个例子，比如我做空的股票跌到了支撑位，那我可能就会退出。

你怎么定义支撑位？

过去有大量买盘的价格区域——价格在上涨之前进行盘整的点。有些专门做空的可能会仍然持有他们的头寸，但我一般会平掉。我认为市场已经跌了50%。也许还会再跌10%或20%，但那不是我的游戏。我寻找的是相对于其价值而言股价高的股票。

这是你用图表获利的一个例子。你会用图表止损吗？

如果图表上股价创新高，除非我掌握的信息有极强的说服力，不然我都会退出。

你会往回看多长时间来判断价格新高？如果一只股票价格达到了一年来的高点，但仍低于过去两年的高点，你会退出吗？

不，我只关心股价创历史新高的股票。

你是否总是避开了做空价格创新高的股票？还是你有时也没避开？

我有时也没避开。

可以举个例子吗？

今年我做空的一只股票，桑切斯计算机联合公司，在一天内从32美元飙升到了80美元。

一天之内吗？

这是一家为银行制作后台管理和交易处理软件的公司。他们大多数客户都地处不发达国家，也没有自己的系统。由于其业务放缓，华尔街将其年度盈利预期从每股75美分下降到50美分，当时股价还是25美元。这则消息对于空头的我来说听起来不错。我想这只股票会再跌上不少。没过多久，这家公司宣布他们将开始提供网上银行软件服务。当时正是网银板块股票暴涨的时期。

这只股票之前的历史最高价是多少？

30美元出头。那只股票就一飞冲天，超过了这个点位。

这只股票股价涨到80美元的时候，你仍然看跌吗？

是的，没变。

从资金管理的角度，你怎样处理这种状况？

我之前从来没遇到过这种事——连稍微接近点的状况都没有。我们的投资组合相对还是比较分散的。此前我单日在一只股票上损失的钱最多也就是总资产的0.5%。那天，我在这只股票上损失了4%。

这只股票在你的投资组合里占多少比例？

它上涨之前大概2.5%。对我来说确实占比比较大了，但是我对于这笔交易很有信心。

在这只股票暴涨的那天，你试着平掉部分仓位了吗？

那天开盘这只股票就涨了将近10美元。我开始着急忙慌地想搞清楚到底发生了什么。接着就涨了20美元。紧接着是30美元。我试着平掉一些空头仓位，我总共持股40000股，但那天我只平掉大约1000股。

那天收盘的时候，你还仍然做空着这40000股中的39000股，那只股票已经从30美元暴涨到了80美元，你还是在基本面上看跌这只股票。在这种情形下你做了什么？你是决心就因为价格已经过高了所以继续持仓，还是你因为资金管理的原因严格执行了平仓呢？

这个状况确实前所未有。我从没遇到过一只股票的股价趋势与我的预期如此背道而驰。我也从没做空过互联网股票。一开始，作为一个现实主义者，我只是试图了解事实。我查看了所有提供网上银行业务的公司，看他们用的是哪种软件，然而桑切斯的大名从来没出现过。

第二天这只股票跌了15美元。我想它会再次上涨，因为一般这种情况都会持续不止一天。我平掉了足够的仓位，将其降到了我投资组合2.5%的占比。因为价格上涨，之前已经在我的投资组合中占比7%之高，我不允许这种情况出现。接着这只股票又跌了些。这时股价已经跌到50美元了，我把我的空头头寸削减到了5000股。

这整个过程中，你的情绪反应是怎样的？

我几乎被吓到了，因为我觉得完全失控了。我以前从来没经历过这种事。大多数人害怕做空是因为他们觉得做空的风险是无限的。这一点从来不会对我造成困扰。我觉得我很自律。我总是觉得自己对风险把控得很好，能随时在任何空头交易造成太大亏损前退出，在那之前我确实做到了这点。但这次，这只股票一天之内几乎涨了两倍，我不知所措。我麻木了。

我突然产生了一个可怕的想法：有没有可能我投资组合里的其他股票也会发生这样的事？我开始担忧我的哪一只空头会是下一家宣布建立在线网站的公司。我开始梳理我的投资组合，寻找可能成为下一个桑切斯的股票。

那只股票最后怎么样了？

又涨了。但是当桑切斯看上去准备下跌时，我重新建起了我的空头仓位。讽刺的是，当它随后价格暴跌的时候，我在新空头头寸上赚的钱比几个月前这只股票暴涨时亏的钱还多。

你的机构有多大的规模？

就我们两个人。扎克与我一起共事，他是美丽华不可或缺的一分子。外面有很多钱，感兴趣的投资者们几乎每天都给我打电话。我告诉他们我不再接受新投资了。

是因为你的方法不能再容纳更多的资金吗？

我不想要增长。我不想管理人，我想管理投资组合。

你可以通过不增加空头数量但扩大仓位来扩大你的规模吗？

在一个牛市，我只做空。这是场持久战。我得找到最好的方法以最低的风险赢下这场战斗。我得知道必要之时我能平掉我的空头头寸。我的空头头寸越大，这样做的难度也就越大。我见过那些增长过快的人下场如何，我选择反其道而行之。我想舒舒服服地做事。我不愿意因为我要管理更多资金，就去殚精竭虑地找新空头。我有我的家庭，我回家了就不再考虑工作上的事了。我周末不会看《巴伦周刊》。

我想在某种程度上，你的态度反映了男性视角和女性视角之间的差异。也许，笼统地说，男人想成为的是帝国的缔造者，然而女人兴趣寥寥。

也许是这样的。

你怎么选择做空哪些股票？

我会找那些估值过高的成长型公司——那些市盈率高的股票——但只有这点还不够。还得有个催化剂。

举个催化剂的例子。

预期这家公司盈利状况会恶化。

你如何预测到盈利状况会恶化？

我会找那些收入增长放缓、通过削减费用使盈利看起来不错的公司。一般来说，他们的盈利增长也放缓只是迟早的事。我还会找那些运转良好但竞争对手在悄悄崛起的公司。关键在于，相对于市场预期，预测哪些因素会影响未来盈利。

本质上你找的是那些拥有高市盈率且具备一个会导致股价下跌的催化剂的股票。

没错，但还有一个关键条件：我不会做空一只正直线上涨的股票。这只股票必须有些势头疲软，或者至少增长停滞的迹象。

你能给我举个典型的做空例子吗？

过去两年我一直在断断续续地做空网联这只股票。这家公司每季度通过与收购相关的巨额研发费用来掩盖其更高的运营费用。他们还把其他费用当作一次性费用。美国证券交易委员会最终让他们修改他们的会计程序，将这些费用随时间计提，而不是记为一次性费用。在美国证券交易委员会介入后，董事长出面说了一些这种话，"这只是个会计问题。我们不太注意会计方面的问题。"与此同时，他也发表了斥责空头的声明，说他们会损失惨重。

当一家公司把自家股票的股价下跌怪在做空者头上时，就是个预警信号。一个公司对于做空者最好的反击，只需要简单地报告漂亮的业绩。好公司不会把时间花在做空者身上。"因为做空，我们的股票跌了。"饶了我吧。我们做空这头也许就十亿美元，对面可能是九万亿美元的多头。

网联提供的产品或者服务是什么？

他们的主要产品是一款杀毒软件，属于低利润率产品，同时随着时间推移售价还会下降。他们还收购了一些生产类似产品的公司，通常会支付很高的溢价。他们收购的公司都是我做空的股票。我挺不高兴的，因为一旦他们收购了这些公司，我就没法做空它们了。他们一度几乎是在赠送他们的杀毒软件。你只需要看看其广告。在所有的折扣都算进去之后，他们的软件售价大概只有5美元。这相当于告诉你他们的产品不受欢迎。

如果他们在定价上如此不管不顾，他们的销售额难道没有显示急剧下跌吗？

没有，因为他们把产品都塞在渠道那儿了。

什么意思？

他们把所有存货都发给了分销商，尽管根本没这么多购买需求。

如果一家公司明知道产品会被运回来，为什么要这么做？

让收入看起来好看些。一旦把产品发出去，他们就可以把它记为销售额。

但他们也没法永远这样做呀。

反正他们确实这么做了。但这也确实将他们反噬了，最终股价暴跌。

你提到说，当一家公司把自家股票下跌归咎于做空者，就是一种危险警告。还有什么样的危险警告呢？

还有从自己的传统领域向任何当下有热度的领域发展的公司。举个例子，在博彩股票风靡一时之际，有些公司本来是开比萨餐厅的，转为河船博彩。如今，也有将业务转向互联网领域的公司。我们最近做空的一家公司，从销售平板显示器转为提供互联网传真服务，在这个过程中他们整体的商业计划都被破坏了。

还有其他的危险警告吗？

大量管理层变动，特别是公司首席财务官频繁换人。还有，审计师的变动，也属于重大危险警告。

你能举个例子吗？

我做空的公司之一，佩格系统，是一家因为应收账款（商品及服务的大量未付账单）较高而吸引了我的注意的软件公司。这家公司收取月费提供使用软件的许可，通常是5年的合同，并且立刻就计入合同的全部贴现值。

这是有效的会计程序吗？

这当然违背了行业惯例。显然，原来的会计师不接受这样计数，因为这家公司把他们解雇了，又雇了一家新的会计师事务所。他们声称，之所以做出这样的变动是因为先前的会计师事务所不理解他们的业务，也不够激进。但让人难以置信的是，人们竟然忽视了这个危险警告。

你的意思是，在他们解雇了他们的审计师之后股价仍在上涨吗？

对。

你是什么时候开始做空的？

他们解雇审计师之后。

还有什么会计方面有问题的例子吗？

我有几只做空的股票出现了欺诈。其中一家公司，办了一所职业学校，据说是教人学习计算机技能的。他们得到了政府的资助，但提供的教育质量下乘。我了解到这只股票也是因为高额的应收账款。

一家培训机构会有什么应收账款？

学费。学生没有付他们所欠的学费。这就是这只股票最初吸引我注意的原因。接着我发现这家公司正在被教育部调查，因为学生抱怨他们用的软件陈旧，讲师也不称职。我在这只股票股价40多美元时做空，在将近10美元的时候出来的。最终这只股票跌至1美元。

听起来高额的应收账款对你来说是一个主要指标。

没错，是我们会筛查的指标之一。

你们还会筛查哪些指标？

我们也会以收入放缓、盈利放缓、高市盈率、高库存以及一些技术指标，比如跌破50日移动平均线，来筛选股票。

你是会把这些因素分别筛选，还是会综合多个因素来筛选？

一般来说是综合多个因素筛选，但你没法一次性根据所有因素来筛选，因为你找不到符合所有搜索要求的股票。

尽管你作为只做空的投资人表现良好，你有没有重新考虑过你的选择？毕竟我们现在处于长期的牛市之中。

没有，我觉得做空更值得，因为它具有挑战性。你想在这行赚得盆满钵满，我觉得你得付出相应的努力。每天坐在那儿买买互联网板块的股票，好像不太对劲。我不喜欢这样做。事实上，我很好奇如果我们进入熊市时期我会怎么做，因为我已经习惯了牛市，习惯了看到人们无视坏消息，而我却对这些坏消息加以利用。

但我想在熊市时期，你的工作会更容易些。

在1998年8月，大盘极速下跌时，我比平时压力更大。

但在那期间你业绩很好。

确实不错，但我觉得太容易了点。我都没有打了场硬仗的感觉。我感觉自己都不需要工作。我做空的任何股票都在跌。这种感觉很怪。这就是做多者一直在做的事，买入股票，股票就会涨。

你不喜欢这样吗？

不喜欢，很不舒服。可能我有点病态，我也不知道我有什么毛病。

当市场突然大幅下跌时，就像那时那样，你会削减你的做空敞口吗？

在那次下跌中我这样做了，因为它发生得太快了。我一个月赚了30%，之前从未有过这样的事。我平掉了大概40%的投资组合。

你会用什么样的风险控制策略？

如果我在单只股票上损失了20%，我会平掉1/3的仓位。我对任何一只股票的配置限制在投资组合的最高3%左右。如果一只股票因为股价上升在投资组合中占据了更大的比例，我会倾向于减少仓位。我同样也会通过分散投资来控制风险：投资组合中通常包含50—60只股票，遍布各个板块。

你还认识其他做空者吗？

认识。除了几个已经和我成为朋友的做空者，大多数做空者通常对世界和生活非常悲观。他们往往是非常消极的人。

但你不是吗？

我觉得我不是。我觉得我只是个现实主义者。我与其他做空者不同的地方在于我在做多上的经验。

这一点为什么重要？

因为一切都是关于人们的买入卖出。我与动量型基金经理共事的经验让我了解了他们的思考方式，也帮助我更清楚地知道什么时候应该退出、什么时候应该入场。我有一些做空的朋友，从来没有做多过。他们会打电话问我："达纳，他们为什么要买这只股票？这只股票现金流是负的，还有高额应收账款之类的。"他们只看那些原始数据，都是现实主义者。他们不理解很多人买入股票仅仅是因为涨了，或者图表看上去不错。我们如今已经处于股市平流层。我认识的大部分做空者都已经被吓跑了。他们甚至都不再问我那些问题了。

你会给那些只做多的普通投资者什么样的建议？

一家好公司也有可能会是一只烂股票，反之亦然。举个例子，迪士尼是家不错的公司——至少我的孩子们都爱死它了。但过去几年我们能在做空这只股票上赚钱，就是因为人们对其业务会一直强劲增长的过于乐观的期望，导致这家公司股价过高。

★

尽管加兰特百分之百只做空，她的想法与只做多的投资者也是相关的。加兰特的方法用来指导应该回避或清仓哪些股票非常有用。加兰特提到过的因素包括：

▶ 非常高的市盈率；

- ▶ 会让股票在短期内变得脆弱的催化剂；
- ▶ 股价上升趋势已经停滞或是逆转。

这三个条件都得达到。投资者可以考虑定期检查他们的投资组合，将任何符合以上全部三条的股票替换为其他股票。这样做，投资者就可以减少他们投资组合的风险。

此外，加兰特也提到了一些会吸引她注意，考虑将该股作为做空候选的危险警告信号。言下之意，这些信号中的任何一个都是持有这只股票的投资者认真考虑清仓的好理由。这些危险警告信号包括：

- ▶ 高额应收账款；
- ▶ 变更会计师；
- ▶ 首席财务官频繁换人；
- ▶ 公司将股价下跌归咎于做空者；
- ▶ 公司为利用当下流行趋势而完全改变其核心业务。

★

达纳·加兰特的近况

在与长期的上涨趋势斗争了大半个职业生涯之后，近几年加兰特终于发现自己的交易顺应大盘走势了。因此，毫不意外，加兰特在熊市时期业绩卓越。从熊市的第一个月（2000年4月）开始的两年半时间里，加兰特的基金上涨了不俗的89%（费前收益率为119%）。

在熊市中做空对你来说是一个较为不同寻常的经历。在做了这么多年逆市场大势的交易后，大盘趋势与你的交易方向相同是什么感觉？

大盘第一年跌的时候（2000年），感觉很不错，因为有很多估值过高的做空机会。然而跌到第二年、第三年的时候，感觉难度就和市场上行期差不多了，因为时不时会出现迅猛的熊市反弹。同时，更低的估值，特别是到了现在，也让寻找做空机遇这件事变得更为困难。

你认为在熊市和牛市中做空有什么异同？

以前，股票的下跌空间比较大。如今，许多股票正在接近实际价值水平。因此，我们的风险敞口水平比牛市期间要低得多。在1999年至2000年期间，我们是100%的资金用于投资。今年（2002年），我们最高的风险敞口只有70%，现在我们只投资了20%的资金。

你会担心越来越多的公司在做空吗？特别是其他对冲基金（不只是空头基金）。

我在股市里交易的20年间，总是有一些新的角度影响着我的工作。我试着考虑如何利用一个新情况，而不是担心它会给我带来什么伤害。就做空赛道新的参与者而言，我认为这其实创造了更多的机遇，因为你会受益于那些不知道自己在做什么的人空头回补带来某些股票的短期上涨。尽管缺少经验，但还是有很多以前只做多的经理决定同时做空，转型为对冲基金经理。

你觉得做空者是不是成了市场下跌的替罪羊？你对这种批评论调有什么看法？

这么说的人应该为存在做空者感到高兴，因为做空者是买入的人。做空者既有理由也有实力买入，我们在这个熊市期间看到的反弹都是因为空头回补。我人生中唯一一次因为做空感觉欠佳是在"9·11"之后，我在那时会因为做空感到愧疚，所以那时候我们也没有做空太多。

找到那些采用过于激进的会计方法的公司，是你方法论的重要因素。最近一系列广为曝光的会计丑闻是否显著地改变了这一状况？

过去，只要一家公司报告的收益不错，即使其收益只是比华尔街的预估高一分钱，也没人会去看他们到底是怎么算出这个数字的。股市常常忽略我们找的那些危险信号，比如负现金流、过高的应收账款、过多的库存以及激进的收入确认。如今人们在一家公司看到这些因素，会意识到有问题，这对我们来说是件好事。

你预计市场对会计问题更严格的审查还会带来哪些改变？

我预计会获得更多关注的一件事是，形式会计而不是通用会计准则仍在被广泛使用。

请定义一下什么是形式会计。

形式会计是20世纪90年代末人为创造出来的，剔除了所有公司声称为非经营性费用的一切费用，而实际上它们常常是经营性费用。一些公司甚至剔除了每季度发生的成本，而这正是经营性费用的本质。美国证券交易委员会要求按照通用会计准则报告，公司在年报中报告的正是按照通用会计准则的数字。然而同一家公司可以向华尔街报告任何他们想报告的数字。罪魁祸首就是首电公司（First Call），因为他们将根据形式会计算出的盈利作为公司的预期盈利，出具给华尔街看。一些经纪公司——美林证券是第一家——现在会报告两种不同会计准则计算的收益。对很多公司而言，通用会计准则与形式会计所得出的数字有着巨大的差异。

即使是标准普尔500指数，形式会计收益也比通用会计准则计算的收益高出20%—30%——差异有这么大！我们寻找潜在做空目标时，做的一件事就是看哪些公司的形式会计收益与通用会计准则收益差距巨大。

由于所有的报道和立法行为（包括已颁布的和即将颁布的），欺诈是否可能变得不那么普遍？

贪婪永存。也许我们见过的这些欺诈类型会有所改变，但总会有一些新的诡计去攫取投资者的利益。

|马克·D. 库克|

收割标普指数收益 ❶

马克·D. 库克开着他的皮卡离开公路，爬上山坡，俯瞰他父亲在俄亥俄州东斯巴达郊区的农场。天气反常地很温暖，感觉像是正处晚春，但此时还是深冬。此起彼伏的田野以深浅不一的棕色在我们眼前延伸开来。"我想让你看看这个，"库克说，"当它在春天变得绿意盎然时，世界上没有比这更美的景色了。"

我在脑中描绘出这幅画面，很容易就能想象到，春回大地之时这一切多么令人赏心悦目。但要想在看这片风景时体会到库克声音所传递的威严感，你得通过这样一个人的眼睛来看——这个人在这片土地上工作过，把它看作是食物的提供者和世代之间的纽带。

"我爸买下这个农场是快60年前的事了，"库克说，"地很贫瘠，豚草都没法长到一英尺高。每当我交易受挫倍感压力之时，就会来到这里。当我看到那些通过辛勤劳作所取得的成就时，尽管苦难重重，还是会让我感到平静。"库克对交易很有热情，但他对他操盘生涯的热爱仍然要排在家庭和这片土地之后。

我第一次见到马克·D. 库克时，他是一个行业会议的演讲者，一句话还没说就给人留下了印象。他穿着连身工装裤走上了讲台。他这样做是为了说明他的出身，但他这么穿不仅仅是为了说明这点，也有其实际意义。尽管他交易赚了数

---

❶ 本章节谈到了一些期权相关的内容。完全不了解期权的读者，先阅读附录中3页入门知识也许会有帮助（尽管并不是必需的）。

百万美元，库克仍自己做些农活。很难说他的体力劳动有什么经济学的意义。库克解释说，他在每周50—60小时的操盘手工作外，还兼职做农场工作，因为自己是个工作狂。这点倒是真的，但我也相信如果他只做操盘手，而他81岁的父亲仍然整天干农活，他会心生一丝愧疚。

库克将我带到他父亲的农场，作为当地游的一部分。我们一路开过去，库克指着不同的土地，他以年份编号来标识，"那是1997。"他说，他是指他用自己1997年的交易利润买下了这片农场。"那是1995。"他一会儿又说，诸如此类。很显然他有许多收益颇丰的年份。库克热衷于将他的交易利润转化为真实的资产——对库克而言，农场就是终极的真实资产。

此次旅行的亮点与库克交易利润的另一个流向有关：稀有的农用拖拉机。库克与他父亲一样热爱收藏古董拖拉机，正是由于他们有着共同的爱好，才建起了库克拖拉机博物馆。你在任何旅游指南上都找不到这家博物馆，它坐落在库克农场交易办公室的隔壁。博物馆的展品在一个巨大的金属棚里展览，这个金属棚是1996年建来存放激增的珍稀拖拉机藏品的。

库克接上了他的父亲马文，让他陪我们一起逛博物馆。马文·库克，一个典型的沉默寡言的农民，在我们踏入金属棚那一瞬间摇身一变成了导游先生。他描述起展品里每一辆拖拉机模型的特性和其制造商的历史，多数情况下，这些制造商从美国的历史舞台上谢幕已久。这家博物馆有些真正的稀有物品，包括某家俄亥俄州公司仅制造了5台的美式拖拉机的其中两台（除这两台外目前已知还存在的只有一台），这家公司在生产线全面投产前就倒闭了。

接着库克带我去到了他用1994年的交易利润买下的农场。库克目前将这块地外租开采煤矿。我们一路走过了连绵起伏的田地，爬下布满碎石的山坡去看露天采矿作业。买下这块土地让库克格外满足，因为1890年他的曾祖父在定居原来的家庭农场前曾考虑过购买这块地。

前一天晚上我在托兹餐厅开始了与库克的专访，这家有着85年历史的家族餐厅是俄亥俄州马格诺利亚最好的餐厅，也是马格诺利亚（共计1000人口）唯一的餐厅。然而缺少竞争显然没对它造成任何不利影响，食物美味，服务贴心。在两小时晚餐后，库克才刚刚进入状态，开始谈起他的职业生涯。我们在库克那有着125年历史的农场办公室里继续了这场专访，那是一间深色胡桃木镶板墙屋子，除了一幅奶牛画（库克的妻子特丽是这幅画的作者）没有任何装饰。大概凌晨一点的时候，我们还没聊完。了解到库克第二天想要早起，我决定把剩下的内容留到明天。我们第二天在用早餐时继续我们的专访。当天晚些时候我们坐在库克的皮卡车上，在机场停车场里完成了这场专访。

库克早期的交易尝试屡屡受挫，他在采访中谈起了这些经历。然而库克从未放弃过。他越挫越勇。最终，在多年小心追踪股市，记录大量股市日志，勤勉记录分析他做的每一笔交易之后，他的交易开始持续盈利。

库克刚对自己的交易能力充满信心，他就参与了几场股市竞赛，在1989年为期4个月的比赛中获得了89%的收益，1992年、1993年的年度竞赛中获得563%、322%的收益。从那时起往后6年，他的年回报率从30%到惊人的1422%不等。这些数据是基于将回报率定义为年度利润除以年初资产净值，这样保守的定义低估了库克的真实业绩，因为他常常从他的账户里取出利润，但从不追加资金。比如，在他的低回报年（基于我们的回报率定义），他在一年中取出的金额比他一开始的本金还多。库克向我提供了他最近4年的账户对账单。在这4年中，他有87%的交易日盈利，有三分之一的月份只有赢利的日子。

★

一个农家男孩是怎么最后去交易标准普尔指数的？

我最初是因为一头奶牛开始交易的。

你得好好说说这件事。

1975年，在俄亥俄州立大学学商务农业专业时，我是俄亥俄州的全国牛评估团队的成员。那一经历让我找到了一份暑期工，作为奶牛艾尔西的两个牛仔之一，带着它周游全国为博登公司做宣传。

这和莱西是不是差不多？艾尔西去世之后，他们是不是换了另一个艾尔西来代替它？

这趟旅程结束之后，他们就换了另一个艾尔西，这趟旅程持续了13周左右吧。

这趟旅程你都去到了哪里？

全国各地。我们甚至收到了芝加哥市长戴利给的城市钥匙，因为芝加哥的吉祥物是一头牛。我也在一些电视节目和广播节目中接受了采访。

他们会问你什么有关奶牛的问题？

噢，她能产多少奶呀？是什么品种的奶牛呀？一天拉多少屎呀？她多大啦？都吃些什么？会踢人吗？为什么她身上一只苍蝇也没有？

每次我听到最后一个问题的时候，我就会说："我们每天都给她洗澡，她比你还干净呢。"

有一天晚上，我们在芝加哥参加一个广播节目。主持人是埃迪·施瓦茨，他在20世纪70年代主持过一档通宵谈话节目，当时谈话节目还未盛行。我们在节目中待了几个小时。大概凌晨三点的时候，他问我们："嘿，你们现在想做点什么？"

"我们一直在路上，"我答道，"我们好一阵没和女生约过会了。"

"没问题，"他说，"你喜欢什么样的女生？"他这样问我们。

我有点表演欲过头，就说："头两个穿着比基尼到这儿的女生，我们就带她们在城里好好玩一晚。"

"姑娘们，"他大声说着，"你们听到了吗？"

"我开玩笑的。"我很快补充道。

"没问题，"他说，"你们听到他们说的啦。"他跟听众说道。15分钟不到就有两个女生穿着比基尼出现在演播室里。

我们离开前，他对我们说："我接到了很多惹人心烦的电话。我想要一盘你们的奶牛叫声录音带，这样有讨厌的家伙打来的时候我就可以播放牛叫声了。"

我们巡游的时候，总会将艾尔西安置在当地的农场里。于是我们跟埃迪约好第二天早上在农场见。

等等，等等，有点太快了。穿比基尼的姑娘们怎么样了？

没怎么样，因为我妻子可能会读到这篇专访（他笑了起来）。

第二天一早，施瓦茨到达农场之后，他说："你确定能让她哞哞叫吗？马克。"

"当然啦，她可听我的话啦！"我将她拴在一驾马车上，将录音机放在马车里。

"她没有哞哞叫呢。"他说。

"别担心，"我说，"让所有人别挡道就行。我会安抚好她的情绪，一旦我走开，她就会开始闹。她会闹是因为她算是个明星，明星总是需要人关注的嘛。"

"你是在跟我开玩笑，对吧？"他说。

"不，我认真的，"我说，"看着吧。"我走开没多久，艾尔西就开始鼓足劲儿大叫起来。他在芝加哥广播里用了好多年那卷录音带。

成为艾尔西牛仔还帮我们跻身花花公子俱乐部。

有天晚上，我待在芝加哥，我们老板也来了。我说："我们应该去花花公子俱乐部看看。"

"没问题，马克，"他说，"那我们怎么进去呢？"你只有受邀才能进入花花公子俱乐部。

"别担心，"我告诉他，"我有办法把我们弄进去。"

"你要怎么样才能做到这点呢？"他问道。

"等着瞧吧。"我跟他说。当我们抵达俱乐部的时候，我走向门口那位仪表堂堂的警卫说："你们允许名流进场的，对吧？"

"当然了，"那个男人说道，"我们就欣赏名流，您是哪位？"

"重点不是我，"我答道，"重点是我代表着谁。"我拿出我的奶牛艾尔西身份证明。我们刚刚在戴利市长的仪式上亮相过。

"噢，是啊。"他怀疑地说道。显而易见，他早就听过各种想进俱乐部的人讲的故事了，尽管有人想以他的宠物奶牛来获得入场券可能还是第一次。

"我女伴就在我身边。"我一边说着一边拿出一张艾尔西站在我身边的合影。

"稍等片刻。"他说着走到了挂着锁的门后。之后，他就拿着一张名流入场券让我们进去了。

这些都很有趣，但是这和你成为操盘手有什么关系呢？

大学毕业之后，我想找一份股票经纪人的工作，可没有人雇我。我简历上的所有内容似乎对此都没有帮助——成绩没用，在学院篮球队打过篮球也没用。最后，我重写了我的简历，着重提到我曾做过艾尔西牛仔的事。很快，我接到了一个邀约电话，让我去坎顿市一家当地经纪公司面试，最终我获得了这份工作。那个为这家公司筛选简历的女士告诉我："我收到了上百份简历，我一看到你这份就说，'嘿，这就是那个照顾奶牛艾尔西的家伙。'"我游行宣传的时候曾到过坎顿市，她记得在当地报纸上看过照片。这就是我为什么能进入这行，因为一头奶牛。

为什么你想成为股票经纪人？你那时在交易股票吗？

我大学毕业之后就开始交易股票了。通过买卖牛，我有了两万美元投资资金。

你做过研究吗？有什么方法吗？

没有，我就直接一头扎进去了。我还记得我最初的两笔交易：我买入了哥伦比亚公司（Columbia）和三宝公司（Sambo's）。哥伦比亚公司被收购了，三宝公司破产了。一开始，我就经历了最好和最坏的状况，并被迷住了。

你还记得你为什么买了这两只股票吗？

记得，我研究了不少东西。买入哥伦比亚公司是因为我看了一档《第三类接触》制作过程的纪录片，哥伦比亚公司正准备发行这部电影，我觉得它会票房大爆。在电影发行之前，哥伦比亚公司就被收购了，所以电影也没起到什么作用。

那三宝公司呢？

我和兄弟会的哥们儿一起去玫瑰碗（年度性美国大学美式足球比赛。）的时候，我们去了一家三宝餐厅吃饭。我之前从来没听说过这家连锁店，觉得这家店很棒，就买了这只股票。这就是我研究的全部了。除此之外，我对这两家公司就没有多一点的了解了。然后我的股票经纪人说，"马克，你是行动派。为什么不试试股票期权呢？"

"我对期权一无所知。"我这样告诉他。他给了我一本小册子让我看。我从头到尾看了一遍之后，打给我的股票经纪人，跟他说："对我来说好像太冒险了。"

"噢不，就跟交易股票差不多。"他这么说。

1978年4月，我做了我的第一笔期权交易：我以9美元的价格买入了两张特励达（Teledyne）的看涨期权，费用为1800美元；两天后我把这些期权以13美元的价格卖掉，以1800美元的投资本金赚到了800美元的利润。我对自己说："小伙子，这可比铲粪和挤奶容易多啦。"我第二笔期权交易，又买入了特励达的看涨期权，又一次赚到了钱。我以为自己很快就会成为百万富翁。我表现太好了，以至于我产生了"为什么就只投入我一部分本金去交易，我也许应该全部投进去"这样的想法。我持续交易着特励达的期权，最后，我的期权头寸下跌了。我想着一直持有直到它涨回来。它一路跌到了0美元，期权也到期了。我所有的钱都亏完了。

是指那两万美元投资资金吗？

还要加上那次交易前，我赚到的大约3000美元。我还记得那年我报的所得税单。我赚了1.3万美元，在股票期权交易中损失了两万美元。最糟的是，我只能从收入中扣除3000美元的损失。所以我还是得交所得税，尽管我的收入为负数。

那次经历让你学到了什么吗？

当然了。我学到的就是我想要回我的钱。不管怎么看我都不是个逃兵。我决心学习所有我能学到的有关股票和期权的知识。这就是我最初想要成为股票经纪人的原因。我之所以想做股票经纪人，就是想拿回我的钱。

你父母知道你把钱都亏完了吗?

噢,不知道,他们可能以为我把钱都花在CD上了。

好吧,你也确实把钱花在了CD上。

什么?

看涨失败(Call debacle)。

你说得对。我原本的目标是一年赚10万美元。1979年我受雇为股票经纪人时,我已经彻底钻研过期权了。我再次开始进行期权交易,但还是一直亏钱。我分析了我的交易,发现我亏钱是因为持有期权长达数周甚至更久,而它们最终都跌到了0。我意识到,我亏的钱都被卖给我期权的人赚去了。从那时起我决定,我只卖出期权。我采取了同时卖出高波动性股票看跌期权和看涨期权的策略。

当时卖空期权的保证金有时比我卖出期权所得的权利金还少。1979年金价暴涨的时候,我卖出了黄金股票的期权。我发现我卖出黄金与贵金属有限公司(ASA)的组合期权(同时卖出看跌期权和看涨期权)赚到的钱比我为交易付出的保证金还要多。当时,保证金部门还没发现这一点。所以我可以卖出任何体量的期权,而无须追加保证金。只是有一个小小的问题——这只股票上涨了。我在看跌期权上小赚一点,到期后就一文不值了,却在看涨期权上损失惨重,这又转回了原点。

你怎么有足够的钱来填补你的亏损?

噢,我是个很不错的经纪人。在这家公司入职第一年的经纪人中,我的业绩排全国第二。1987年,我设计了一个在权利金似乎过高时卖出期权的系统,找人帮我编好了程序。每周这个程序都会给出一份潜在交易清单。由于我卖出的是价外期权,所以几乎总是到期时一文不值。每周五收盘后,我都会运行这个程序,每周一早上我就进行交易。这样我每个月可以赚取数千美元。

1982年5月,我的账户里已经累计有11.5万美元。我的贪心又进了一步。我想着我的方法已经完美,效果很好。我加大了自己和家人账户的交易规模。那个月我用同样的策略又赚了5万美元。

1982年6月，我打算进一步加大交易规模。当月某一周我运行了我的程序，计算机打印出一份交易清单，其中包括城市服务。这只股票当时交易价为27美元，而35美元、40美元、45美元的看涨期权的售价远高于模型暗示的价格，当时离期权到期只剩大约一周。（有这些行权价的期权除非是在到期前这一周股价涨到了他们的行权价之上，否则会变得一文不值。）我不相信股价会涨到这些价格，我感觉仿佛他们是在给我送钱。我卖掉了数百张这样的期权，我还记得那是1982年6月16日——我活在耻辱下的前一天——我试着在收盘前再以特定的价格卖出100张期权，但没能成交。

第二天，他们宣布城市服务将被收购，每股价格比最高行权价期权高20美元。他们在那一周剩下的时间里停止了股票和期权的交易，直到期权到期后才恢复交易。当然了，期权被行使了（使得每张库克卖出的期权，他都做空了100股），在股票再次可以交易之时，我已经亏了50万美元。

这也包括你家人账户的亏损吗？

不，只是我的账户就亏了这么多。6月初我账户里还有16.5万美元，这时我已经负债35万美元了。除此之外，在我持有的我妈、我爸、我姨的账户上每人亏损了超过10万美元。我现在的办公桌抽屉里还放着这些交易单据。直到去年——已经是这件事发生的17年后了——我才敢把这些单据拿出来看。如果我想要持有空头头寸不回补的话，我账户上就必须有超过100万美元的追加保证金。从技术上说，我有5天的时间交齐保证金，可公司要求我立即平仓。

那天晚上我给我妈打了电话，这是我打过的最艰难的电话。我感觉自己彻底失败了。我觉得我应该戴上镣铐，被带走。"妈，"我说，"我得跟你谈谈。"

"怎么了？"她问我。

"我想你明早可能得过来一趟，我们聊聊。"

"那得很早才行，"她说，"因为我还得去学校。"（当时，库克的妈妈玛莎是俄亥俄州坎顿市马隆大学的教育系主任，同时也教授英语语法课程。）

"没问题，妈。越早越好。"第二天早上大概6点半，我看向窗外，看到我妈慢吞吞地走着，就她而言这很反常。

她走了进来，问道："马克，怎么了？"

"妈，坐沙发上说。"我一本正经地说道。

她坐下问道："马克，出什么事了？是不是很严重？"

"恐怕是的，"我答道，"妈，我让你亏了10万美元。"

她动也不动，直视着我，同情地问道："你自己亏了多少，马克？"

"我亏了50万美元。"我说。

"可你根本没有50万美元。"

"我知道，妈。"

"还有呢？"她问。

"什么意思，还有什么？"我这样问道。

"除了亏这些钱，还出了什么事？"

"就这些了，妈。"我回答说。

"噢，就这些啊！我还以为你得了癌症。"

这句话让氛围截然不同起来。她的下一句话更让我震惊："你多久能把这些钱赚回来？"她这样问我。

如果她说的是其他内容，我也许早就收手了。可是她正好在正确的时间说了那句正确的话。我挺直了身子告诉她："5年。"我就是随便说了个时间，因为我根本不知道我怎么才能把那些钱赚回来。

"如果你能在10年内把这些钱赚回来，就行了，"她说道，"现在去做吧。"

从那时起，我再也没有卖过无保护期权（如果股价暴涨或暴跌，亏损会无上限的期权）。

在经纪公司强行平仓了你的账户后，城市服务最后怎么样了？

很讽刺，收购失败了。如果我当时能满足追加保证金的要求，一个月内我就能赚回亏损的钱，甚至还有盈利。收购要约是在到期前提出的，到期之后又取消了。本该对此有个调查，但从来没有过。不过从好的一面来讲，如果在宣布收购的前一天，我最后想卖出的100张期权成交了，我会被迫破产。

你怎么补上你账户里35万美元的亏空的？

我父母给了我20万美元，我用农场作抵押借了剩下的15万。没什么比借钱放进经纪账户让数字归零更让人泄气的了。我当时才28岁，决心要东山再起。我每天工作14个小时。早上5点半就起床，给奶牛挤奶到9点，清扫完毕去办公室，做我的经纪人工作做到下午5点半。回到家后，我就换身衣服，去谷仓挤奶，晚上9点回屋吃晚餐，然后睡觉。从本质上说，我是在做两份全职工作。我就以这样的日程过了5年，直到我卖掉了奶牛场。

你保持着这样艰苦的生活方式是因为你想尽快把钱赚回来吗？

我必须一直经营着农场，因为我以此为抵押借了钱。同时，要知道那是1982年，正是利率处于周期性最高点的时候。我每月要支付的利息就有8800美元。我的净资产可能是负20万美元。好多人建议我宣告破产，但我不愿那样做。我现在回过头看，意识到宣告破产才是正确的商业决策。但如果我那样做了，我就不会成为今天的操盘手，因为那样做等于承认失败。

你是不是也感觉这样强加给自己的劳碌是一种惩罚？

我真这么认为。

你妻子是怎么应对这些状况的？

她其实挺支持的。在我竭尽全力的时候，她说："我从没见过有人在被逼上绝路时还能像你这样赚钱。"她说得对。直到如今，只要我有哪个月亏了，我就会铆足了劲赚回来。这时候就是我工作最拼命的时候。如果什么时候我一天工作15个小时，我妻子就知道我的交易不太顺利。反过来，如果我早早回家，她就会说："你的交易一定顺风顺水吧。"

大多数与我谈起过亏损期的操盘手都说他们会在这期间放松一下，甚至休息一阵。

我完全反过来。当我业绩不佳的时候，我交易的频率就会上升。

你不怕你这样做会加重亏损吗？

我增加的是我的交易频率，而不是我的风险敞口。事实上，我亏损的时候做的第一件事就是止损。这也是为什么我的电脑上会有这个提示。（他指着一张写着"减仓"的纸条。）我不会完全退出让我亏损的交易，我只会减少其仓位。然后下一笔交易，我觉得必须得赚钱。赚多少无所谓。关键是重建我的信心。即使这笔交易我只能赚上几百美元，也证明了我仍然能赚到钱。只要我有一笔成功的交易，我就准备好做下一笔交易。

对于处理亏损状况，你会给其他操盘手什么建议？

你的字典里不应该出现"希望"这两个字。这是我知道的最糟的两个字。只要你说出"天哪，我希望这个头寸能回到原来的价位"这种话，你就该减仓了。

那反过来的状况，连胜，一路赚到手软，有什么建议吗？

在这种情况下，千万别加仓。不然你将拥有最大的持仓，并且出现亏损。

在城市服务这场惨剧多久之后你重新开始交易的？

大概两年吧。在那场惨剧之后我做的第一笔交易是在1984年4月，就在我第一个女儿出生之后。

你重操旧业之后是盈利的吗？

1984年和1985这两年我基本是盈亏平衡的。我第一年大赚是在1986年。

那时候有什么改变吗？

有，我发明了累计点数指标。1986年，我开始每天记录交易日志。每天我都会写下我发现的股市反复出现的模式。有一个似乎有用的指标是点数，是指纽约证券交易所上涨股票数量减去下跌股票数量所得的数字。当大盘涨时，点数为正值，大盘跌时，点数为负值。我注意到，当点数为一个较大的负数时，大盘倾向于反弹。反之，点数为较大的正数时可能紧接着到来的就是抛售。

我问了一个从业30年的经纪人，点数为较大正数或负数时有什么含义。他说："负的点数说明大盘在跌，正的点数说明大盘在涨。"

"嗯，这个我知道，"我说，"但如果点数是个很大的正数或者负数，我应该怎么做？"

"好吧，如果是个大正数，你就买，如果是个大负数，你就卖。"他答道。我问了好些经纪人同样的问题，他们也给了我同样的建议。

因为这个建议与我的观察相矛盾，我反其道而行之：当点数高于400的时候，我就卖出，当点数低于-400的时候，我就买入。我将结果记录在我的日志里，确认了这个策略能赚到钱。我注意到，无论如何，负值点数越大，大盘就越容易反弹，正值点数越大，大盘越容易抛售。我就这样有了记录累计点数的想法，后来也就衍生成了我的累计点数指标。我使用这个指标从没失过手，但以此进行交易，你得有钢铁般的意志，因为当数字变得很极端时，市场总处于恐慌情绪之中——通常是因为外界新闻事件。

我知道累计点数指标是你的独创方法，但你能给我透露一二吗？

这个计算方法忽略了点数处于中间地带的区间，我将这个区间定在-400到400的读数之间。当点数超过这个阈值，就会在固定的时间间隔时记录读数并将它加进总数中。当总数低于历史第5百分位数时，就预示着此时处于超卖状况（买入的机会），当其高于历史第95百分位数时，就预示着超买状况（卖出的机会）。

你花了多久填补城市服务交易遗留的35万美元的亏空呢？

从城市服务那笔交易开始算是5年，从我重新开始操盘算是3年。赚得最多是1987年。我每次这样说的时候，人们总是会以为我肯定是在10月的暴跌中做空了，但实际上那一年我在那之前的牛市赚得最多。

那时我还没有进行日内交易。1987年5月，我看到我坚信是买入股指看涨期权千载难逢的机会。有两个因素叠加：我的累计点数指标给出了极度看涨的读数，而波动率下降又使权利金变得很便宜。我的祖父曾告诉我："在人们不想要的时候买东西，在他们想要的时候卖掉。"我投了5.5万美元在长期价外股指看涨期权上，当时的指数大概是在行权价的1/2到5/8之间。（在这种类型的期权头寸中，如果价格大涨，交易者可以赚取数倍本金，但如果价格没有大幅增长，本金则全部打了水漂。）我买入了超过1000张期权。在接下来的几个月里，股价一飞冲天，波动率也急剧上升——两者一叠加使我的期权价值飙升。

自1982年的城市服务惨剧以来，我一直想向我的父母证明我并不是一个失败者。1987年8月7日，我去探望了他们。我告诉他们："我又开始交易期权了。"

"噢不！"我爸惊呼道，"这次又有什么坏消息？"

"好吧，爸，这就是我为什么要来这儿。"我答道。

"为什么你要交易这些东西，马克？你就没吸取点教训吗？又遇到问题了不是？"

"是的，我有个所得税的问题，"我答道，"我买入的期权价值75万美元。"

"你投进去了多少钱？"我爸这样问道。

"5.5万美元。"我回答道。

"天哪，快落袋为安吧！"他说。

"不，"我告诉他，"明天还会涨到更多。"第二天我将头寸获利了结，获得了140万美元的利润。

除了累计点数指标你还会基于什么做出交易决策？

累计点数指标是一个中间水平工具，一年只会触发2—4次；其他时候，都会处于中间值读数。对于不同的交易我会使用不同的工具。

你能举个例子吗？

我做的某种交易，我称之为联合交易，因为其需要两个要素同时出现作为买入的信号：点数降到-400以下，以及基于道琼斯30指数的点数指标低于-22。我只给这种交易21分钟。无论何时我收到信号，我就启动我的煮蛋计时器。（他给桌上的煮蛋计时器上了发条，在接下来的谈话中它都在嘀嗒作响。）我将这个煮蛋计时器视为一个定时炸弹，我必须在它爆炸之前清仓。当以下三种情况任一情况发生时，我会清空头寸：3个点的盈利目标达成，6个点的止损触发，21分钟时间到。

为什么是21分钟？

是根据我记录的交易日志来的。我反复记录这些交易。最好的交易获利最快。我意识到你应该在前10分钟内赚到3个点。10分钟后，交易也仍然可行，只是盈利概率要低得多。一旦到了15分钟，盈利概率就大幅下降，你就只想尽可能退出。时间流逝越多，盈利目标能达成的可能性就越低。

我注意到，你使用的风险点是你目标盈利点的两倍。这是非常不传统的做法。

一切都是概率。我喜欢高胜算的交易。这种交易，就像我做的许多其他交易一样，平均8次大概有7次都成功。如果我7次都赚到3个点，只有一次亏6个点，8次下来我还是能盈利15个点。

我做的另一种交易需要看标普指数和纳斯达克指数的比率。我用这个信息来决定我收到信号的时候在哪个市场进行交易。如果我某个指标给了我一个买入的信号，我就会买入当天较强的指数。如果我得到了卖出的信号，我就会卖出当天相对较弱的指数。

信号会是什么。能举个例子吗？

我有一个称之为"点数买入"的交易，意思就是如果点数到了-1000，我就会买入，因为这时大盘很有可能会反弹。

也就是说，如果你收到了点数买入的信号，这个信号暗示一个暴跌的大盘，你会买入指数——标普指数或者纳斯达克指数——其中相对更强的那个。

没错。

你能再举个你做的交易作为例子吗？

有一种交易我称之为"弹弓交易"，因为就像是一个弹弓，向后弯折直到弹出，然后弹子飞出一个区域。比如说，如果标普指数在1350和1353的区间反复，每次回撤时，都会涨得高些，那么我就会期望能弹到高出这个区间上限的程度，高出的幅度是这个区间的幅度，比如1356。这种交易之所以有效是因为止损点往往会高于弹射点一些。

我还会做债券比率交易。债券和标普指数就像是一对情侣。债券市场在前，是女人，因为男人总是跟着女人。当一对情侣最初约会时，他们互相还不了解，步调也有些不一致。在两者走势相仿的日子，债券涨时，标普指数也会涨，但不会跟得很紧。接着他们订婚了，关系更亲近了些。再然后他们结了婚，去度了蜜月。度蜜月的时候，他们俩就完全步调一致了。在大盘的"蜜月期"中，当我看到债券点数上涨几个点时，我就知道标普指数会立刻跟上，我就会买入标普指数进行快速交易。在蜜月期之后，他们婚姻生活趋于稳定，债券就会拖着标普指数这个丈夫一起，但他们已经不像之前那样紧密了。接着这对夫妻渐渐疏远，就市场而言，当债券上涨的时候，标普指数就会下跌。接下来就是苦涩的离婚环节了。在"离婚环节"这个阶段，债券市场和标普指数会完全走向相反的方向。

每天我都得想好，现在到底处于哪个阶段。比如说今天，债券上涨，标普指数却处于抛售中。华尔街将其称为"转向安全资产"，但对我来说就是"离婚日"。

你管理过资金吗？还是说你一直都只用自己的账户进行交易？

1989年，我决心进入资金管理领域。我问过业内人士，作为一个藉藉无名的新人我需要做什么来吸引投资者。有个人建议我参加美国投资锦标赛以获得更多人关注。那是我第一次听说这个交易比赛。1989年那年，这个比赛会举行4个月。我参加了期权项目的比赛，获得了第二名，在4个月内达到了89%的盈利。这给了我信心，觉得我能做好。我决心放弃我的经纪人工作，专心操盘。

你为什么不能两者一起进行？

对我来说，每次我正进行交易操作，必须快速交易的时候，就会有客户打给我，想要聊聊公用事业股，或者类似的事。

我在纽约一家清算公司开了个个人账户，该公司和其他基金经理也有业务往来。在我的账户激活大概三四个月的时候，我接到了来自合规部门（这家公司里负责确保所有账户都遵守政府规定和业内准则的部门）的电话。我脑子里的第一个念头就是，"噢不，出什么问题了？"

"我在浏览你的账户，"打电话给我的人这样说，"看起来你只交易期权。"

"没错。"我小心翼翼地答道。

"而且你只买入期权。"他说。

"没错，"我答道，"我不相信卖出期权这回事。"

"为什么？"他问道。

"风险太大了。"我说。

"我看了你在我们这里开户以来所有的交易。"他说。

"有什么问题吗？"我问他。

"没有，事实上，我从没见过谁像你这样交易。"

"这话是什么意思？"我问道。

"好吧，你是我见过交易最短线的操盘手。事实上，看上去你从来不会持有一个头寸超过3天。为什么？"他问道。

"那是因为有了数年的操盘经验，我已经知道，如果我持有头寸超过3天，我的收益就会降低。当你买入期权，权利金会随着时间流逝渐渐蒸发。就像是手握一颗冰块：握得越久，融化越多，直到完全消失。你所在的是合规部门。"我这样说，"这样做有什么问题吗？"

"我们找你这样的人找了很久了。我们想等到你拥有一年的交易记录时，聘请你作为基金经理，为客户管理资金。在此之前我本不该联系你的，因为我们想着如果你知道你在被监控，可能会转变你的交易模式。"

"你不了解我，"我说，"我不会改变交易模式的。"

"那我们拭目以待。"他说。

他是因为想要寻找基金经理才追踪你的账户的吗？

噢不是，他一开始追踪是因为想从合规的角度关闭我的账户。我想我只交易期权且换手率极高应该是触发了各种危险警报。

他持续监控着我的账户，在账户开设一年后，他又打来了电话。"实际上，在你知道我在追踪你的账户之后，业绩更好了。"他这样说道。

"我想你有些激励到我了。"我答道。

"但我不能推销你的业绩。"他说。

"为什么不能呢？"我这样问。

"你的业绩表现太好了。没有人会相信这些数字的。但别担心，无论如何我都会为你募集资金。我不必展示你的交易记录。有我推荐，人们就会让你来为他们投资。"

他将一些小型账户整合成一个百万美元的账户，我在1991年年初开始操盘的就是这个账户。如果你还记得的话，那正是美国即将对伊拉克发动进攻之际，股票正在被急剧抛售。累计点数指标显示，股市严重超卖。1月4日的时候，我开始买入标普指数看涨期权（一种押注于大盘上涨的期权头寸）。接下来几天，我也继续加仓。

等等。我以为你只会最多持仓3天的。

大多数我的交易确实是这样的。有一种会出现例外的主要情况：如果一年只触发几次的累计点数指标仍然在告诉我买入，我就会持有头寸超过3天。当这个点数指标被触发时，有时市场立即做出反应，但我也见过7周后市场才做出反应的。只要指标仍然释放信号，我就只会在同一个方向上交易。如果超卖了，我就只会买入看涨期权，如果超买了，我就只会买入看跌期权（看跌期权给予买入者以行权价卖出股票或指数的权利，因此在下跌时可以盈利）。我还是会在市场里买入卖出，但我保留了一个看涨期权的核心头寸，它跌了大概25%。因为我在这个账户上的资金管理计划是将我的总投资限制为资产净值的1/3，所以对于资产净值而言，大约跌了8%。

1月7日的时候，我第一次接到一通该公司总裁的电话。我当时才管理了这个账户一周。"你对市场有什么想法？"他问道。

我知道发生了什么事。他一直接到那些我未曾谋面的投资者担忧的电话。"嗯，"我说，"我的累计点数指标显示严重超卖。"我给他解释了当我的指标显示严重超卖的时候，就说明是重大的买入机会。

"多久大盘才会涨?"他问道。

"随时都有可能,"我说,"我们还需要点催化剂,但我没办法告诉你确切的时间。"

"你的指标没用,"他说,"大盘直线下跌。"

"你可以现在退出,"我说,"但我需要你清楚,如果你这样做了,投资者会知道你是那个平仓的人,而不是我。"

我的秘书坐在那儿,听完了我和他的整场对话。我挂断电话的时候,她说:"天哪,你对他真够狠的。"

"别担心,"我说道,"他不会关闭账户、承担责任。他打算看我怎么完蛋。"

1月10日晚上,美国开始空袭伊拉克,第二天大盘就大涨了。不只是股市暴涨,波动性的急剧上升也导致权利金上升。1月12日的时候,公司总裁又给我打来了电话。

这时那个账户怎么样了?

我持有的期权头寸差不多翻了4倍(因为库克投资了资产净值的三分之一,这说明账户的净值几乎翻倍了)。这时候我已经开始获利了结了。当然,他打电话来的时候也知道我已经开始清仓了。

"你打算怎么做?"他这样问道。

"我打算继续减仓。"我答道。

"可现在真的在涨,"他说,"你觉得这种状况会持续吗?"

"会,"我利落回答,"因为我的累计点数指标仍然显示超卖。"

"那为什么你不继续持有这些头寸呢?"他问我。

"你不明白,"我告诉他,"一个原因是权利金因为波动率激增而上涨(期权价取决于标的市场价格和波动率)。一旦波动率慢慢降低,即使大盘仍然在上涨,期权价可能也不会涨太多。同时,我上周接到你电话之前还没意识到,但我现在意识到了,你的投资者们真的很紧张,他们可能还是想要落袋为安的,不是吗?"

"你说得对。"他回答道。

"很好,"我说,"那我们就继续清仓,在这收手。"

"马克,"他说,"这就是为什么你是你这样的操盘手。"他原话就是这么说的。

"谢谢你告诉我我是一个优秀的操盘手,"我是说给我秘书听的,她一直在认真听我们说话。"现在你知道我的指标切实有效了,对吧?"

"当然了,"他答道,"你的指标有效。"

在我挂断电话之后,我的秘书说:"他打电话过来夸你,真是太好了。"

"看着吧,"我说,"他会尽快把这些资金收走的。"

"他为什么要这么做?"她难以置信地问道。

"因为他无法忍受波动,也应付不了那些客户。同时他也不明白我到底在做什么,这使他成为糟糕的中介。他只会搞得客户疑窦丛生。如果我直接对接客户,他们能从我的声音里听出自信,结果会截然不同。"讽刺的是,我之所以选择这样的运营方式是因为我想和客户保持距离,这样他们的情绪就影响不到我。然而,结果有了中间人情况反而更糟。"他会找借口收回这个账户的。"我和我的秘书这样说道。

"他哪有借口这样做呢?"她问,"你都已经快把他们的钱翻倍了。"

"我不清楚,"我说,"但他会找到理由的。"

当时,权利金已经涨得很高,如果你是我那样只买入期权的投资者,几乎已经没有任何盈利可能了。买入期权当时就像是花买劳斯莱斯的钱买一辆南斯拉夫牌汽车。

那你停止交易了吗?

是的,我必须得收手。我必须相信一笔交易至少有75%的概率是正确的,否则我不会进行交易。我在接下来几个月交易量都很小,账户也基本上在横盘。

4月底的时候,公司总裁又打来了。

"你怎么不继续交易了?"他这样问道,"是不是害怕了?"他语气中略带嘲弄。

"是的，我害怕了，但不是你想的那样。我怕的是市场，我没发现有75%以上成功率的交易机会，我不会做那种盈亏五五开的交易。"

"好吧，可我的投资者想让你继续交易，"他这样说道，"为什么你不能像1月那样操作呢？"

"因为市场情况不同，"我说，"我们今年可以按兵不动，收益仍然可观。"

"没错，你今年收益率仍然高达85%。"他认可了这一点。

"那投资者们还不满意？"我问他。

"他们看你在1月就把他们的钱翻了一番，就想让你全力以赴。你最好还是多做点交易，马克。"他说。

"他现在想怎么样？"我挂电话后秘书这样问我。

"现在他想强行让我多做交易，很搞笑吧。1月的时候他还想关停我的账户，现在我不该交易的时候，他想让我多做交易。"

那你做了什么？

我想我就买上一笔让他开心。要是交易不成功，我就可以说服他别再逼我交易。但我刚一买入，就觉得自己这样做很愚蠢。我在做一笔可能会亏损的交易，仅仅是为了证明自己的观点。当然了，这笔交易确实亏损了——亏得不多，大概净值的5%吧。我就收手，不再交易了。

你管理这些账户的报酬是怎么算的？

我可以拿收益的1%。

一般情况下是拿收益的20%吧？

你现在知道我当时有多天真了吧。他们告诉我："别担心，我们不会亏待你的。"我也没有拿到任何书面文件。我同意是因为我主要还是想有一份业绩记录，而不是打算在这个账户上赚多少钱。我当时急于起步，什么样的待遇都会接受。

5月末时，那个总裁又打来了。他告诉我有两个客户已经在提出他们的钱了。"噢，我想他们可能急于用钱吧。"我这样猜想。

"我跟你说实话吧，马克，"他说，"还有更多投资者正准备关闭他们的账户。"

"为什么呢？"我问道。

"哎，你最近都没怎么给我们做事啊。"他这样回答。

"你到底知不知道这个账户涨了多少？"我问他。"如果你开年就告诉这些投资者，一年能赚80%，你觉得他们会不会欣喜若狂？"

"对，但你第一个月赚到的比那还要多，"他这样答复我，"而过去4个月你什么都没赚到。"

"等等，"我说，"这些投资者到底对收益有什么样的期望？"

"我给他们看了你去年的业绩记录。"

"你做了什么！"我大叫起来。"那个业绩记录是基于我自己的账户，账户净值的100%都用来交易了。因为杠杆的关系，我的账户会比现在这个账户多赚3倍，但亏损程度也会是3倍，我不觉得你的投资者能够接受40%的亏损。"

10分钟后，他又打了回来，说："我们要关闭这个账户了。"

我气极了，都快气吐血了。我不知道他跟投资者们说了什么，以至于他们同时都要把钱取走。这就是我第一次，也是最后一次管理集合资金。

他们根据你获得的收益付给你报酬了吗？

一分钱没给过。

就像塞缪尔·戈德温说的那样："口头合同一文不值。"那他们关闭账户之后发生了什么？

那一年后来基本我都不赚不亏，因为当时的环境不适合买入期权。1991年11月，我报名参加了1992年的美国投资锦标赛，那时比赛时间已经从4个月延长到了一年。在准备过程中，我研究了我从1970年代开始的所有交易，探究我盈利和亏损的原因。我发现，周二是我的幸运日，周五则是倒霉日。

为什么会这样？

因为我需要一些时间热身。周一我刚进入状态，周二才火力全开。到周五的时候，我已经筋疲力尽，如果那周我一切顺利的话，也没什么动力和热情了。所以我1992年是怎么做的呢？周五不再交易，周二交易更为积极。

因为这个分析结果，你的交易是不是永远转变了？

没错，这是我做过的最好的事。从那时起，我成为了一名专业的操盘手。

你对那些想像你一样以交易为生的人有什么建议？

如果你打算以此谋生，你得像做其他工作那样努力，还得制订个计划。如果你想创业，就直接走进银行，笑意盈盈地请他们提供20万美元的贷款，你觉得你能拿到这笔钱吗？

他们会告诉你"你的笑容很美，钱请你收下"吗？我觉得不太可能。你得有个切实的创业计划。问题就在于，大多数人开始交易时没有任何明确的计划。

交易者的计划应该包括哪些内容？

应该包含以下所有问题的确切答案：

▶ 你打算在什么市场进行交易？你得选一个符合你个人特性的市场，因为市场会反映出交易者是怎样的人。那些交易互联网股票的人和那些交易公用事业股票的人截然不同。

▶ 你的交易资本是多少？一方面，你得能坦然说出："如果这些钱全赔了，也不会改变我的生活方式。"另一方面，你需要有一个足够大的账户，这样至少能赚到和你现在工作报酬一样多的钱是一个可行的目标。否则，你会认为自己是一个失败者，因为作为一个交易者，你会比你现在的工作更努力。

▶ 你将如何下单？是分批次加仓还是一次性满仓？交易亏损你会如何退出？交易盈利你会如何退出？

▶ 哪种类型的亏损会让你暂停交易并重新评估自己的投资方法？什么样的亏损会让你停止交易？

▶ 根据你的交易方法，短期内你可行的盈利目标是什么？

▶ 你会用什么流程分析自己的交易？

▶ 如果你的个人生活出现对你交易有不利影响的状况，你会怎么做？

- 你会怎么设置自己的办公环境，让其有利于交易，尽可能让自己成功？
- 做出成功交易，你会如何奖励自己？你会给自己放个假，还是买辆新车之类的？
- 作为交易者，你会如何持续提高自己的水平？会读什么书？会做什么新的研究项目？

你还想给其他想当操盘手的人什么建议吗？

把交易当作职业，而不是爱好。我定期会为交易者举办研讨会。有一次有个网球专业人士参加了我为期4天的研讨会。到第3天的时候，我问大家他们到目前为止学会了什么，之后会怎样运用。轮到他回答的时候，他说："我不会放弃我的网球事业。我会在周二和周四教网球课，所以我会在周一、周三和周五进行交易。"

"如果你这样做的话，"我告诉他，"我向你保证周二、周四你也得时刻关注市场。不然你就会教课赚100美元，交易亏1000美元。"

"我不会存在这样的问题，"他说道，"因为我每天都会平仓。"6个月之后，他就放弃交易了。他做错了两件事：首先，他主要的热情都投注于网球；其次，对他而言交易不是事业而是爱好，爱好总会花钱的。

还有什么其他交易者失败的原因？

人们会低估作为交易者获得成功所需要的时间。有些人来这儿，以为他们跟我一起坐上一周就能变成优秀交易者。有多少人上大学的时候会想着走到教授跟前对他说："我知道这门课要上一学期，但我觉得一周我就能掌握了。"熟能生巧这件事在交易上和其他领域完全一致，前几年有个人来参加我的研讨会，他问我："我要多久才能成为专业操盘手，能辞职养家的那种？"

"3—5年。"我回答道。

"什么！我是打算6个月达到这个目标的。"他这样回答我。

"好吧，你可能比我聪明得多，"我说，"我前5年一分钱也没赚到。"

已经过去7年了，他交易仍然没赚到钱。你不能指望一夜之间就能摇身一变成为医生或是律师，操盘也是如此。这是需要投入时间和精力、积攒经验的职业。智慧来源于知识和经验。如果你知识丰富，那你可能就不需要那么多经验，反之亦然。如果你两者都有，学习过程将会势如破竹。

还有什么其他交易者失败的原因？

另一个常见的原因是资金不足。有时我会发现，来参加我研讨会的人打算用1万美元开始交易。我告诉他们，他们应该把这1万美元全换成百元大钞，然后一张一张冲进马桶，因为如果他们打算用1万美元开始交易，结果跟这没什么不同，只是痛苦的过程有所延长。1万美元不足以用来交易。

你目前提到的所有失败的原因，都与人们对待交易的态度有关：决心不足，又或者是资金投入不够。除了这些态度上的问题，还有什么原因会导致人们交易失败？

这与智商无关，甚至与股市知识都无关。我见过交易技巧纯熟的人失败，也见过毫无经验的人成功。重点在于，每个交易者都要坦然面对他的弱点并学会应对。如果你学不会这点，你就没法作为交易者生存。

几年前，有个期权操盘手跟我约好了，来我的办公室拜访我，问我愿不愿意在他到之前看看他之前的交易记录。我应允了，因为我真的想教会别人怎么交易。

他说："我去年的交易成功率高达84%。"

"那很好，"我说，"那你赚到钱了吗？"

"好吧，没有，"他答道，"按全年计算，我亏损了。"

"那失败的16%的交易，就是我们应该关注的问题了。"我这样说道。

"这就是我为什么要把我的交易记录发给你。"

他发送了交易记录，我发现他一年交易了400多单，其中有5单造成了他的主要亏损。

一开始我没注意到任何共同点。接着我确认了日期，发现5笔交易中有4笔都是在周五到期日操作的。我给他打了电话，告诉他："我发现你的问题所在了。"

"噢，那太好了，"他说道，"你发现了什么？"

"你5次造成巨大亏损的交易中，有4次都是在周五到期日完成的。"

"噢，我知道这点。"他回答道。

"是这样的，有办法解决这个问题的。"我这样对他说。

"很好很好，"他说，"我就知道你能想出办法。"

"别在周五到期日做交易。"

"马克，你在说什么？那可是最令人兴奋的交易日啊。"

"你得在兴奋情绪和赚到钱二者之中做出抉择。别在周五到期日做交易了。一到这种时候你就出去转转，做点别的事吧。"

"噢不，我不能那样做，"他说道，"我没法放弃在那天进行操作。我会想出解决问题的办法的。"

"如果你不以收手的方式解决这个问题，"我这样告诉他，"这个问题就会让你被迫收手。"

6个月后，他破产了。他对各种指标了如指掌，智力超群，还是个工作狂。大多数时候他甚至清楚如何处理亏损情况。但他就是不能在那个交易日不交易。他已经找到了他自己的问题，却无法解决它。

还能想到哪位你试图帮助却最终失败的交易者呢？

几年前，有个曾参加我研讨会的男人打电话向我寻求建议。他告诉我他想成为全职交易者，但目前屡屡受挫。我给了他一些关于制订交易计划的建议。他又打来过几次，寻求更多的建议。在其中一通电话里，他的声音突然就沉了下去。"我都快听不见你说话了，"我说，"肯定是电话信号不好。"

"不，"他小声说道，"我老婆刚刚走进房间了。"

"她不知道你亏了多少钱，是不是？"我问他。

"没错。"他承认了。

"你得告诉她真相。如果她不支持你，你又有些怵她，我教你什么都没用。

如果你继续这样悄悄交易，两件事总会发生一件：要么你的钱一分不剩，要么你的婚姻彻底破裂。"他没听我的话，最后竹篮打水一场空，钱和婚姻都不复存在了。

1997年9月到12月之间发生了什么？在你发给我的报表中，这是唯一一段持续亏损的时期，与你的其他交易完全不同。我想你在4个月内亏损了超过30万美元。

我发现随着时间推移，我的表现渐渐不尽如人意。我简单将其归结为我年末会变得疲惫或懒散。

但其实这解释不通。那一段时间比其他时期业绩差太多了，就算和其他几年的年末比也是一样，肯定还有别的原因。

（库克继续试着笼统地解释那一阵他的表现为何如此糟糕。总算，一段记忆浮现了出来。）啊，你说得对！我差点忘了。1997年7月，我摔了一跤，膝盖上的前十字韧带（位于膝盖中间的韧带）严重撕裂。我那时候戴了支架，也服用止痛药。最后到了12月，我才做上手术。

是不是止痛药会让你昏昏欲睡？

会让我注意力无法集中。我就没法那么敏锐了。我感觉我行动迟缓了。我那时也担心我再也没办法和我的孩子们一起打篮球了。

听起来你在那段时间里情绪很低落。

没错，我从一个在运动场和农场里都活力满满、活蹦乱跳的人，变得几乎不能走路。在那几个月里，我的体重增加了30磅。

如果你是12月做的手术的话，看起来在那之后你的操盘水平马上就恢复了。

是的，我感觉好多了。我全身心地投入到复健之中，可能都有点过了。我是个干劲十足的人。手术两周后，理疗师就在我使用举重机的时候对我说："我们做过很多十字韧带康复治疗。我就告诉你一件事，可能会让你明白是什么情况：做完十字韧带重建手术来我们这的人就没能举到过你这个重量。你懂我的意思吗？"我马上收敛了些许。

（在专访后大概一周左右，我与库克通了电话，他告诉我他问了他的助手史黛西，对他受伤期间有什么印象。她是这样告诉他的："你走不了路。甚至因为严重的不适坐着都很难。你的表情流露出痛苦的神色。你只是一个躯壳，但你仍然全身心投入交易。手术一做完，你就像是脱胎换骨了。"）

还有什么其他时间段，你个人生活的危机影响到了你的交易？

1995年9月，我爸心脏病犯了。他在重症监护室里待了8天。在那8天里，我把书上写的每种破坏性的交易错误都做了一遍以作为惩罚自己的方式。

为什么你觉得你爸的心脏病是你的责任？

他工作非常努力。他心脏病犯的那天，气温超过32摄氏度，他当时正在捆干草。我妈妈告诉我，他那天中午觉得有些不舒服，想吐，回屋了一会儿，然后又出门继续劳作了。他心脏病发作的那天捆了400捆干草。我想着，"他风餐露宿做的那些工作也就是为了挣七八百美元，而我坐在开着空调的办公室里，就能赚七八千美元。"我感觉这很不对，所以我必须惩罚自己。我回头看那期间我做的交易，感觉像是我当时已经暂时疯掉了。

那说明你当时做的交易不是你平时会做的交易。

噢，不，我做的几乎和平时做的完全相反。

你那时候清楚自己在做什么吗？

我不在乎，我都已经绝望了。我想我当时是真的想亏钱。

从你的操盘风格而言，你是会全天盯盘的。有没有什么情况中途干扰你，对你造成了损失呢？

我印象最深刻的应该是1987年1月的一次交易。那天是我秘书的生日。我还没平仓的时候，从来不会离开办公室。但那天，我就想表现得友善些，就带她出去吃了个午饭，为她庆祝生日。我离开办公室的时候，那个我持有的期权头寸还上涨了3万美元。我吃完午饭回来后，就跌了4万美元。我都不敢相信这个报价。我对这笔交易实在印象深刻。现在我都直接给秘书一张贺卡当生日礼物（他轻声笑了起来）。

听起来是顿很贵的午餐。你确定你只要持仓就会一直待在办公室里吗？

当然了。这是我的基本原则之一。我从不会让盈利变为损失。

我已经想不出问题了。你还想说些什么吗？

我代表的是美国中西部农村的普通民众。我坐在我曾祖父的农舍里，盯着电脑屏幕，我能以交易为生。这就是我相信无论人们出身如何都能做这行的原因。但你得愿意努力工作，付点儿学费，也就是你在学习交易的过程中亏的那些钱。人们总是问我："你觉得我得花多长时间才能成功？"我告诉他们："一天12个小时，努力3—5年，还得亏钱。"没几个人愿意听这话。

★

你不放弃就不算完。马克·D.库克不仅仅最初受挫，他多次严重失败，好几次赔得血本无归，有一次，亏损额度超过他的全部净值。然而，尽管开头诸事不顺，接近10年都起步失败，库克也没有放弃，最终取得了成功，形成了他的方法、交易计划与纪律，让他以惊人的稳定性从股市中获得3位数的回报。

与传统智慧（建议寻找潜在利润数倍于风险的交易）相反，库克的大多数交易策略都是为了从每两美元的风险中赚取一美元。这一观察带来了两个重要的经验。

其一，研究交易成功的概率与研究潜在的风险收益比同样重要。根据库克所说，某个交易策略可能会导致交易失败时造成的亏损大于交易成功时获得的收益，但如果你能让其交易成功的概率足够高，仍然是一个优秀的策略。反过来也是一样，某个交易策略可能会让交易成功时获得的收益10倍于交易失败时的亏损，但如果交易成功的概率足够低，这个策略也照样能让人破产。想象一下，比如说，在轮盘赌中一直下注数字7：你赢的时候能赚36倍赌注，但如果你一直这样赌下去，迟早会血本无归，因为你押注成功的概率只有1/38。

其二，在选择交易方法时，必须选择一种符合你个性的方法。库克即使盈小利也很开心，但亏小钱是他很不愿意见到的。根据他的个性，他所开发的方法，接受每笔交易的低回报风险比，换取交易的高胜率，对他来说是很合适的。但是同样的方法对于其他投资者而言，可能就让人不适，从而导致赚不到钱。不存在适合每个人个性的交易，每个交易者都得为自己量身定制一套自己的交易方法。

个人问题会使操盘手的业绩大打折扣。想想看，库克在膝盖受伤和父亲心脏病发作期间的反常巨大亏损就是例子。这告诉我们：如果你正经历身体或情绪上的困扰，要么停止交易，要么将交易强度降低到你不会损失惨重的程度。如果库克本人在过去10年有什么严重的交易过错，那就是没有遵从这条建议——而他决心同样的错误不犯第二次。

大多数有抱负的操盘手低估了成功所需的时间、努力和金钱。库克坚定地认为，成为一个成功的操盘手需要全身心地投入，而不只是作为业余爱好。就像创业那样，你必须有一个切实可行的规划、足够的财力，愿意长时间工作。那些寻求捷径的人并不适合做这行。即使你事事都做对了，最初几年还是得抱有亏损的预期——库克将这些损失的钱视为学习交易的学费。也许很多想要成为交易者的人不愿意听这些残酷冰冷的事实，但视而不见并不能改变现实。

马克·D.库克的近况

库克继续在他的交易道路上阔步前行。按照他的交易方法，不管大盘处于牛市还是熊市，对他来说都没区别。相比于2000年4月到2002年9月分别下跌45%和75%的标普指数和纳斯达克指数，库克的交易账户实现了114%的复合收益率（如果以累计获利金额除以平均账户净资产则为84%）。

在我们的第一次专访中，我们谈到，当你面临个人生活的压力时，你的交易模式会极大恶化。我知道过去两年间，你不得不面对某位家庭成员病重的状况，但在交易方面你似乎处理得更好了。你是否调整了在此类状况下自

己的做法呢？

我主要做的就是减仓。过去的经验告诉我，当我个人生活有问题要处理的时候，我就不能满仓。我意识到我的私人生活倍感压力时业绩不佳的原因之一是，当我已经处于情绪低落的状态时，任何不利的情况都会将我逼疯。我不再理性，最终也总是损失太多钱。我想与其停止交易，不如减仓，并且仍然保持理性。

等到一切如常，我也不再有外界压力时，我就会知道合适的仓位应该是多大，我会根据市场波动情况进行调整。但当我被外界因素困扰的时候，我的状态就不适合做那种规模的交易。我之前从来没这样调整过仓位，但过去两年我调整了。

我不仅减了仓，还减少了交易天数。你打给我之前，我正在看我的月度总结表，我注意到有很多个月，我只交易了11或者12天，而不是像寻常一样交易18—20天。通过减少交易，我会挑选我状态最好的时候。如果我那天没有得到我认为切实可行的信号，我当天就不交易。

在过去两年间，你的操盘方法有所改变吗？

有。过去，我会远离一些可能导致大幅亏损的交易。如今我每天都会在第一笔交易上使用被我称为"止损保险"的方法。这就像家里装的烟雾报警器：你希望自己永远都用不上它，但是你还是得装一个以防万一。"止损保险"不基于任何技术点位或是分析，就是简单地将我每天最大的亏损数额限制在一个预先设定好的数额上。

年初我写下交易计划时，随意地选择了2.5万美元作为我每天第一笔交易的最大亏损额，因为我知道我可以很容易赚回来。如果"止损保险"被触及了，我并不理解市场走势，我就不应该继续交易。比如说，两周前标普500指数跌破900大关时，我的"止损保险"就被触及了。一开始，我觉得损失如此之多很不舒服，紧接着大盘就立刻又跌了整整30或40个点，我又觉得好多了。

如果你没有"止损保险"的话，会在这笔交易上损失多少钱？

可能得赔进去10万美元。

你只有每天第一笔交易有"止损保险"吗?

对。

这样会不会让你之后的其他交易更容易遭受重大损失呢?

不会,因为我实际上给这些交易的自由度要小很多。"止损保险"是一个更大的止损。在当天后续其他的交易中使用"止损保险"完全没有意义,因为随着时间的推移我在交易选择上更为挑剔。在第一笔交易之后,我只会进行我认为成功率非常高的交易,也不会给这些交易太大的空间。

我在这方面和大多数人不一样。比如说,我注意到大多数我培训过的人会在用从股市赚到的钱交易时,更倾向于承担风险。而我恰恰相反:一旦我赚了钱,我觉得是我的钱了,我不打算再让股市从我的口袋里拿走。所以一旦哪天我赚了,我就尽量不让自己吐回去太多。

有"止损保险"还有一个好处就是,让我能放心追逐更大的利润,因为我知道如果交易急转直下我还有安全网。这就像空中飞人知道自己身下有一张安全网时,就可能不只是腾空翻两周,而是试着腾空翻三周了。

我想你培训的大多数人应该都是偏向于看涨的,但在过去两年中这种倾向是有问题的。你有没有发现这种情况,如果有的话你给了他们什么建议?

你说得完全正确。1990年代的强劲牛市拯救了很多做多的交易者。那些年,如果你的持仓跌了,最终还是会涨回来的。我试着教会人们,不要对市场方向有先入为主的观念——要对市场做出反应,而不是预测市场。

有一家与我合作的对冲机构,在做多头交易之前,会等待一个交易设置。如果等不到,他们就按兵不动。所以他们要么做多,要么观望。我好不容易让他们有所改变,所以当条件不适合做多时,他们会选择做空而不是观望。这点行之有效,他们赚了不少钱,但他们很不适应做空。在他们的意识中,大盘跌了,就是买入的时机。好吧,你猜怎么着——他们就转而做多,大盘又接着跌了。即使是他们说的话也反映着他们的偏见。当他们提到股市下跌时,会说这是"修正",而不说"下跌走势"。他们从不认为我们可能真的处于熊市。

熊市影响到你的操盘了吗？

完全没有。只要市场有波动性，就对我没有影响。一个真正的操盘手只需要随后反应，而不是预测，就能在任何大环境下赚到钱。他必须能感应到市场风向，千万别去对抗这种风向。他可能经常会出现失误，但绝不会死板僵化。

|"兄弟"小阿方斯·弗莱彻|

双赢投资

每个投资专家都知道，不承担高风险，就无法拥有高回报，比如年平均回报率达到40%或者50%这样。显然，没人曾费心把这个基础概念讲给小阿方斯·弗莱彻听。不然他就不会自13年前开始第一笔交易以来，一直努力创造持续的高回报，几乎没有亏损的月份。

弗莱彻的金融生涯起步于为贝尔斯登这家公司的基金做研究员和操盘手。在业绩优异的两年后，他被基德·皮博迪公司挖去担任了类似的职务。[1] 尽管他很喜欢在贝尔斯登工作，也不愿离开，但基德公司的聘用条件实在太有吸引力，让人难以拒绝。除了薪水，基德公司向弗莱彻许诺会提供给他20%—25%的交易盈利作为奖金。

他在基德公司的第一年，就为公司创造了超过2500万美元的收益。然而，基德并没有如约付给他500多万美元奖金，而是给了他170万美元，同时许诺在之后几年延期支付其余奖金。当弗莱彻抗议公司违背与他达成的协定时，他被告知他不该抱怨，因为他已经是全国"收入最高的黑人男子之一"了。据称，一名公司管理层曾评论说，基德公司应支付给弗莱彻的奖金"付给一个黑人男青年显然太多了"。这些原话引自弗莱彻诉讼前雇主的法庭记录，其他一些细节则来自公开

---

[1] 弗莱彻受雇于基德·皮博迪的信息来源为法院案件摘要以及《商业周刊》1994年10月24日刊、《纽约客》1996年4月29日刊、5月6日刊和《财富》1999年7月5日刊中的文章。

发表的文章。弗莱彻本人非常不愿意讨论这些事的细枝末节。弗莱彻最终被仲裁团判决再得126万美元。在离开基德公司后，弗莱彻创立了他自己的公司，弗莱彻资产管理。

我去拜访他的时候，正是纽约一个炎热潮湿的夏日午后。有机会的话，我更愿意在城市里漫步，而不是打车或是乘坐公共交通。但那天我有些晚了，怕赶不上我提前与弗莱彻预约好的采访时间，所以我叫了辆车。市中心的交通状况糟糕得很。在5分钟才开过两个街区之后，这也就是我平时步速的三分之一，我给司机塞了一张5美元的钞票，跳出了车，这时离我的目的地还有2.4千米。

等到我抵达弗莱彻资产管理的时候，我看上去就像是一路淋着水走过来的。办公室位于上东区一幢有120年历史的石灰岩联排别墅中。我踏进那扇巨大而沉重的木门后，感觉从炎热嘈杂的现代都市进入了一个凉爽安静的优雅环境。入口处通向一个巨大的圆形接待区，天花板很高，还有一座手工制作的螺旋木梯，通向上面4层的办公室。墙被漆成暖色调的丰富互补色，与挑高的天花板、大面积的装饰凸雕以及古董家具一起创造出一种与1999年的纽约市截然不同的时空氛围。如果我要拍一部电影，其中一个场景是拥有资产千万甚至上亿级别客户的老牌瑞士投资公司，这里就是绝佳的片场。

接待员将我带到了一间作为等候室的图书馆内，给了我一大罐冰水。接待员一离开房间，我就将这罐冰水灌进了肚子里。大概10分钟后，我被领着上了楼梯，来到了弗莱彻的办公室。

显然弗莱彻特意创造了一个与典型的现代曼哈顿办公室形成鲜明对比的环境。他有效地创造出一个远离外界城市疯狂、充满静谧的喘息之地，这种风格也向投资者潜在地传递出一个信息：你的资金在这里，是安全的。

然而，弗莱彻并不需要令人印象深刻的办公室来吸引投资者。他的业绩让人难以置信。并不是说他的收益率最高——绝对不是。然而，只看收益的人幼稚无比。重点不在于收益，而是相对于风险的收益。这就是弗莱彻的过人之处。弗莱彻基金，他的旗舰基金，成立于1995年9月，已经实现了47%的年均复合回报率。尽管只看这个数字本身就已经很能打动人了，但更重要的是：他达到这样的收益，却只有4个月出现了亏损，其中最大的跌幅是微不足道的1.5%。

在成立他自己的基金之前，弗莱彻的业绩记录更加令人震惊。在弗莱彻的公司于1991年成立后的头4年里，主要经营的是其自营账户。这个账户的交易杠杆比他的基金要高上不少，在这4年里获得了惊人的380%的年均复合回报率。（尽管这些早年的收益从未以任何形式公布或出现在报告中，因为它们属于自营账户，但这些数字都是经过审计的。）

当我初次看到弗莱彻的业绩时，我无法想象他如何能在几乎没有风险的情况下取得如此可观的回报。在我们的会面中，他详细解释了他是怎么做到的。没错，阅读这一章，你将找到答案。然而，为了不让你产生不切实际的期望，我一开始就会告诉你，他的方法是普通投资者无法依样复制的。即使如此，他为什么透露自己的做法呢？答案将在专访中呈现。

★

你一开始是怎么对股市产生兴趣的？

可能是从高中的时候开始吧，那时我和我爸一起开发了一个计算机程序，用来在赛狗场里挑选获胜者。（回忆起往事他大笑起来。）

你成功预测过狗赛结果吗？

当然啦。计算机会剔除一组其无法预测结果的比赛。剩下的比赛中，程序有80%的准确率能选中那只能赢钱的狗（第一、第二或者第三名）。

佩服。你在这上面赚了多少钱？

我吃了个关于赔率的有趣教训：如果赔率不对，80%的成功率有时候仍然不够。我忘记具体数字了，但赛狗场抽水40%或者还多。

哇哦，真够疯狂的——相比之下老虎机都显得仁慈了！

所以即使我们80%的时候都是赢的，仍然不足以赚到钱。

你在预测比赛结果上会采用哪些信息？

赛事程序中提供的所有信息——不同狗在不同比赛中完赛的时间，不同杆的杆位，天气状况，等等。

你是如何尝试解决这个问题的？你用了多元回归法吗？

嘿，要记得我当时才上初中呢。

那你是什么时候跟股票打上交道的？

我上大学的时候，在辉瑞公司打暑期工，他们有一个员工计划，允许你以七五折的折扣价买入公司的股票。这对我来说是笔不错的买卖。讽刺的是，快进到如今，这两项原则——赔率的计算机分析和以折扣价买股票——就是如今我们工作的特点。当然了，我指的并不是字面意思，因为我们没法以折扣价买入股票，也并不会押注谁会成为赢家。然而，这些概念与我们如今的策略息息相关。

我们说回你的起源。你是怎么参与到股市交易的？

我在哈佛拿了个数学学位。当时，所有人都会去念工商管理硕士，或是进军华尔街。

哈佛的数学专业，我想你SAT（美国高中毕业生学术能力水平考试）成绩一定斐然。

我成绩确实很不错。有趣的是，我没上过任何SAT预备课程。比起学习那些技巧性的东西，我更喜欢自己钻研。我现在也这样。有时我还会玩文字游戏或者数学游戏消遣。

举个例子。

我最近很喜欢这个。（他拿起一个算盘。）我对阅读使用说明不感兴趣，但我对自己搞清楚怎么用很感兴趣。我想搞清楚这个工具是怎么用来做加减乘除的。

你大学毕业的时候打算进军华尔街吗？

没有，实际上我打算加入空军。

为什么是空军？

我在大学里参加了空军预备役军官训练营，并且成为一名武器指挥官，负责使用各种高科技设备这件事很吸引我。

那你加入空军了吗？

没有。1980年代末，国防预算被大幅削减。为了减员，空军鼓励我们加入预备役。一个好朋友说服了我去华尔街找工作。我被贝尔斯登聘用，喜欢上了这家公司。而他们也选择了我。我不知道是什么魔法，但既是董事会成员又是期权部门负责人的埃利奥特·沃克，对我青睐有加。

你在哈佛修过的课程对你踏足现实世界有帮助吗？

我大四的时候，选修了金融工程的研究生课程。我做了期权市场的课题，对此很感兴趣。我试图建立一个模型，如果期权价格被迫偏离其理论价值，比如因为有人下了一大笔买单或卖单，从而影响了市场，会发生什么。我的结果让我相信，我已经找到了一个能在期权市场上长期获利的方法。但是，我这个可以持续在期权上赚钱的模型的想法有悖于所有我学到的市场理论。

根据你的说法，我认为你当时相信有效市场假说，哈佛也确实这样教。

你说得没错（他大笑起来）。在很多方面，我仍然相信有效市场假说，但如你所见，在这之外还有有趣的另一面。

你在什么方面相信有效市场假说呢？毕竟你自己的业绩似乎否定了这种市场完全有效的理论。

如果IBM现在的交易价是100美元，也许它就值100美元。我想要比流动性市场更聪明是很难的。

你的意思是，用某种方法正确预测未来的价格走向很难是吗？

没错。

那么，就你自己而言，有效市场假说在什么情况下不适用呢？

我的分析表明，进行偏离理论价值的交易，且全部头寸几乎没有或者只有很低的风险，仍然有盈利的机会，是可能的。在现实世界里，这样的偏离可能偶尔发生，因为一笔大的买入或卖出订单就可能使得某个期权或证券与市场大环境脱节。然而，在理论模型中，如果有效市场假说正确，就不可能持续出现无风险的机会。所以，我的模型才是对的。事实上，这是我在贝尔斯登做第一笔交易的基础，他们获得了十分可观的利润。

你说的这个持续出现的几乎没有风险的市场机会是什么？

这个概念基于融资成本。无论成交价是多少，IBM都值这个价格。然而，假设我的钱回报率为7%，你的钱回报率为9%。鉴于我们的钱有不同的回报率，我就应该能买入IBM，并在未来以约定的价格卖给你，这样我们的收益都会更高。举个例子，我在股价100美元时买入IBM，与你达成协议在一年后以108美元的价格卖给你。我能赚到比我假设的7%回报率更多的钱，而你也将以低于你年化率9%的机会成本拥有IBM的股权。这个交易可以是说是互惠互利。

难道套利不会让这种机会消失吗？

套利只会在我们双方资金成本相同时让这种机会消失。然而，如果你的资金成本高得多或低得多，那就有机可乘。换句话说，如果人人的资金成本完全相同，有同样的交易成本，获得同样的股息，那么市场定价将会非常有效。然而如果有一组投资者得到的待遇不同于他人，长此以往，就可能会出现可以持续获利的交易机会。

举个详细的例子。

不说IBM，就假设我们说的是一家意大利计算机公司吧。假设由于缴扣税款，美国投资者股息只能得到70%，然而意大利投资者可以收到全额。如果是这样的话，就会有个长期套利的机会，美国投资者可以把股票卖给意大利投资者，建立一个套利交易，在股息支付之后，再将其买回，双方都有利可图。

听起来像是你提供了一项服务。如果我理解得没错的话，你会找到那些，因为诸如税收差异等导致成本或回报不同的买家和卖家。然后根据这种差异设计出一种双方都能获利的交易，你则能稳赚交易利润。

正是如此。你提到了一个关键词，服务。这也是我们能与传统投资经理收益有别的原因，他们只会买入卖出，然后祈祷结果不错。

那这种类型的交易你怎么还会有亏损？

很简单。重点在于这是现实世界真实存在的一笔交易，意大利投资者真的会买入股票，也会真的在派发股息时持有这些股票。如果是这样的话，那么真实的交易就会出现真实的盈亏，有时候就会出岔子。比如说，如果在交易过后，我们完全实施套利交易之前，价格出现了不利于我们的波动，那就有可能会亏损。

这样的交易基于你大学发明的期权模型，然而显然有所不同，因为其只涉及美国股市。这个策略背后的核心想法是什么？

在我的模型中，我使用了两种不同的利率。我发现根据这个假设，就会持续出现获利机会。

为什么你会用两种不同的利率？

我使用无风险利率（国库券利率）来产生理论期权价值，使用商业利率来反映期权购买者的视角，他们借入资金的成本大于无风险利率。由于使用了两种不同的利率，交易机会显而易见。

你发现的差异到底是什么？

市场对期权的定价基于的是一个假设使用无风险利率的模型。然而对于大多数投资者而言，与他们相关的利率是贷款利率，相比前者要高一些。比如说，期权价格模型也许会假设利率为7%，然而投资者可能需要以8%的利率借贷。这种差异就带来了获利的机会。

这种差异暗示怎样的交易策略呢？

期权盒式价差。

（如果你是少数了解这个名词的读者之一，恭喜你。然而如果你觉得期权盒式价差是某种纸盒包装的设计图样、某种超市购物促销活动或是其他差不多离谱的答案，也没关系。我如果稍加解释，只会让你更加困惑。相信我吧。为方便理解之后的内容，我们只需知道期权盒式价差是一种同时执行4个独立期权头寸的交易。）

鉴于大额交易成本（佣金和买卖价差），这种交易在现实世界适用吗？

你说得很对。一般情况下，一旦将交易成本计算进来，利率差就不再足以提供持续的获利机会。然而，关键在于总会有例外，这些例外就会提供获利的机会。比如说，一家资本损失较大的公司必须为利息收入缴纳全额税率，但如果他们在期权交易中获得等额收入，则无须纳税（因为期权交易的资本利得与他们现有的资本损失抵消了）。假设他们的短期利率为8%，且他们实施期权盒式价差的回报率也是8%。尽管回报率相同，但公司实际获利会更多，因为这个回报属于资本利得而非利息收入。对他们来说，这个回报率看起来更像11%。

那你在交易中的收益从何而来？

起初，我们赚钱要么是靠为企业执行交易收取佣金，要么站在交易的另一方。不同方的税收待遇不同正是获利机遇出现的原因。我想补充一下，尽管我给你举的例子是以税收优惠政策说明利润从何而来，但我们大多数交易都和税率没关系。

你在贝尔斯登主要做什么工作？

我没有明确的职责，只是告诉我要想方设法给公司赚钱。我是1987年股灾之前几个月加入公司的。当时我所有朋友都在交易股票和债券，市场崩盘，公司一直在裁员，我就坐在那儿，连具体职责都没有，只有一个给贝尔斯登在股市上赚钱的任务。

那这个任务具体是怎样的？

投入很少的资金，承担极低的风险，仍然长期赚取可观回报。如果你做不到的话，他们就不愿意把钱投进交易。这是一家很聪明的公司。

尽管你可以自作主张，还是会有个直属上司吧。

没错，埃利奥特·沃克。

你从他那儿学到了什么东西吗？

受益匪浅。他给我的一个很受用的建议，概括起来也是贝尔斯登的理念：你无法承受亏损的风险就切勿押注。我对风险的极端厌恶就来源于贝尔斯登。时至今日，我仍然深深感谢他们给我提供的机会和在公司里学到的东西。

你为什么离开了贝尔斯登？

基德公司给我开了一份很好的条件。离开真的很舍不得。我本想一直待在贝尔斯登工作。

这是不是一份无法拒绝的聘用条件？

没错。

贝尔斯登试着给出条件与其竞争吗？

在两天的时间里，我与贝尔斯登当时的首席执行官艾斯·格林伯格进行了会面，但他其实只给出了建议。他跟我说，对方的条件好到不真实，我应该继续押宝贝尔斯登。事实证明他当时说的是对的。说来惭愧，我当时想到要去基德·皮博迪公司兴奋得要命。不只是因为这家公司有着光辉的历史，也因为机遇实在难得，这家公司背后的大股东可是通用电气。不幸的是，与管理层的误解与沟通不畅造成了一些令人不快的状况。那时，离开对我来说是最好的选择了。

我已经知道你说的是什么状况了。有过不少报道。我还是想直接听你说，而不是听一些二手消息。我也知道因为这件事打的官司已经结束了，所以你可以畅所欲言，不受法律限制。

唯一的限制在于，我真不想在这件事上再纠缠下去了（他笑了起来）。我很高兴一切都结束了。基德公司在很多方面待我不薄，也在很多事上亏待了我。从本质上来说，他们给我开了丰厚的条件邀请我加入，之后却变卦了，还说了很多不礼貌和冷漠的话。所以我就从他们公司离开了，也赢了合同纠纷的仲裁。而关于种族歧视的诉讼则未能胜诉——江湖不见吧。

（根据公开文件，这场诉讼并不是因为歧视的案情而败诉，而是因为纽约上诉法庭裁定弗莱彻签字的标准登记表符合就业强制仲裁❶。尽管法院驳回了弗莱彻的诉讼请求，因为法律条文就是这样规定的，但书面意见似乎透露出一种不情愿的口吻："我们强调，本法院成员对于种族、性别及其他形式的歧视深恶痛绝，此类现象是不应被容忍的残酷现实，应通过尽可能广泛的补救措施加以纠正，本法院成员对以上内容没有异议……"）

---

❶ 即在员工遭受种族歧视、薪酬不平等、双重标准、玻璃天花板等问题时只能通过仲裁途径解决，不能将公司告上法庭。——译者注

如果你不介意我问的话，除了这件事，你还在这个行业其他地方遇到过偏见吗？

毫无疑问，我确实经历了一些事，但是通常比较微妙。我真的不想纠结这些事。

我只是好奇，偏见是否仍然存在。

坦率地说，每当遇到困难的情况时，种族总是最容易打的牌之一。比如说，如果有人嫉妒。没有什么是直接的。归根结底，这是一个很微妙的问题，你很难搞清楚。有些人会以特定方式行事，你以为是一回事，实际上最后发现其实是另一回事。在过去8年里，我没有看到任何……实际上，我想我还是见过不少比较直接的行为（笑）。我的看法是，只要我为信任我的人——我的投资者、我的员工、我投资的公司——尽力而为，那么一切其他问题都会迎刃而解。

当我阅读了解了整件事的前因后果之后，我觉得你没有接受和解而是起诉，是非常有勇气的。我猜你就是想要反击。

我并不想针锋相对，但他们真的太——你知道我什么意思，我真的不想谈论这个。（他大笑了很久。）基德公司很好，通用电气很好，我也真心实意想长期在那工作。如果他们当时跟我说："我们会给你付一半说好的报酬，剩下的我们再看看怎么解决。"我可能就接受了。如果他们真的准备好让我加入团队，让我参与其中，在未来做出自己的贡献，我不会介意这些问题。但比报酬问题更糟糕的是对待我的方式——我不属于这里的态度，还有高层人员的一些评论。

所以不止一个人对吧。

没错，不止一个人。

但奇怪的是，你给他们带来了这么好的业绩。

有时候，我觉得这样反而更糟。

这正是我无法理解的地方。他们雇用了你。又不是突然发现你是黑人的。噢，好吧，我想没有理由期望偏见是合乎逻辑的。你离开基德公司时是如何创立你自己的公司的？

我回去找了艾斯·格林伯格。贝尔斯登给我安排了一间办公室，给了我使用其清算部门服务的权限，该部门向专业投资者提供融资和经纪服务，对我非常有帮助。

贝尔斯登能从这笔交易中得到什么？

我仍和贝尔斯登的人关系不错。从某种程度上，他们只是想帮帮我。但是他们也获得了一个客户，对他们也是有益的。基于我们之前的交集，我很确定他们认为我会给他们带来重要的经纪业务。

在我离开艾斯的办公室后，我下楼去了电脑零售店，给自己买了台麦金塔电脑，我后来把它放在我的餐厅桌子上了。我为我认为未来几天可能可行的交易机会制作了电子表格，然后把表格传真给了一家《财富》50强公司，我曾为这家公司做过类似的交易，结果很好。他们很喜欢我的想法，让我继续。第二天我就在贝尔斯登开了个账户，也为交易做好了其他必要的准备工作。第三天我就执行了这笔交易，第四天去银行开了个100美元的账户，这样我就能通过电汇的方式收到这笔费用。实际上，弗莱彻资产管理公司靠这100美元获得了资金。

你能详细介绍一下你现在使用的策略吗？

我们的策略有一个共同的主题，那就是找到那些处于有利局面或者不利局面的人，然后利用他们的有利局面或是减少他们的不利局面。没有这种角度，很难找得到套利机会。

我们也很积极地实行之前谈到的股息捕获策略。然而，我们目前的主要工作是找到那些需要资金，但暂时不能以传统的方式筹集资金的、有潜力的好公司。也许是因为他们上个季度盈利下降，人人都在说不插手，也可能是因为整个行业陷入困局。无论是因为什么原因，这家公司都暂时处于不利局面。这就是我们介入的绝好时机。我们很乐意接触这样一家公司，以提供金融援助换取一点让步。

比如说，最近有一笔和一家欧洲软件公司的交易，我们提供了7500万美元换取该公司的股票。然而，我们并没有以当时的市场价9美元作为股票的定价，我们的协议内容为，我们可以以未来3年任何时间的股价购入他们的股票，但价格上限是16美元。如果股价跌到6美元,那我们将以6美元每股的价格获得价值7500万美元的股权。但如果股价涨到20美元,我们将以协定的每股16美元的价格上限获得价值7500万美元的股权。实际上,如果股价下跌,我们会得到很好的保护,但如果股价上涨,我们机遇无限。

那你后来真的完全消除了风险吗?

风险已经大幅降低,但没到完全没有的地步。还是存在这家公司破产倒闭的风险。然而这点风险实在很小,因为我们只会选择我们认为相对靠谱的公司。事实上,我们前段时间投资的公司中,其中一家的高层现在已经是我们自己的员工了,负责帮我们评估新投资的金融前景。坐拥这样的专业人士,我们不太可能选到一家会破产的公司。

交易的逻辑我听着很清晰了。只要投资的公司不破产,无论股价下跌还是持平或是略微上涨,你都能保证收支平衡,如果股价大涨,那你就多了一笔意外之财。尽管这样没什么问题,但这是不是说明大部分时间这些交易都没什么收益,只有零星时候能赚大钱?为什么你的业绩不是大部分时间持平,少数时候上涨?

有两个原因。我们投资于公司的钱不会闲置。在确定买入股票的价格之前,它会产生8.5%的年收益(以我们刚才讨论的例子为例)。其次,我们为股票所支付的股价是有上限的——举例里说的是16美元——我们可以卖出这只股票的价外看涨期权,因此也就保证了额外的最低收入。

(通过卖出允许买家以高于现价的特定价格买入股票的期权,弗莱彻放弃了股票大涨时的部分利润。但相对地,无论股价走势如何,他收取的权利金都是一笔额外收入。)

但你以提供融资达成股权购买协议的公司,是否总是有可交易的期权?

嗯,不是总能完美对冲。但即使某个公司没有期权可交易,我们有时也能使用私人"场外"期权。我们还可以用指数期权来对冲我们交易里的多个公司。假设股指大幅上涨,那么我们所投资公司的股票也很可能涨幅较大。事实上,因为我们一直在购买处于压力下的股票，这些股票也更具有投机性，如果市场表现良好，这些股票可能会比一般股票上涨得多。

将利息收入和卖出期权的收入考虑在内，看起来你可以保证每笔此类交易都至少赚取适度的利润，只有在灾难级状况下才会亏损。

即使是灾难级的情况，再说一次，因为我们的选股方式，这种情况实际几乎不可能发生，有时我们仍然能通过买入价外看跌期权的方式保护自己，破产级别行权价的期权是相当便宜的。

你采用这种策略多久了？

大概7年吧，如今已经是我们最主要的单一策略了。这个策略实际上是从股息捕获策略改进而来。（前面弗莱彻以美国投资者持有意大利计算机公司股票举例的就是这个策略。）股息捕获策略的一个变种是股息再投资，也就是公司允许股东将股息以折扣价再次投资于股票上。我们一直积极从那些不愿意股息再投资的人手上买入股票。因此，我们将得到100万美元股息，然后选择股息再投资，得到价值105万美元的新发行股票。

为什么公司会给你价值比股息更多的股票？

因为公司提供这样的条件以保存他们的资本，给股东5%的折扣作为将股息再投资股票的奖励。

公司提供这样的股息再投资条件普遍吗？

股息高，但不想要降低股息又需要保存资本的公司倾向于这样做。比如说，1990年代，银行想增长股本时，这种做法就极其盛行。

最终，一些公司开始向股东提供购买额外折价股的选项，其金额等同于股息再投资的金额。接着有些公司开始移除限制，允许投资者以折扣价购买几乎任何数额的股票。

1990年代初期，许多银行都积极推进这样的项目，我们也大量参与其中。这些经历使我们在1992年投资了一家美国大型电子公司，也是我们的第一笔私募股权融资交易。当时，这家公司无法通过发行股票募资，因为他们季度表现不尽如人意，普遍态度都是"我不想买这家公司新发行的股票"。这可能正是最适合买入新发行股票的时候。不然你想什么时候买入，等到他们报告收益创新高的时候吗（他笑了）？但规律就是如此，对我们来说这是个介入并说出"收下这张支票"的绝好机会。

我们告诉该公司，我们会在一段时间内从他们那买入价值1500万美元的股票。我们强调说，我们希望能促成友好互惠的交易。因此，我们提议不以折扣价购入股权，而是以未来购买更多股票的期权作为补偿。通过这种方式，我们的收益与管理层和股东的利益完美同步。就像我们之前谈到的那样，在这种安排下，我们最重要的盈利机会会在公司表现优秀时出现，但由于我们的对冲交易，我们应该是可以持续盈利的。

我们与这家公司关系很融洽。事实上，他们的前首席执行官最终加入了我们。在弗莱彻资产，从解释我们是谁到我们应该考虑投资什么公司，他都有话语权，他也负责管理谈判和维持关系。

没有比满意的客户更好的销售了。你是如何在之前没有相关经验的情况下向大公司推销你的融资交易的？

好问题，当我最初和他们接触时，我们还是在贝尔斯登租借的场所办公的小公司。他们最初的反应是："你们哪位？美林证券都没法让我们二次发行，拉扎德公司是我们的顾问，你却突然打电话跟我们说你能做这笔交易。"

我与我公寓里的一个邻居史蒂夫·拉特纳谈了谈，他当时在拉扎德公司任高级金融工程师。我告诉他，我很想促成与他公司提供咨询服务的一家公司的交易。我请他帮个忙。他打了几个电话，接着我就和拉扎德的银行家、我们公司的律师一起坐在飞往芝加哥的航班上准备与该公司会面了。等到交易达成时，史蒂夫跟我说："真是很有趣的一笔交易。你有没有想过募集外部资本？"

在这笔交易之前，你没有考虑过募集外部资本来进行你的交易吗？

当然，这个想法我也有过几次。然而，每次我们考虑这件事的时候，都会扪心自问，明明可以借钱完成交易，所有收益都属于我们，为什么我们要拿投资者的钱，分发大量盈利？

没错，所以你为什么要创立一个对外部投资者开放的基金呢？

最大的改变是意识到，一个像史蒂夫这样的朋友可以为我们打开一扇促成如此美妙的交易的大门。那多几个像他这样能在我们的成功里获利的朋友不好吗？

所以主要的动机不在于募集更多资本，而是获得可能成为盟友的投资者。

没错，这是史蒂夫让我思考出的道理。然而募集资金确实比借入资金让我们额外做成了许多笔交易，也因此提高了交易多样性，从而减少了我们投资组合的风险。

以这家美国电子公司为例，我想如果不是正好有史蒂夫，可能这笔交易永远都做不成。

没错。我们有一些投资者很有远见，我都愿意打给他们请他们提出建议。

听起来像是你选择了自己的投资者。

从本质而言，我们确实这样做了。我们已经拒绝了众多投资者，特别是美国基金的投资者。

如果有人来找你，想要投资几百万美元，你不会自动为其开户吗？

不会的，实际上，我们已经调查了每一个想要投资的人。

所以你实际上是在筛选你的投资者。

没错。投资者要么由我们筛选，要么由我们的市场代表筛选。

为什么？

如果我们是想募集尽可能多的资金，当然是越多越好。在这一点上，我们想要的是能给予我们支持的投资者。拥有会对我们造成干扰的投资者并不值当。也许未来，对其他的资金池，我们会不那么挑剔，但眼下我们只想要能成为朋友和盟友的投资者。

但肯定不是每个投资者都自带有用的人脉或是提出建设性的建议。

如果他们不是这样的人的话，一般都是朋友或者家人。比如，首席交易官的妈妈就是我们的投资者，她是个退休的图书管理员，还有我妈妈，是个退休的学校校长。事实上，基金投资者中有8人都是我们团队成员的母亲或是岳母。顺便说一句，我们的妈妈是最苛刻的投资者。

为什么这么说？

她们毫不犹豫地要求对任何事情做出解释，从为什么年初增长缓慢，到为什么某个月业绩特别好。

是什么阻止了竞争者加入这行，去做类似于你与那家美国电子公司以及那家欧洲软件公司的私募股权融资交易？

他们一直在加入。我们聊过的每种投资策略，竞争都越来越激烈。未来也将持续如此。这就是市场天性。我们的优势在于我们是先驱者。我们公司的特别之处在于，我们从不模仿别人的策略。我们享有的另一个优势是，我们努力促使我们的交易，既对我们自己公平，也对对方公司公道。由于我们的方法，随着时间的推移，我们从与市值几亿美元的公司交易发展到与市值数十亿美元的公司交易。

尽管你们具有这样的优势，以及这个给你们带来了大部分利润的核心策略，但如果这个领域变得愈加饱和，以至于极大地降低你的利润率，会出现什么状况？

好吧，我们一直都在钻研开发新的策略。我们的想法是，大胆欢迎竞争对手加入，我们随时准备切换赛道。

比如说？

比如，我们正刻意使用一些与股市无关的策略。然而与股市有关、收益可以持续高于标普500指数的投资项目需求巨大。我乐意接受这样的挑战。

有很多人都提出了标普指数增强项目的概念。这些标普指数增强型基金就没有成功过吗？

即使较为接近目标的也没有完全做到。这些基金试着超越标普500指数一个或几个百分点，但并不能持续保持这个业绩。

他们是如何尝试的？

一个极端的例子是，太平洋投资管理公司为股票敞口买入标普股指期货，并且试图通过管理固定收益投资组合来提供额外100个基点的回报。

诚然，如果利率稳定或是利率下跌，这能行得通。但如果利率上涨，他们难道不会有债券投资组合亏损的风险吗？

当然会有这样的风险。事实上，他们所做的只是在固定收益市场上承担主动型基金经理的风险，而不是在股市上。

人们还用了什么方式尝试持续获得超过标准普尔500指数基准的业绩？

有些人试图在每个板块中挑选最好的股票以得到比标普500指数更佳的业绩。他们会平衡不同板块的投资以匹配标普500指数，但在每个板块内，他们对某些股票的持仓会高于其他股票。比如说，他们的投资组合可能会格外青睐通用汽车公司而不是福特公司，或者反过来，要看他们是怎么分析的。

你有没有想过让收益持续超过标普500指数的方法？

当然想过。

那为什么你们没有将其作为示范项目进行交易？

我们真的很忙。可能之后会启动这个项目吧。

关于标普500指数增强项目，你是怎么想出来的呢？

我一直看到那些关于到底是主动型经理更强还是指数永远更强（也就意味着被动型经理更好）的讨论永无止境地进行着，我想如果长期业绩能优于指数，那是挺让人激动的。

我明白你是怎么想到这款产品的想法了，但我问的是，你是如何想出可行方案的？

在此我必须严格保密，因为我们这个项目还没有上线。我可以跟你聊我们其他的投资策略，是因为竞争对手已经知道我们在做什么也已经开始跟进了。

所以你还没有启动这个标普500指数增强项目，但一旦你付诸行动，竞争对手就知道你们的动静了。

接着我们就可以讨论一番了（他大笑起来）。

听起来你说的这些策略对冲得恰到好处，而你遇到风险状况的次数又如此之少，我很好奇你到底有没有哪次交易真的情况很糟，如果有的话，是什么导致了这一切？

我们投资的一家公司宣告破产。我们的保护性策略运转良好，但作用有限。

这件事前因后果是怎么样的？

别让我重温了（他笑了）。算是我们目前为止最糟的一段故事了。

最糟的故事总是比最棒的故事有意思。

没错，我每次跟新投资者交谈的时候，总是会谈到这件事。这家公司是一家需要融资的预付电话卡经销商。尽管这笔交易微不足道，我们还是打算做。在交易完成两周后，这家公司声明说他们所有财务报表都弄错了，将对过去两年的财务报表进行更正。一夜之间这只股票跌了70%。这一切发生得太快，我们都没有时间让我们的对冲充分就位。尽管这家公司仍具有可发展的业务和资产，他们还是宣告了破产，以便将其所有的资产售卖给另一家公司。

你是如何脱离这一困境的？

幸运的是，我们这笔交易部分得到了保障，在破产程序中排在首位。我们已经收回了一大笔资金，在等待追回更多资金。如果我们做的尽职调查没问题的话，那我们投资的公司清算价值应该很高，这家公司正是如此——收购的公司开了一张超过一亿美元的支票。当然了，尽管资产仍在，我们不知道我们还能追回多少钱——如果能追回的话。

你从这次经历中学到了什么？

该公司在和我们谈判时，积极地争取给予我们相比我们正常交易更少的保护，这一事实本应成为一个警告信号。更正财务报表带来的打击猝不及防，真的很残酷，但我不知道如何才能避免这种情况。

你从单打独斗，成长到现在拥有30余人规模的公司。你创立公司以来学到了什么招聘方面的事呢？

从创业至今，我学到最棒的事之一就是如何招对人。我之前会雇用坚称自己适合这份工作的人。如果我们有职位空缺，有人说，"没问题，我能胜任"，我就会雇用这个人，因为我知道如果我这么说，我是能做到的。现在我有些经验了，发现大多数非常激进地推销自己以获得职位的人，大多不能胜任。

你在招聘上做了什么改变呢？

工作上最能干的人，是那些在我招募他们加入我们之前，我就已经顺利与他们打了多年交道的人。说实话，是我求贤若渴，不是他们急于加入。这还是有很大不同的。

---★---

弗莱彻最初的成功来源于一个明智的想法：即使市场有效，如果不同的投资者待遇不同，就说明有获利的机遇。他所采用的每个策略，其核心都建立在不同群体的待遇差异上。比如说，他现在的主要策略——私募股权投资——之所以有利可图，就是因为相比于其他拥有同等长期基本面的公司，一些公司更难吸引投资。通过识别这种暂时不被青睐的公司，弗莱彻可以构建一场融资交易，以相比其他地方更低的成本，给这些公司提供资金，同时也能给他自己带来高回报低风险的获利机遇。

弗莱彻交易成功的另外两个主题是创新与风险控制。尽管弗莱彻的具体做法无法直接被普通投资者采用，这两点原则仍然是所有市场参与者值得追求的目标。

---★---

"兄弟"小阿方斯·弗莱彻的近况

熊市期间，弗莱彻成功保住了资本，但没能维持他的收益。从熊市开始（2000年4月）到2002年9月，弗莱彻的原始基金只获得了微不足道的累计2%的收益。当然，相比于标普500指数累计下跌45%、纳斯达克指数累计下跌75%的股票市场，这样的业绩还是相当不错的。

自两年多前熊市开始以来，你的旗舰基金只上涨了几个百分点。这比指数的表现要好得多，但在熊市到来前，你原本的目标就仅仅是在股价持续下跌期间保住资本，还是仍然能达到每年两位数的收益率？

我们对冲所提供的保险能让我们成功保住资本。然而，它并不能带来高质量的投资机遇。尽管我们在看更多直接投资于企业的机会，但有趣的是，还不错的机会越来越少，这让我们的激进基金收益率远低于历史平均值。然而，我们更保守的收益套利基金却持续表现亮眼，自熊市以来平均年化回报率接近9%。

在过去两年多的熊市期间，你学到了什么你之前不了解或是没有完全理解的事？

与其说是学习，不如说是强化。过去两年的市场强调了流动性以及耐心这种美德的重要。我们控制不了好机遇何时出现，但我们肯定能尽力保住本金等到机遇出现的时候。

你核心策略的要点就是为企业提供融资。因此公司账务的准确性对你的策略至关重要。鉴于这点，你被会计欺诈的情况伤害过吗？现在这种情况似乎已经司空见惯了。

我们策略的要点在于直接向公司投资，幸运的是，我们还没有因为现在这些会计事件受到伤害。早在最近这一系列丑闻出现之前，我们就断定不是每家公司的财务报表都完备且准确。这种持怀疑的保留态度让我们规避了一些问题的出现。

|艾哈迈德·奥库穆什|

从伊斯坦布尔到华尔街

艾哈迈德·奥库穆什16岁的时候，去参观了刚开业的伊斯坦布尔证券交易所大厅，深深沉迷其中。他醉心交易之中，而在伊斯坦布尔交易所，交易更接近于投机，而不是投资。没过多久，他最初的兴趣就渐渐变成了痴迷，他开始经常翘课去交易所交易股票。

奥库穆什知道自己想成为一名基金经理，也意识到想实现这个目标，美国的机会最多。1989年，他移民到了美国，表面上是为了去上大学，但他深信不疑，这将是通往他真正职业目标的跳板。1992年，奥库穆什用他妈妈的15000美元开始投身于美国股票交易。最初的投资本金到2000年初时已经增长至超过600万美元，年平均复合回报率（总回报率）达到107%。1997年，他创立他的首个对冲基金，奥库穆什机遇基金。

我在奥库穆什曼哈顿的办公室采访到了他，房间普普通通，不算特别。走出电梯，一位接待员迎接了我，显然这不是奥库穆什的员工，而是全楼层共用的接待员。奥库穆什的办公室很小，很有必要粉刷一遍，里面放的家具也都很难看。只有一扇窗户，没有什么视觉上的放松，只能看到旁边的建筑，让人都有些幽闭恐惧了。这间办公室有一点值得称道：租金便宜——实际上，完全免费（委托业务的福利）。奥库穆什显然对此很骄傲。从他的办公室到他的会计师，他一路畅谈自己是如何敲定划算的买卖，他说："这是我的天性。我热衷于成交划算的交易。我可不会全额支付。"以这句话作为他交易理念的概括，恰到好处。

在我采访他时，奥库穆什与他的大学同学泰德·科克利三世共用着他的小办公室，而这位同学正是他请来做宣传和各种行政工作的。（后来员工增加了，需要搬到更大的地方去。）科克利之所以信任奥库穆什，是基于他的个人经验。大学时，他是奥库穆什的第一位投资者，给了奥库穆什1000美元去投资（分为两期500美元）——7年后这份投资增长到了12万多美元。

在1998年之前，奥库穆什业绩最差的一年收益率（总回报率）是61%。1998年，标普指数上涨28%，他却只获得了微不足道的5%收益。而我在1999年年中对他进行了专访，问起了他1998年一反常态的表现平平的业绩。

★

去年怎么回事？

事情都发生在12月。月初的时候，我的年回报率还高于30%。我想着互联网股票上涨有些狂热。估值已经涨到了我们从没见过的高度。比如说，嘉信理财（Schwab）已经上市超过10年。我做空的那个时候，衡量股价估值的比率——每股销售额、每股收益、每股现金流量（盈利加上折旧额和摊销额）、每股账面价值——都达到了历史最高值。（他说起这些事的时候，声音里明显传递出他经受的痛苦。）

这些比率当时达到了什么水平？

举个例子，市盈率是54。作为对比，这只股票在此之前的峰值，市盈率也就在20—35之间。

这些估值数值一直在创历史新高。是什么让你在那个时间节点决定做空？

内部人士（公司管理层）在大肆抛售。在嘉信理财，内部人士总是在卖出，但这次内部抛售尤为严重。

出于好奇问一句，为什么嘉信理财的内部人士总是净卖家？

因为公司给管理层发了太多期权，这些期权会随着时间的推移而被行使。

你做空之后发生了什么事？

这只股票一周内涨了34%，我最终平掉仓位的时候还在上涨。

你在1998年12月还做空了什么其他的互联网股票或是与其相关的股票吗？

亚马逊。

你是如何评估亚马逊这种没有盈利而导致市盈率无限大的公司的呢？

按传统观念评估不了。然而我知道什么价格是不应该的，而亚马逊就在那个价位。我做空的时候，亚马逊的市值（股价乘以流通股数量）是170亿美元，这使得它相当于美国第四大零售商。我觉得这也太夸张了。

还有，在圣诞销售旺季后的第一个季度，图书销量飞速下滑。我想下一季度可能下降的销量额会导致股价下跌。我做空时，亚马逊上年度上涨了9倍，前两个月上涨了4倍。

你做空的时候，亚马逊的交易价是多少？

我没有真的做空，我只是卖出了价外看涨期权。（在这样的交易中，期权卖方接受以高于市场价格的特定价格卖出股票的义务，以此收取一笔权利金。）由于我卖出的是价外期权，股价仍然可以大幅上涨，并且我不会亏损。我当时想着我也许判断失误了，股票还会上涨一些，但我没想到它还能涨这么多。

你卖出期权的行权价是多少？[1] 当时市场价又是多少？

股价在220美元左右，我卖出的是行权价为250美元的看涨期权。股票要再涨30个点我才会在这笔交易中亏损。

你卖出期权的价格是多少？

我是以1.125美元的价格卖出的，但当时离到期日只有3天了。我当时觉得股票不会在3天内上涨15%。就在我做空的第二天，这只股票的一名著名分析师就

---

[1] 行权价是指期权买方通过行使期权可买入股票的价格。当然了，他们只有在期权到期时市场价高于行权价的情况下，才会行使期权。

修改了他的价格预测，股价已经超过了他的预期，他将股价预期从150美元调整到了400美元。一夜之间，这只股票从220美元涨到了260美元，再过一天就涨到了将近300美元。我以1.125美元卖出的期权如今价格已经到了48美元。（期权交易的交易单位为100份，也就是一张。因此，他以112美元卖出的每张期权如今价值4800美元。）

那场交易让你亏损了多少？

那场交易真的让我大伤元气。亚马逊让我亏损了17%的资产净值，嘉信理财又让我亏了12%。

你以前也用过这样的策略吗——我是指卖出价外看涨期权？

当然用过，但是这样的价格波动之前完全没有先例。去年有许多互联网股票翻了二三十倍，但我压根没碰它们。我只驻足于我最熟悉的领域里：基本面和价值。

这整件事让你学到了什么？

不要做空互联网股票（他笑了）。

还有什么更广泛的教训吗？

不要在过于狂热的时候介入。就关注那些有一定可预测性的事情就可以了。你是无法预测狂热的。如果一只价格应在10美元的股票现价已经到了100美元，谁知道它能不能涨到500美元呢。

在整个过程中，你的情绪如何？

搞笑的是，12月初我就已经沮丧了，因为一年快结束了我的收益率才只有25%，是我业绩最差的一年了。我在亚马逊和嘉信理财这两只股票上亏损之后，当年业绩勉强为正收益，我大受打击。我还记得我和女朋友一起去了布鲁明戴尔百货公司，在店里根本待不下去，因为每次我看到价标的时候，就会想到股市的事。我们就在那儿待了10分钟，我就不得不逃离。在我退出这些交易一周后，我仍然不敢看《投资者商业日报》的每日股市专栏。

这是你在股市里最受挫的一次吗？

绝对是。迄今为止最糟糕的就是这次，我之前从来没有过这种感觉。

但我回顾你的业绩记录，发现1998年12月你亏损了16%，这只是你业绩第二差的月份。1998年8月的损失比这严重得多，你亏损了53%。1998年8月这个看上去糟得多的月份，怎么会没太影响到你的心情呢？

1998年8月我的业绩亏损如此严重，是因为这个月股市大跌的时候我正好投入了200%的多头。尽管8月我业绩下跌了那么多，我仍然对我持有股票的基本面很有信心。它们只是以离谱的低估值在出售。我投资组合的市盈率只有5。有些我做多的股票，股价比净现金还低——简直闻所未闻。我知道我持有的股票都物超所值，也知道它们不会一直处于低点。相比之下，12月的时候我亏损是因为我做空了互联网股票，真的没法知道它们什么时候才停住上涨的脚步。

所以8月和12月的区别在于你的信心程度：8月你尽管亏损更多但仍信心满满，12月你觉得已经失控了。

没错。

尽管你只用了两个月就弥补了8月的巨大损失，你会不会还是觉得熊市期间做多200%是个错误？

确实有这种感觉。这也使我在1999年年初做出了我交易法则的三个重大改变之一。其中第一点，也就是我们之前提到过的，不参与狂热。第二点是无论做空还是做多，都别加到超过100%的净头寸。（1998年8月，奥库穆什是200%多头和0%的空头，也就是200%的净多头。）

那你交易法则的第三点变化是什么？

我开始用期权来降低下跌波动性。

你是因为投资者的意见反馈才这样改变的吗？是不是有一些对你净收益印象深刻的投资者被你收益的波动程度吓到了，特别是1998年8月你亏损53%的那一次？

没错，我做出这些改变完全是因为受了投资者反馈的影响。投资者跟我们说，他们不想要月度波动性那么强。所以，我开始更关注月度业绩。从前，我只为我自己、家人和零星客户打理资金的时候，我唯一的目标就是长期资本增值。我就像是在跑一场马拉松，只关心我的完赛时间，不在乎分赛段时长。如今，我为那些在意月度业绩的投资者所管理的钱与日俱增，像是尽管我跑的还是一场马拉松，但所有人都会关心我每一个百米的成绩。因此，尽管我的主要目标还是长期资本增值，我也会更关注月度业绩，因为我想要将这只基金发展壮大。

你最初是如何涉足股市的？

我对于金融和货币一直很感兴趣。小时候，我会像我的小伙伴那样读报纸的体育版，但我也会读金融版。1986年，伊斯坦布尔交易所成立。1987年以前，报纸甚至没有股市专栏。当它们开始报道股价时，我每天都会关注股价变化，它深深吸引了我。我想，如果你够聪明的话，就能从中赚到钱，因为价格变动总得有个原因吧。

起初，我只是看报纸上的价格变动。接着我意识到证券交易所离我的学校很近。有一天，我翘课去了交易所，看看这到底是怎么运作的。

描述一下伊斯坦布尔证券交易所。

现在已经完全现代化了，当时大厅正中央有一个围栏，把场内经纪人和观众分开。在大厅的正前方有板子写着每只股票的买入价和卖出价。

当时有多少只股票在交易所交易？

大概30只吧。

是每只股票都有一个场内经纪人吗？

不是的，场内经纪人效力于不同的经纪公司；他们想交易哪只股票都可以。

如果你想买入或者卖出一只股票，要怎么和经纪人交涉？

你就直接喊："嘿，过来一下。"

这个交易所有多大？

噢，大概有10个这间办公室那么大吧（给这句话翻译一下：超级小）。

在你做第一笔交易之前，你观望了股市多久？

我观望了有几周吧。有一只建筑公司的股票，我知道这家公司一直在签新合同，却几乎每天都在跌。我根本想不通，所以我决定买入点股票。那个经纪人警告我让我别买这只股票，跟我打包票说还会跌到更低。但我还是买入了这只股票，因为我知道那是家好公司。在我买入两周后，这只股票就翻倍了。这样的经历让我深深沉迷其中。我告诉自己，我的想法奏效了。我意识到股价变动是有原因的，我决心找出其中更多原因。

那时候，根本没有市场调研这种东西。我开始自己研究。伊斯坦布尔证券交易所公布了记录有当年及往年收入、盈利、债务和其他一些统计数据的表格。没人关心这些数字。由于当时没有关于股市的图书或文章，我就试图从逻辑上理解这些数据。

例如，如果一家公司每100美元的销售额获利20美元，我就认为这家公司不错；如果每100美元的销售额只盈利2美元，我就认为它不是那么热门的股票。我查看了已发行股票及其利润额，然后计算出我认为股价应处于的价位。事实上，我自己创造出了市盈率的概念。我去美国上大学的时候，我发现市盈率和其他我查看的数据就是人们拿来分析股票的基础数据。

在你第一笔交易盈利后，你接着也一直盈利了吗？

我的业绩很不错。在大概一年之内，我用的经纪公司内的经纪人就开始听取我的建议。在这一年里，土耳其股市大盘从900点跌到了350点，又涨回到900点。在大跌期间，我的表现好于保住本金，等到大盘上涨时，我的业绩又是一张满意答卷。

你是如何在股市大盘暴跌期间小幅获利的？

土耳其股市投机性很强。交易所有每天10%价格变动的限制（任何股票当天股价无论涨跌，最多只允许变动10%。一般来说，当大盘涨幅达到上限时，交易实际就停止了，因为买家很多，卖家很少。当大盘跌幅达到上限时，情况也是一样。）每日股价涨跌停非常常见。我有这么条规则，如果一只股票连续3天跌停，我就买入，然后第一次反弹就卖出。

也就是说，你利用了这种过度投机。你现在还会这样交易吗？

不，我现在交易都看基本面了。

假设你选股是因为青睐其基本面。那你如何决定何时买入？你还会等一次暴跌再买入吗？

不一定。我脑子里对股票的真正价值有个概念，当股价相比那个值够低时，我就会买入。比如说，假设我认为某只股票价值35美元一股。为了给我自己留出比较宽的安全边际，我可能会在其跌到20美元左右时买入。

你总是等到股票达到你的目标价格才买吗？

那肯定。我从来不急。我会耐心等股价达到我预期的那个数字。

以这个方法，我想你错过了很多只股票。

确实如此，但我的主要目标是每笔投资都能赚钱，而不是不错过每笔交易，我无须每笔交易都赚得盆满钵满，只要有赚就可以了。从1992年至今，我90％的交易都是盈利的。

你研究并买入的股票，有多少比例真的降到了你预期的价格呢？

不多，大概10％—20％。我会关注同行其他价值型基金经理的操作，我知道他们为什么买入某些股票。我比他们的条件要苛刻得多。他们可能愿意买入市盈率16的公司股票，然而市盈率超过12我就不愿投资了。"低买高卖"这句话很多人都挂在嘴边，但真正做到的人却很少。我实际上就是这样做的。

你是什么时候来美国的？

我1989年来这儿上大学。有趣的是，当我在土耳其股市交易时，股市从900点跌到350点又涨回到900点，在我来美国的6个月内，大盘从900点涨到了4000点。我当时很不开心。

你当时只是想来念大学，还是打算长期留下来？

我最初的想法是在美国成为基金经理。这里有最大的股市，在美国机会是无限的，而土耳其的机遇实在有限。

你来这前了解过美国的股市吗？

没有，但我来美国的第一天，就开始关注美国股市。我想了解到底是什么导致股价涨跌。

你最初是怎么做的？

尽可能多阅读相关内容。

你觉得哪些书最有用，或者说最有影响力？

我很喜欢诺曼·福斯巴克所著的《股市逻辑》。比如说，正是这本书教会我关注内部人交易（公司内的高级管理人员和董事会人员所执行的买卖），在我的方法中这一点也非常重要。我还觉得沃伦·巴菲特的方法论也非常有用。

沃伦·巴菲特的方法论哪方面比较吸引你？

确定股票的价值，然后以该数字的折扣价买入，以获得安全边际的概念。

还有什么别的书你觉得比较有用？

彼得·林奇的《彼得·林奇的成功投资》让我知道了常识在股票投资中的重要性。彼得·林奇还指出，如有大量内部人员买入股票，你在这只股票上成功的概率就会大得多。

你如何判断内部买入的量是否很大？

我会对比其买入股票的数量和他的净资产还有薪水。比如说，如果他买入的股票比他的年薪还多，我就认为其买入的量很大。

所以你看的是内部人员买入的详细数据，而不只是买入份额。

我心细如发。我不觉得会有人比我更关注内部人交易。

解读内部人交易还有什么重要事项？

你得确保内部人买入是代表买入新的股票，而不是行使期权。

内部人交易是绝对的必要条件吗？还是说，有时即使没有内部人交易，你也会买入达到你目标价格的股票？

大多数情况下我不会这么做。我想看到那些内部人员将他们的钱投入他们自己的公司。当然了，如果管理层已经拥有了大比例的公司股权份额，就不需要再买了。比如说，我最近很看好的 J. D. 爱德华（J. D. Edwards），其内部人员已经拥有了该公司65%的股权，那我就不需要再看到额外的买入交易了。相反地，在某些公司，内部人员只拥有大概1%的该公司股权。在这些内部人员持股较少的公司，管理层的工作动力主要是工作保障和更高的奖金，而不是更高的股价。

你是通过电脑进行研究，还是自己研究？

自己研究。我觉得这是最好的方法，因为可以学到更多东西。

你关注哪些股票？

纽约证券交易所和纳斯达克的股票我都关注。

粗略估算有多少只呢？

一万只左右吧。

你怎么做到自己研究一万只股票的？

我每周花100个小时在这些研究上。在过去的11年里，我或多或少地跟踪研究过这些股票，这是个很庞大的数字。我也密切关注那些创了52周内新低的股票。一家我之前研究认定过的好公司，不一定非要创下新低才会引起我的兴趣。如果跌了很多，即使没有跌至新低，我也会入手。

你是如何知道哪些股票出现大幅下跌的呢？

除了查看出现52周内新低股价的列表，《每日图表》上还涵盖了我关注的一半左右的股票，我每周会查看有没有股票大跌。

所以你一直关注的就是那些大跌的股票。

一直如此。我通常不会考虑买一只股票，除非它从最高点下跌了60%或70%。在我交易美国股票的7年间，我从来没有持有过股价创下新高的股票。我觉得这应该是很不寻常的说法。

你的意思是当你翻阅图表的时候，只关注那些下跌的股票？

没错，只有一种例外：如果股票一直横盘，但盈利一直在增加，我可能会关注一下。

那是不是所有你买入的股票都是在近期低点或者接近低点的价格买入的呢？

也不全是。如果是一家我了解且基本面强势的公司，即使远高于其低点，我可能还是会做多。比如说，微芯科技（Microchip Technology）现在的股价是35美元，比其50美元的最高价低得多，但也比去年的最低价15美元要高出不少。尽管它比最低价高出不少，我还是卖出了该股的看跌期权，因为他们的业务正在极快扩张。

卖出看跌期权就代表一种看涨头寸。看跌期权的卖方收取权利金，以履行在期权有效期内以行权价买入股票的义务。如果股价在到期时低于行权价，买方行使期权，那么该义务则应当被履行。

比如说，假设一只股票交易价为13美元，行权价为10美元的看跌期权价格为1美元。如果期权到期时，股票的交易价高于10美元，则卖家会拥有每份看跌期权1美元的利润（一张期权有100份，所以一张期权的利润为100美元）。如果这只股票在期权到期日时交易价低于10美元，期权被行权，无论股价多低，期权卖方都必须以10美元的价格买入股票。

奥库穆什通常卖出的都是行权价低于当前市价的看跌期权（称为价外看跌期权），如果股票是小跌、不变或上涨，他都能从期权买方那获得一笔权利金，从而获利。然而，如果这只股票大跌，他在期权到期时，就必须要以高于市场价的价格（行权价）买入这只股票。

是什么促使你卖出看跌期权而不是直接买入股票？

任何我卖出看跌期权的股票，我都很乐意拥有他们的股票（行使看跌期权，要求奥库穆什以行权价买入该股）。如果我不愿以行权价拥有这只股票，我就不会卖出其看跌期权。

比如说，我目前在卖出行权价为10美元的J. D. 爱德华的看跌期权，它的股价接近13美元。我希望他们把股票卖给我，因为我很乐意以10美元的价格拥有它。如果他们这样做了，我仍能赚到权利金，而如果我以10美元的价格买入该股，我很清楚我能赚到钱。

但大多数我卖出看跌期权的时候，股市从未跌到过足以行使期权的程度。当然，这也没关系，因为我仍然有权利金作为利润。

也就是说，卖出看跌期权，也是你买入股票的一种方式。如果没有跌至行权价以下，你仍可以赚取权利金，如果跌至行权价以下，也没关系，因为那个行权价也是你愿意买入股票的价格。

没错，通过卖出看跌期权，我在等待股票跌至我的目标价格的同时从市场上获得收益。此外，对于某些股票，可能卖出看跌期权是唯一的盈利方式，而不是买入。

比如说，价值股近年来颇受冷遇。有些股票的市盈率才5—6。公司盈利在增长，内部人士在买入，但股价却一直横盘。与此同时，标普指数却在疯涨。你买这些股票挣不到钱，但是卖出其看跌期权却可以。如果卖出看跌期权，你对股票上涨的预测不必是正确的，你赚钱只需要股票别下跌太狠就行。

假设有一只股票股价为35美元，你决定在股价到30美元就买入。为什么不一直卖出30美元的看跌期权并一直收取权利金呢？一旦跌到30美元，你就能买入。这样，无论股票有没有跌到30美元，你都能赚取权利金。

因为你总得考虑到你的机会成本。如果我卖出看跌期权，我就得投入保证金。有时通过卖出看跌期权所收取的权利金并不值得我投入那么多保证金，我可以把这笔钱投资到别处获得更好的回报。

我们说回你刚到美国的那会儿。你之前说你一到这里就开始研究起美国股市了，也就是你刚开始上大学的时候。你是如何在大学学业和股市研究中分配你的时间的？

平均下来大概35%的时间用于在学校学习，65%的时间用来研究股市，但是股市占据的这部分时间是随着时间推移渐长的。我大四那年刚开始的时候，我把90%的时间都投入到了股市里，最后辍了学。

你在准备拿到学位前一年退学，没有一点不甘心吗？

没有，因为我等不及要着手开始了。而且，我主修金融，我的老师对于股市和投资还没我知道得多。

他们在大学里教了你哪些有关股市的东西？

他们会教你理论，但大多数情况下这些理论都不奏效。

比如说？

有效市场假说（市场会立刻反映出所有已知信息的理论），在我看来这简直荒谬。

为什么觉得它荒谬？

因为不同的市场参与者研究质量大相径庭。市场价格会反映出所有投资者的平均评估。如果你做了大多数人做不到的研究，你就可能会发现某些股市中大部分人不知道的事，并因此获利。我知道很多我持有的公司的事，大多数投资者都不知道。因此，我对这些公司的评估就不会和他们一样。为什么一只股票会一直处于正确的价格呢？

当你买入股票的时候，你在买入时知道什么时候你想要卖出吗？

当然。在基本面条件不变的前提下，我一直都有一个卖出的目标价格。如果基本面向好，我也许会提高我的目标价格。

这个目标价格是基于什么决定的呢？是某个具体的盈利比例吗？

没错，是一个盈利比例。

是多少？

要看我买入的价格有多低，平均是20%—25%吧。

你的做法听起来与彼得·林奇完全相反，他说你应该买入"10倍股"（买入你认为能涨10倍的股票），你甚至都不打算翻倍，甚至离翻倍还有很大一段距离。

我从不追求全垒打，这就是为什么我在熊市里表现不错。

我想，你卖出一只股票后，会在其下跌后再把它买回来。

当然，只要基本面不变我就会这样做。

但你会不会经常发现自己在某只股票上获取适度的利润了结后，这只股

票就再没有跌到让你有机会再次买入的程度？

这种事经常发生，但我并不担心。我的主要目标是不亏钱。如果你能一直赚钱，你就做得不错。

你的大多数交易历史都是小额交易。如今你开始运营基金，业绩也不错，资金量会大幅度增加。用更多的资金去交易会不会影响你的交易方式？

对我没什么影响。我买入的股票都是赫赫有名的大品牌，流动性也很好。这样做是刻意的。我最初投资时，就觉得我必须从大处着想。因此，我确保自己采用的投资方式可以应用在更大笔的资金上。

你从事交易的这一阵恰好是史上最高涨的牛市之一。如果我们进入大熊市，你的方法效果如何？

我正希望进入熊市呢。所有的动量交易者都将玩儿完，所有的互联网股票交易者都将玩儿完，所有的成长型股票交易者将玩儿完，然而价值型股票交易者将表现得不错。我买入的股票已经处于熊市了。它们的市盈率才5—6。它们已经没有太多下跌的空间了。记住，我买的股票本来就已经从它们的峰值下跌了60%—70%。

好，我现在明白为什么你会比使用其他方法的投资者在熊市中的损失少得多了。但如果标普指数跌个20%或是30%，我认为你持有的股票还是会跌的。

那没关系，我就继续持有就好了。我了解我所持公司的价值。我投资时不会质疑自己的决定。有很多基金经理会有一些规则，所持股票跌幅超过某个值，比如7%或者10%，就必须退出。他们之所以必须这么做，是因为他们不确定自己买入的股票到底价值几何。我在自己买入的所有股票上都进行了大量的研究，我很清楚其真正价值。事实上，如果一只我买入的股票跌了10%且基本面不改变，我可能会加仓。

但如果你从没有止损点，如果你买入的公司破产了怎么办？这样的事如果发生了，对你的投资组合会有多大的影响？

永远不可能发生这种事。我不会买入任何有丝毫可能破产的公司。我买入的公司，都是资产负债表良好、账面价值高、长期业绩稳定、管理优秀，同时有大量内部人员买入的公司。这不是那种会破产的公司。

你如何知道自己的持仓是错误的？

如果基本面有变，股票不再符合我以当前价格持有的标准，我就认为持仓是错误的。

如果价格趋势对你不利，但基本面不变呢？

那我就加仓。

你在同一时间通常会持有多少只股票？

大概10只吧。逻辑很简单：我最看好的10只股票的表现肯定比我最看好的100只要好。

你最多会分配投资组合中多少比例的资金在单只股票上？

目前，我单只股票持股最多大概占投资组合的30%。以前曾高达70%。

听起来这已经是单只持股非常大的仓位比例了。如果你这笔交易出了岔子怎么办？

我会确保我对基本面了如指掌，确保自己不会出错。

但也许这只股票会因为一些你不知道的原因下跌呢。

不可能。

你怎么能说得这么斩钉截铁？

因为我了解我买入的公司。比如说，如果我以每股7美元的价格买入威盛软件（Viasoft），这家公司每股有5美元现金且无负债，那我能亏多少——2美元？

你是怎么做空的？

我会找那些市盈率很高的股票。然而，去年我在互联网股票上栽跟头之后，我就加了一条规则，必须得有个催化剂。如今，无论一只股票的估值高得有多离谱，我都不会在没有改变风向的催化剂时做空。

所以你去年做空亚马逊和嘉信理财的时候，除了犯了在市场狂热时做空

这个错，还错在没有催化剂就做空了。

你说得没错。即使这些股票估值过高，但基本面仍然很强势。尽管亚马逊没什么盈利，他们的收入也持续在提升，销售额目标也达到了。只要是这种情况，市场就不会大幅卖出这只股票。

看来，你很难将自己的方法应用在做空上。而在做多上，你买入的是那些已经暴跌过、股价代表着高价值的股票。也就是说，你会在你的风险相对较低时买入。相比之下，你做空时，无论你在多高的价位做空，风险都没有上限，这与你买入的方式恰恰相反。那你是如何做空的呢？

我会确保在我做空前，其基本面已经崩溃。即使嘉信理财如今市盈率高达100，只要其基本面仍呈提升态势，我就不会做空它。我会等到基本面开始恶化的时候再做空。

但即使基本面在恶化，你可能也会遭遇另一波让股价上涨的市场狂热。

只要基本面崩溃，这种市场狂热就会烟消云散。比如说，几年前，有过一阵艾美加(Iomega)狂热。基本面一开始崩溃，狂热就结束了。

但你怎么解决风险没有上限这个问题呢？

我的多头全都是长期投资，但我的空头由于风险没有上限，都会是短期投资。

你如何评价华尔街研究报告的质量？

不怎么样。

为什么？

大多数分析师对于一只股票为什么处于某个价位，都给不出一个符合逻辑的原因。只要公司运转良好，他们就不关心价位如何。一般来说，如果一只股票达到了他们的目标价位，即使基本面完全不变，他们也会把目标价位提高。

我们见证了20世纪90年代极为壮观的牛市。基本面是否证实了这样的涨幅是合理的？

我认为，我们见证了这场股市史上最大的金融狂热有两个原因。首先，股市的市盈率正处于历史高位。其次，公司的平均利润率也处于历史最高水平。

你说的平均利润率是指什么？

销售额所带来的利润。比如说，如果利润率是20，就说明这家公司每100美元的销售额都能带来20美元的利润。

那为什么高利润率是不好的信号呢？

因为那就没有多少进步的空间了。

你都读些什么？

什么都读，包括财经杂志和报纸、大量的公司报告和所有行业期刊。我读什么行业期刊取决于我现在所持和将来看好的头寸。比如说，去年我持有一家生产治疗泌尿系统疾病产品的公司股票，所以我会阅读《泌尿系统时报》。

在买入一只股票之前，你使用的具体的检查清单是什么样的？

股票必须符合以下标准：

1.这家公司在每股盈利、每股收入和每股现金流的增长上都有着良好的记录。

2.公司的账面价值（如果公司所有资产被清算并还清债务，每股理论的价值）有吸引力，股本回报率较高。

3.股价大幅下跌，通常是股价在历史低点附近。但是这样的疲软必须是由短期因素造成，其长期基本面仍然良好。

4.有大量内部人士买入或持有。

5.有时，一家公司的新任管理团队过去有过扭亏为盈的历史业绩，这可能对买入股票是个加分项。

你的交易规则是什么？

▶ 自己研究，确保你了解自己所要买入的公司。

▶ 买在低点。

▶ 要自律，别感情用事。

你的目标是什么？

我的目标是成为业内最好的基金经理。在这只基金10周年的时候，我希望这10年业绩是最好的，近9年也是业绩最好的，以此类推，一直到5年。比5年还短的记录，可能只说明了某个人运气不错，或是用了股市暂时青睐的投资风格。

---------★---------

奥库穆什已经形成了自己的交易风格，这种风格肯定会让他错过80%—90%他认为可以盈利的股票，而且他买入的股票中，盈利幅度都不高。他还夸耀自己从未持有过股价创新高的股票。这些听起来不像是一个伟大的交易方法的特征。然而，这些看似有缺陷的特征，正是他成功不可或缺的因素。奥库穆什只有一个终极目标：选出盈利概率极高、风险极低的交易。为了达成这一目标，他必须心甘情愿放弃很多赢家股，少赚很多钱。奥库穆什对此处之泰然。他的方法能让他90%以上的交易盈利，年均收益率高达3位数。

奥库穆什的交易是以划算的股价买入基本面良好的股票。他会找那些盈利、收入、现金流都增长良好，也有大量内部人士买入或持有的股票。然而，坚实的基本面只占一半。股票还必须有极具吸引力的价格。一般来说，奥库穆什买入的股票都从其历史高点下跌60%或更多，且市盈率在12以下。他也偏爱购买股价尽可能接近账面价值的股票。很少有股票同时符合奥库穆什对于基本面和股价的要求。大多数符合他的基本面要求的股票，从未跌到他的预期买入价。他调研过上万只股票，但无论何时他的投资组合里只会有大概10只股票。

在本书《股市金融怪杰》和两本前作中，频繁提到一条古老的交易金句：减少你的损失。然而奥库穆什的方法似乎和这一传统智慧背道而驰。奥库穆什不认为股票亏损就得清仓。事实上，如果他买入的股票股价下跌，他可能还会加仓。奥库穆什是怎么能在和如此多优秀操盘手的建议背道而驰的同时，又如此成功的呢？

这并不矛盾。通往交易成功的道路有很多，尽管没有一条特别容易找到或坚持下去的。止损之所以重要，是因为这代表着一种风险控制。尽管所有成功操盘手的交易方法中都包含风险控制，但并不都是以止损的方式来控制风险。奥库穆什做到风险控制，靠的是使用极其严苛的选股流程：他只买入已经从历史高点下跌超过50%但财务状况良好的公司的股票。他很确信，他买入时股票的风险都极低。为了确保万无一失，奥库穆什放弃了很多可以盈利的交易机会，但由于他在选股上极其严格，从而可以不采用止损原则来实现风险控制。

奥库穆什还有一个用于提高业绩的技巧，就是卖出他期望持有股票的价外看跌期权。他所卖出的期权的行权价，正是他愿意买入这只股票的价格。这样做，如果这只股票没能跌到他的目标买入价他也至少能有些获利，如果跌到了他的买入价格，权利金的获得也降低了他的购股成本。

奥库穆什很有纪律，也很有耐心。如果达到他严格选股标准的股票寥寥无几，他就一直等，等到这样的机会出现。比如，在1999年第二季度末，奥库穆什只将13%的资金用于投资，他当时表示，"没有划算的交易。在我找到股价低廉的股票前，我不会冒险投资。"

艾哈迈德·奥库穆什的近况

在熊市的头两年里，奥库穆什仍在稳步前行，他的旗舰基金在2001年和2002年分别取得了49%和31%的不俗收益。然而，在2002年，奥库穆什的前进步伐有所停滞。9月时，奥库穆什的基金跌至低点，年初以来跌幅超过40%——与遭受重创的纳斯达克指数跌幅相同，远高于标普500指数的29%的跌幅。即使经受如此巨大的损失，奥库穆什的累计数据仍甩开指数数据一大截：自成立（1997年8月）以来，他的基金上涨了218%，而同一时段，标普500指数下跌了14%，纳斯达克综合指数下跌了26%。

奥库穆什2002年遭受巨额亏损有两个原因。首先，他因随后将会讨论到的一些原因转为看涨，在股市持续暴跌的时候将他的净多头头寸提高到了超过100%的程度。其次，他的分析表明，最划算的交易对象是科技股，奥库穆什集中持有了这个板块的股票，然而2002年这个板块惨遭重创。在进行这个跟进采访时（2002年8月），奥库穆什所持股票年初以来跌幅已经达到了21%——到下个月月底时（写作本文时），跌幅几乎翻倍了。

奥库穆什买入的都是他认为被严重低估的股票。只要基本面不改变，不管股价跌到什么程度，他都会继续持有。这种方法既是他经历周期性大幅下跌的原因，也是这些下跌之后会出现大幅反弹的原因。自1997年奥库穆什的旗舰基金成立以来，其经历了3次大幅缩水：两次缩水20%，一次则缩水高达惊人的53%。在这3次中，基金都在缩水期结束后的两个月内反弹至新高。奥库穆什能否第四次看见这样迅猛的反弹？到本书印刷时，答案应该就水落石出了，但我不会赌他输。（后续更新：在一个月后校对这章时，奥库穆什已经弥补了整年的损失。）

我认为你最近净多头头寸是几年来最高的一次，我说得对吗？

对，自1998年夏季以来，最近是净多头头寸最高的了。

是什么驱使着你？

低估值和内部人士买入。在科技股板块，我们见证了13年来最大规模的内部人买入。举个例子，比如太阳微系统公司（Sun Microsystems），10年来内部人士都在卖出股份。然而两个季度前，他们不再卖出，上个季度甚至买入了一些股份。就在昨天，有新闻称，首席技术官购入了100万股！

熊市期间你有没有转变过方法？

没有，我用的还是那一套。我们投资就像商人购置资产一样。如果我们以9美元买入了价值20美元的股票，它可能会跌到6美元，但只要我们对于价值的评估没问题，最后肯定能赚到钱。

你现在总共管理多少资产？

超过5亿美元。

与我们第一次专访相比，增长幅度可谓是相当大。那时候，你的投资组合还非常集中。鉴于你管理的资产大幅增长，我想你不能再像之前那样集中

投资了吧。

我们过去大概会有10个头寸，现在把多头和空头一起算进来，大概接近20个头寸。然而我们资产的大头，还是主要在大概10个头寸里。

所以你的投资还是非常集中。

我刚才说了，我们一点儿也没变。

尽管你持有的公司基本面看起来还是很稳健——就如你自己所说的那样，你以9美元的价格买入了价值20美元的股票——你的估值所基于的基本面是否有可能因为有问题，甚至是欺骗性的会计而产生误导？而且你的投资组合非常集中，难道不存在公司财务造假的单一事件就可能对业绩产生巨大负面影响的风险吗？

不会，因为我们不会买入负债的公司。最近的风波中，所有被牵扯进去的公司都负债累累。他们创造了资产负债表外项目或不当地挪移费用，以隐藏他们的债务。此外，内部人员买入也是我们大多数多头头寸的重要特征。你认识几个内部人士会在公司财务造假后还买入自己公司的股票？

你从来不买有债务的公司吗？

凡事不能说得那么绝对。但我们买入的公司，有负债的比例不超过10%，在这些有负债的公司里，它们的债务股本比低于30%。

你们现在有多少员工？

18个。

你还记得我第一次采访你时，你们有多少人吗？

（他大笑了许久。）我还记得你对我办公室的评价："家具廉价难看。"如果我是投资者，我会喜欢这样。

在我们上次专访过后，你创立了一只市场中性基金。你创办新基金的动机来源于什么？

这其实是约翰·邓普顿爵士的主意。他对股市充满担忧。他觉得将我的选股技巧与市场中性策略相结合颇有意义。我也觉得这主意不错，但我之前很犹豫，因为我不想花太多时间去思考做空，我担心这会影响到我对于做多的研究。我把这些忧虑解释给邓普顿听的时候，他说："你为什么不通过做空股指来弥补你空头和多头头寸之间的差额呢？"我觉得很有道理。这个想法很简单，却很有效。这使得我能在不影响我管理净多头基金能力的同时又能启动市场中性基金。

在我们之前的采访中，你将之前的牛市称为"狂热"。纳斯达克指数从峰值下跌了80%，处于7月的低点，标普指数也下跌了50%，处于低点，你觉得这个价格水平是否已经充分纠正了之前的过高估值？还是说你觉得熊市会继续下去？

谁知道呢，我只知道我以划算的价格持有了优秀的龙头企业。

|马克·米勒维尼|

昼夜不停的股票交易者

　　米勒维尼显得有些自满，不是因为他觉得自己跑赢了市场——事实上，他的整个交易理念都基于对股市的尊重和对自身缺陷的认识——而是他觉得他比大多数同行都强。而且坦白讲，如果他能在未来继续保持他过去5年的非凡业绩，那他这种自满还真有几分道理。我感觉，作为一个自学成才的辍学者（从初中起就辍学了！），他对于自己已经远超那些想设计出系统以跑赢市场的博士生感到格外高兴。

　　在辍学后，米勒维尼靠当鼓手养活自己。我试着让米勒维尼谈谈他早期的乐手生活，但都是徒劳。尽管我再三请求说，聊聊操盘手的背景对于让采访变得更生动多彩至关重要，他似乎刻意不想提及有关他鼓手生涯的细节。我明显感觉到他的回答受到了一位幕后公关人员的引导。他要么给出一些笼统的回答，要么就想方设法把话题转回到股市上。比如这样的问题（我问得越来越不耐烦）："关于你的乐手生涯，你有什么可以跟我具体说说的吗？"回答："音乐之所以吸引我是因为我向往自由，这也是股市吸引我的原因。"最后在我反复追问下，他潦草承认他待过几个乐队，录制过唱片，在音乐电视网的视频里露过脸，当过录音室乐手，拥有过自己的工作室。就这么多，没了。

　　米勒维尼最早对股票感兴趣是在1980年代初，当时他还是个没成年的小伙子。他的小试牛刀很快转变成了全身心的投入。他卖掉了自己的工作室，用所得资金进行交易。最初，他赔了个精光——他在专访里描述了这段经历。他意识到自己犯的最严重的错就是依赖他人的建议，所以他开始了一项高强度的自学与研究计划。

经过近10年的研究和在股市中的摸爬滚打，米勒维尼开发了一套明确的交易方法。1994年年中，他坚信自己的交易方法已经十分完备，也被自己稳步提升的业绩所鼓舞，他将其多个账户合并为一个，这个账户跟踪记录了他的业绩表现。（在此之前，他保留了几个账户，部分原因是为了便于比较不同的策略。）在创建这个账户后的5年半里，米勒维尼的业绩表现让人叹为观止。在这段时间里，他的年均复合回报率高达220%，包括1997年美国投资冠军赛中他155%的第一名业绩。大多数操盘手和基金经理如果把米勒维尼在这期间最差那年的业绩——128%——作为他们最好一年的业绩都求之不得。但收益只是传奇的一半。更传奇的是，米勒维尼在实现高收益的同时保持着极低的风险：他只有一个季度是亏损的——算是亏损吧——亏损率仅为1%。

米勒维尼在2001年创立了他自己的对冲基金——量技基金（Quantech Fund, LP）。他也是量技研究集团的总裁，这是一家机构研究公司，基于米勒维尼独有的选股方法提供选股建议。米勒维尼白天管理资金，晚上则在电脑上研究各家公司的基本面。

我在米勒维尼曼哈顿城区的办公室里与他进行了这场专访。采访进行了两个下午。米勒维尼显然身体抱恙，表明自己体温高达39℃。他还是选择不取消我们的会面，因为他自己也承认，受访于《金融怪杰》系列图书是他毕生的追求之一。他不会让病毒阻碍自己完成职业目标清单上的另一个项目。

★

我到访米勒维尼办公室的时候，他就在办公室里，正看着电脑屏幕上的股票图表，斟酌入场时机。挂断电话后，他对我说："希望我的订单没有很好地成交。"

没听明白，能解释解释吗？

好的成交会带来致命的风险。如果在股价27美元的时候下买单，普通投资者如果在26.75美元这个价位成交就会欣喜若狂，而我也许会转头清仓。那些即将暴涨的股票很难做到买入的时候不推高市场。如果我在27美元的时候买入10000股，交易大厅告诉我说，"按照27美元的股价我们只买到3000股，现在股票已经涨到27.25美元了，你现在想要怎么做？"这会让我确信我的交易时机是对的。

你为什么要买刚刚那只股票？

原因都一样。尽管我可能会持仓更久一些，但我买入就是因为我觉得会在几小时或是几天内上涨。

你凭什么这么确信？

你是想问，除了17年股海沉浮换来的经验，还有其他因素吗？首先是一个基于过去一个世纪涨幅最大和最快股票的特征的定量筛选。关于这个理念有本书讲得不错，可能已经绝版了，就是理查德·勒夫所著的《超级强势股》。

这类暴涨的股票都有什么共性呢？

通常不是那么耳熟能详的股票。这些股票八成以上上市都不到10年。尽管大多数这类股票都是比较新的企业，我尽量不买低价股，股价低肯定是有原因的。一般来说，我从不买12美元以下的股票，我会买20美元或20美元以上价位的。我的基础理念是，把资金配置给股市里表现最好的股票，一旦投错了，及时止损。我的投资策略概括来说就是如此。

那些表现最佳的股票还有什么别的特性？

这些股票有个出人意料的共同点：即使在成为大赢家股之前，它们的市盈率也高于平均值。很多投资者都只选择低市盈率的股票。可惜，仅仅因为市盈率太高就不投资往往会错过一些最好的投资时机。

随后我们讨论了很久，我询问了米勒维尼交易筛选流程的细节。他的回答往好里说是笼统概括，其实就是顾左右而言他。这本书的目标受众不

是失眠症患者，我认为在这里重复这些对话没有什么意义。即使他最终意识到我觉得他在含糊其词，仍然回答得谨小慎微。

这些都不是什么不可告人的秘密，大家都在绞尽脑汁想出跑赢市场的攻略。可市场不是科学，科学也许有助于提高跑赢市场的概率，要想出类拔萃，你得掌握交易的艺术。

人们总是想知道我的电脑模型里运算着什么，我觉得对于成功的投资而言，这是最无关紧要的事情。你肯定想获得优势，可获得优势的方法数不胜数。有些人用着和我完全相反的策略，可我们都赚得盆满钵满。

重要的是制定你自己的策略，而不是知道我根据我的个性设计的策略。了解我的投资理念、投资原则和资金管理方法，也许会有一定价值。此外，我觉得大多数人都过于看重选股了。

此话怎讲？

我觉得人们花了太多时间研究入场策略，却没有投入足够时间管理资金。假设把相对强度排在前200的股票（在过去一定数量的月份中，跑赢市场幅度最大的200只股票）的名字都贴在飞镖靶上。然后每天投3镖，买入投中的股票，无论哪只股票下跌，比如跌幅10%，你就立刻卖掉。我赌你肯定会赚钱，因为你选中的这些股票里很可能有些潜在的赢家股，与此同时，你还能及时止损。

你说的并不是对所有股票扔飞镖，只要亏损10%就止损，这样就能赚钱。你明确了可以扔飞镖的股票是提前以某种方式筛选出来的，在你举的例子中，这些股票是相对强度最高的。

我只是用一个比较极端的例子来说明，无论你采用怎样的投资策略，这场战役最重要的是控制损失。此外，买入那些有可能大幅上涨的股票，你成功的概率会更大。

也就是说，买入更强势的股票，胜算会更大。

你买到大幅上涨的股票的概率将更大。当然，你买入下跌很多的股票的概率也可能会更大。但你不用担心这个，对吧，因为你能够止损。

那我想总的来说，你相信相对强度这个理念，会买比大盘涨幅更大的股票。

或者买比大盘跌幅更小的股票。利用相对强度的一个方法是找到那些在市场调整期抗跌，而在市场从相对低点爬升时最先反弹的股票，它们是市场领导股。

你一开始操盘的时候，你的选股方法是什么？

（他回忆时笑了起来。）我当时没有什么方法。我就买那些股价跌破新低的低价股。我还会听来自券商的消息。

说来听听。

最糟糕的一次经历是在1980年代初，我的经纪人说服我买入了一只交易价不到20美元的股票。那只股票跌了大概四五个点，我很担忧。他跟我说不用担心，还向我保证说那只股票很便宜，这次下跌是千载难逢的机会。他声称这家公司已经开发出了一种治疗艾滋病的药物，即将获得美国食品及药物管理局的许可。实际上他还说服我多买一些。那只股票就一直跌。最后我无法再买入更多这只股票了，因为我已经没钱了。结局就是这只股票股价跌到了一美元以下，我亏掉了我所有的钱。

你在那场交易中损失了多少钱，在那之前又损失了多少钱？

加起来我亏损了大概3万到4万美元，有大约一半是在那场交易中亏掉的。更糟的是，我亏的钱有一部分是我借来的。

那次经历是否让你失去了对股市的热情？

没有，但确实让我很伤心，也感觉很泄气。我真哭了。最伤心的是，我当时觉得自己没机会了，因为我已经没有本金了。但不管发生了什么，我一直相信每天都有绝佳的交易机会。我要做的就是搞清楚如何找到这些机会。我错就错在把决策的责任交给了别人。我当时确信，如果我自己研究，就能成功。

是什么给了你这种信念？肯定不是因为你的交易成果。

是我自身的个性使然。我不喜欢轻言放弃。也许最重要的因素是我有着对于这个游戏的热情。我觉得几乎任何人付出足够的时间和努力都可以在股市中赚到钱，但想成为一名伟大的操盘手，你得对这些事有热情。你得热爱交易。迈克尔·乔丹不是因为想代言产品才变成伟大的篮球运动员的。梵高也不是因为梦想着有一天他的画作能卖出5000万美元而成为卓越的画家的。

你对股市的热情是否与有机会赚大钱有关？

起初我也许是因为赚钱被股市所吸引，但当我参与其中了，赚钱就不是重点了。

那重点是什么？

重点是赢。重点是成为最好的。我的目标是成为世界上最好的操盘手。如果你做到了业界顶尖，你就不用担心钱，钱会自己飞过来。

你从这次亏掉你所有钱的经历里学到了什么教训？

我意识到，没有人能为我代劳，我必须亲力亲为。我的经纪人仍然能拿到佣金，但我却破产了。顺便提一句，虽然我当时没有意识到，但我现在完全相信把钱全赔光对新手交易者来说实则妙事一桩。

为什么这么说？

因为这会教你尊重市场。在你没那么多钱的时候全赔光，比之后再被市场上这一课要好得多。

我想这意味着你不提倡新手使用模拟交易。

没错。我觉得模拟交易再糟不过了。如果你是个新手，就以你能承受得起亏损，但亏损的幅度又会让你感觉心痛的金额进行交易。否则，你就是在自欺欺人。我有个消息要告诉你：如果你是从模拟交易转向真实交易，你做出的决策会截然不同，因为你不习惯承受情绪压力。一切都不一样。就像是对着空气打拳，然后与职业拳击手同台竞技。你觉得能发生什么？你只能蜷缩在地上，被打得屁滚尿流，因为你还没有习惯真正挨拳。想变成优秀的交易者，最重要的事就是交易。

你是如何从失败过渡到成功的？

我明白重点不在于你有多少次是对的，而在于相比在亏损交易中赔了多少钱，你在盈利交易中赚了多少钱。平均来讲，当时我的交易只有一半能盈利，但我赚的远比我亏的多。

我说的是一开始的时候，你是怎么从听信经纪人的话把钱全赔进去，转而形成自己的成功方法的？

这是一个缓慢且循序渐进的过程，需要多年的研究和交易经验。我还阅读了几乎所有我能找到的有关市场和成功个人的书。在我阅读过的上百本书中，可能只有不到10本影响了我。然而，我不认为有什么不好的书。即使你从一本书中只领悟到了一句话，也是值得的。有时候，一句话甚至能改变你的人生。

噢，那告诉我一句改变了你人生的话。

"你的成果与你真诚投入在自己记录、自己思考、自己得出结论的努力成正比。"换句话说，你对你的成就百分百负责。

这句话出自哪本书？

杰西·利弗莫尔的《股票作手操盘术》。

你还从这本书里得到了什么启示？

书中传递的讯息有很多都很重要。基本是在说，切勿固执己见，市场永远不会错。他还讨论了耐心的必要性，不只是耐心等待正确的进场时机，也要在盈利的仓位中保持耐心。真正打动我的信息是保护你的利润的重要性，而不仅仅是你的本金。

在读过利弗莫尔的书后，你做出了什么改变？

我惊叹于这本书如此贴近当今市场。它启发我回顾了20世纪初甚至更早的股市。我发现市场从未变过。我很惊讶，利弗莫尔竟有这么多观点与我不谋而合。

比如？

资金管理的重要性。

当然，利弗莫尔自己在这方面并不超群。（利弗莫尔赚了几笔钱，又亏了几笔钱。他最终在太多次赔个精光后自杀了。）

利弗莫尔日常确实止了损。不幸的是，他时不时还是被那种赌性冲昏头脑。那样的赌性摧毁了一个又一个操盘手。

还有什么帮助你成为了一名成功的操盘手？

打扑克。我觉得任何想成为操盘手的人都应该学学怎么打扑克。

你能详细说说吗？

我第一次在赌场认真看牌局的时候，我发现平均能赢超过50美元，但是看前3张牌只需要你花50美分。我不敢相信，花个半美元就能一窥我赢取百倍报酬的究竟。如果我跟了50次，只赢一次，我赢的钱是我输的钱两倍。这个赢钱概率对我来说简直不可思议。这就是为什么我最初开始玩牌。我的策略就是只玩超高赢钱概率的局。

难道不是所有人都会在你抽牌的时候不跟吗？

不会的，你知道为什么吗？——因为不是每个人都那么有纪律，他们就想玩。关键在于知道什么时候什么也不做。大多数人即使心里有个盈利策略，也会因为缺乏纪律性从而没有严格遵守。比如说，每个人都知道该怎么减肥：少吃多动。那为什么还会有那么多人超重呢（假设他们没有生理疾病）？因为他们缺乏纪律性。

我想你将这与操盘类比是指，当你进行一笔交易的时候，短时间内你以有限的风险看它是否成功。如果不成功，你就小亏一笔，如果走势对你有利，你则有可能赚大钱。

你说得没错。我曾经说过这样一句话："犯错是可以接受的，但是不纠正错误是完全不能接受的。"犯错不是你能选择的，但不纠正错误是你自己选的。想在游戏里做赢家，你都得有个一技之长，比别人有点优势，但除此之外就是资金管理了。不管是打牌还是投资都是如此。无论是牌局还是股市，关键都在于管理下跌。优秀的操盘手管理下跌，不为上涨担忧。

如果你有好的防守，你就不会被击溃。比起进攻出色的球队，我总是更愿意在防守出色的球队上下注。如果一场交易短时间内行不通，我就止损，小小损失一点，而且我可能必须这样止损很多次。

如果你在一笔交易里止损了5次会怎么做？难道你不会觉得很难在第六次重新入场吗？

如果符合我的标准就不难。还是和之前说的一样，扑克牌提供了很好的类比。之前的手牌不能说明任何问题。现在的手牌才决定你获胜的概率。你必须根据当前的信息做出正确的决策。无论你之前的手牌输赢与否，都与当前的状况完全无关。因此，我对于多次进行同一笔交易没有任何问题。

早些时候，我止损后，我不再去想这件事，开始寻找下一只股票作为我的目标。结果我开始注意到，很多次我止损的股票，几个月后再看已经翻倍甚至涨到3倍了。我会感叹地跟自己说："天哪，我之前也买了那只股票！"我意识到我需要制订一个计划，以在止损退出后重新入场。

我猜想在你止损后重新以更高的价格入场，是会有些心理障碍的。

没错，而且更糟糕的是，你可能再次止损。如果真的再次止损，你第三次会入场吗？为了做对的交易，我可以这样多次止损。有时候一只被你多次止损的股票，反而会成为盈利概率更高的交易对象。

你能举个具体的例子吗？

比如说，我因为我模型的提示信号买入一只股票，但大盘下跌，我止损出来了。然后这只股票大幅反弹，并在当天最高点附近收盘。这样的价格走势也许已经表明存在洗盘，让大多数弱势交易者出局，而这只股票股价将上涨。此时建立多头头寸，也许比最开始那次交易的盈利概率更高。

在这种情况下，你会在收盘时入场，还是下次开盘再进场呢？

看情况。我有入场前必须满足的设置。

设置是什么意思？

首先是基于长期价格走势，还需要有确认可以买入的基本面，在某些特定情况下，基本面可能会推翻。最后，还需要严格基于价格走势确认入场点。

我想你用于确认是否入场的价格走势，相比于你最初用来筛选候选股票

的价格走势，是更短期的走势对吧？

没错。

也就是说，你也许可以把你的入场条件称为价格走势三明治。

正是如此——价格走势三明治。

整场专访过程中，米勒维尼的一位同事一直在旁听，听到最后这句话也笑了起来。显然他觉得这个比喻很贴切，肯定之前也没听过有人这样描述这种方法。

在你从失败走向成功的过程中，还有什么其他重要的转折点吗？

在我最初在股市里一败涂地后，又做了几年交易，之后，我决定分析我所有的交易。我当时对我卖出的那些股票的后续表现特别感兴趣。在我止损后，股票是继续走低还是反弹了？在我获利退出后，股票是继续上涨了吗？我从这个研究中获得了大量的信息。而最重大的发现是，我持有那些亏损的头寸时间过长了。在看到初步结果之后，我重新确认了如果把我的亏损上限设为10%会怎么样。结果让我大吃一惊：这一条简单的规则能让我的利润增加70%！

可你有没有考虑到这样设立亏损上限，你也会排除掉一些一开始下跌超过10%、后续出现反弹的赢家股呢？

你说得千真万确，我接下来就考察了这一点。我发现并没造成太大影响。将止损线设置在10%只会剔除很少数量的赢家股。我注意到，盈利的交易通常一开始就很顺利。我意识到，我不仅完全没有必要在严重亏损的情况下继续痛苦地持有，这样还可能有害无利。我还意识到，长期持有亏损的头寸事实上占有了我的资金。因此这些亏损的股票的影响远大于亏损本身，因为持有这些头寸会耽误我从其他股票上获利。如果把这方面的影响一起算进来的话，设立止损点的好处是巨大的。

根据你之前的说法，你承担的风险显然比你在这个研究中用到的10%的

最大亏损上限要小得多。你是如何决定在哪里设置止损点的呢？

我做的每笔交易都不一样。我会在长期交易中使用比短期交易更宽松的止损点。同时我也会在认为大盘处于牛市早期时比大盘上涨过多且即将出现修正的时期使用更宽松的止损点。基本原则是止损点应随预期收益变化而变化。

在你变成一位非常成功的操盘手的过程中，还有什么其他重要的经历影响了你吗？

我学会了不对自己的业绩上涨潜力施加任何人为的限制。1995年夏天的某一天，我当年的收益率已经超过了100%，达到了我最初给自己设定的全年收益目标。我当时认真考虑过要不要获利了结。我的一位朋友问我，"是什么让你觉得你赚不到200%的收益呢？"我考虑了一两天，告诉自己他说得对。最后那年结束时我的收益率高达407%。

我知道你既使用基本面分析，也使用技术分析。你会更看重其中一类分析吗？

简单来说，我觉得我对它们的重视程度大概是五五开。但我对于价格走势和基本面的相对重视程度是有很重要的区别的。尽管我永远不会在没有价格走势确认的前提下就下注于我看好基本面的公司，但如果其相对股价表现处于股市的前2%，即使基本面明显不利，我也会考虑买入。

为什么呢？

因为价格走势可能会告诉你，该股反映了基本面可能出现的变化，而这种变化目前还不明显。这样强势的价格走势和疲弱的当前基本面，通常会出现在扭亏为盈，或是拥有一项新技术但其潜力还没有被广泛了解的公司中。

你每天要看多少图表？

我会在电脑上对大概10000只股票进行初筛，然后把范围缩小到800只左右。每天晚上我都看这些图表。第一遍我会浏览得很快，平均会发现30—40只让我有兴趣的股票。接着我就会更细致地查看这些股票的情况，如果近期我没有审查过公司的基本面也会进行审查，并且选出几只考虑第二天买入的股票。

你会看多长时间的价格走势图？

从10年图到日内图都有，但我还是看5年图、一年图和日内图最多。

当你进行交易时，会寻找哪种价格形态呢？

我不用传统的图表形态，不觉得这些特别有用。

那你在图表中主要看什么内容呢？

我发现有用的形态都是传统图表形态的复杂变种。我有一份自己命名的形态清单。都是些反复出现的形态。从19世纪开始就一直重复至今。当我看到图表中出现这些形态的时候，不知道为什么其他人不能看出来。但他们确实没看出来，就像我从业早期那样。

有多少种这样的形态？

大概20种吧。

你能举一个作为例子吗？

我不是很想这样做。

你是如何发现这些形态的呢？

我一开始只是看普通的形态，发现它们时灵时不灵。我花了不少时间去关注到底什么时候这些形态灵光。

我不断尝试搞清楚股市到底是如何戏耍或是挫败大多数投资者的。然后我就会在大部分人上当之后入场，我将之称为"一帆风顺点"。所谓失败信号可能是一个更复杂形态的开端，而这个更复杂形态比最初那个基于传统形态的信号要可靠得多。

比如说。

比如说，假设一只股票以高成交量突破了交易区间，看起来不错。人们就会买入，接着股价就崩盘了。在这种情况下，大多数人都会认为这个最初的突破交易区间是失败的技术信号。然而，这个最初的突破可能只是一个更复杂形态的开端，这种形态比突破信号本身更可靠。

你能详细介绍其中一种形态吗？

我不想这么做。我并不认为揭示这些形态就能有什么区别。我可以把这些形态的描述都刊登到《华尔街日报》上，但读到文章的读者有99%都不会用这些形态，或者说不会像我这样用到。

那为什么不把这些形态公之于众呢？

因为这不是成功交易的重点。重点在于止损和制订自己的计划。除此之外，想要成功，也得形成自己的方法。我为自己量身定制的方法，可能对别人来说并不合适。

尽管我确信米勒维尼认为这是真的，但我还是觉得他之所以不愿意透露他的形态分析，是因为在某种程度上，他显然觉得这种公之于众对他所用形态的有效性有不利影响。这种想法也非常合理。我进一步想让他提供一些他使用图表的方法的细节。他甚至不愿意在录音里提到他图表形态的名称，只在我关掉录音机之后给我念了一串形态名称。

我猜你就是用这些价格形态作为你入场交易的契机。你也用这些形态来退出交易吗？

没错。

一样的形态吗？

是，也不是。同样的形态在不同的位置出现可以表达出不同的含义。比如说，如果某个形态出现在崩盘时期而非暴涨的牛市时期，可能会有完全相反的含义。你不能盲目地解读一个形态，而不考虑它在更大的价格图中的位置。

你早先提到你不看传统形态，意思是不是说你觉得股价创新高没有任何意义？

我没有这个意思，一只股票股价创新高通常是看涨行情，因为股市中不再有之前亏损、等着盈亏平衡退出的买家。这也是一旦股价创了新高就会迅速上涨的原因——在那个节点，只有快乐的投资者，所有痛苦的人都已经退场了。

可股票不是经常在突破新高后跌回之前所在的区间吗？

如果你在上涨趋势第一阶段的调整后买入突破新高的股票，这种情况通常不会发生。在这种情况下，股价突破新高后会一路高歌猛进。技术欠佳的交易者希望等回调的时候买入这只股票，可根本不会出现回调。

那什么时候的股价突破新高是失败的信号？

在上涨趋势的后期阶段，股票已经大幅上涨。只有你知道什么时候用形态，形态才有用；否则你还不如扔飞镖决定。

对于想成为成功的操盘手的新手，你有什么建议？

第一点，也是最重要的一点，你总会犯错的。防止小错酿成大祸的唯一办法就是接受小亏损，然后继续前进。

专注于掌握适合你个性的交易风格，这是你一生的功课。大多数人经受不住学习曲线的考验。一旦遇到艰难，并且他们的方法不如期望中那样奏效，他们就开始寻找其他方法。结果就是，他们在许多领域变得稍有成效，但在任何一种方法上都不是很优秀。现实是，掌握一种卓越的方法需要很长的时间，而且在这个过程中，你会经历表现欠佳的时期。讽刺的是，正是这些坎坷时期，会给你提供最宝贵的信息。

还有呢？

你需要为各种突发状况制订计划。当一位驾驶员和副驾驶员一同驾驶喷气式客机时，如果发动机出了故障，你可以肯定他们不需要临时想对策，他们是有应急计划的。最重要的应急计划，就是你犯错时的止损计划。除此之外，你还需要一个止损退出后重新入场的计划。不然你会经常发现，自己止损后眼睁睁看着头寸上涨个50%或者100%。

这样一来，你不会发现自己有时多次在止损退出后重新入场吗？

没错，但我并不介意这点。我宁愿连续5次被止损，每次都承受小损失，也不愿承受一次大损失。

还有什么其他应急计划吗？

还有在盈利后退出的计划。有两种方式清仓——强势清仓和弱势清仓——你需要有这两种情况的计划。

你对新手交易者还有什么其他建议吗？

许多业余投资者获利后就变得草率，因为他们掉入了认为自己的盈利是"股市里的钱"这样的思维陷阱，很快，股市就会把这些钱收回来。只要你保护好，那就是你的钱。

还有，你不需要做孤注一掷的决策。如果股票涨了，你不确定要怎么办，只了结一部分盈利没什么问题。

在交易中人们会犯哪些错误？

他们会让自我成为自己的敌人。一个投资者可能会投入数小时谨慎地研究，以确定是否买某个公司的股票。他翻阅公司的财务报告，看价值线（Value Line），甚至还会尝试该公司的产品。在他买入这只股票不久后，他引以为豪选中的股票股价跳水。这简直难以置信！他为股价下跌找了好些借口。他打电话给自己的经纪人，在网上搜索，找寻任何支持他的观点的有利意见。同时，他忽略了唯一重要的意见：市场的裁决。这只股票持续下跌，他的亏损持续增加。最终他灰心丧气认了输——这都是因为他不想承认他在择时上出了错。

还有一个很多投资者会犯的错是他们会让其他人的想法影响到自己。我在学习如何交易的时期也犯过这样的错误。我当时和一位经纪人成了朋友，在他那儿开了户。我有股票亏损时，我不好意思打电话给他让他卖出股票，因为我知道他会训斥我。如果我买入的股票下跌了5%或者10%，我觉得自己应该清仓了，我发现自己会希望股票反弹，这样我就不用在股票下跌的时候给他打电话让他卖出了。不知不觉中，股票就跌了15%或者20%了，跌得越狠，我越难以拨通电话。最后，我学会了必须无视别人的看法。

许多人对待投资过于随意。他们将投资视作爱好而不是事业，爱好是要花钱的。他们也不会花时间对他们的交易进行分析回顾，从而忽视了最好的老师：他们的交易结果。大多数人宁可忘记他们的失败经历，也不愿意从中吸取教训，这点可算是大错特错了。

人们对交易有什么误解呢？

他们把这想得太轻松了。有时候会有人问我，他们能不能跟我共处一个周末，好让我能向他们展示我是如何交易的。你知道这是多大的侮辱吗？就像是我跟一个脑外科医生说："如果你有几天空闲，我想让你教教我怎么做脑外科手术。"

当前的市场狂热，特别是在互联网股票上，使很多人误以为交易很容易。有些人买入了雅虎股票，赚得比最好的基金经理多3倍，就以为自己是个天才。

直觉对成功交易有多重要？

人的正常倾向是导致你做不好交易的特质。因此，想成为一个成功的操盘手，你需要适应异常反应。你会听到很多交易者说，得反直觉而行之——你对某只股票满意就该卖出，对某只股票感到糟糕就该买入更多。一开始这样做是正确的，但当你开始适应自己的异常反应时，你会变得熟练。接着你的直觉就准了。那是，当你对股票感觉很好的时候，就应该做多，感觉糟糕时就该卖出。这时，你就知道自己已经具备了成为交易者的能力。

你与众多没那么成功的交易者相比，区别在于哪里？

纪律性。我不觉得有人会比我更有纪律性。我执行交易时，对每一种可能出现的结果都有应对方案。我想不出还会有什么例外的情况。如果有例外的话，我也会计划到。

还有呢？

我以交易为生。当你每天都需要靠交易谋生的时候，想办法持之以恒获得收入就变得很有必要。

你如何知道自己的头寸出了错？

股价下跌了。知道这个就够了。

你一年会给自己放多久的假？

我从不在交易日休假。超过10年时间我从未错过任何一个股票交易日。

即使是在你生病的时候吗？

生病也从未错过。我在肺炎期间都坚持交易。体温高到40.5℃也还在交易。

你一般是如何度过一天的？

大概早晨8点开始投入工作，晚上7点结束工作。接着我会花几个小时吃点东西，锻炼身体，然后晚上10点工作到凌晨一点。每天周而复始。周日我一般会从中午工作到晚上。周六我就休息休息，充充电。

没有假期，一周6个工作日，每个工作日工作14个小时。你就不会觉得需要休息一下吗？

我想成为最优秀的操盘手的渴望大于我想休息的渴望。我不喜欢脱离工作状态。

★

当然，如果米勒维尼能更详细地介绍他如何选股、如何择时，我肯定更高兴。但我不得不赞同他所能给出的最重要的建议——也确实给了——与他的交易理念有关的建议。

其理念的要点包括：

▶ 严格控制亏损。

▶ 制订符合你自己个性的方法，熟练掌握这一风格。

▶ 自己做研究，以自己的想法行事，别被其他人的观点影响。

▶ 为每种可能发生的状况制订应急计划，包括止损退出后如何重新进场，交易顺利时何时获利了结。

▶ 严格遵循自己的计划行事——绝无例外！

是的，我知道，其中一些要点，比如遵守纪律和止损，已经是交易建议的老生常谈了。但这并不意味着这些原则就不那么重要了。你为什么会觉得这是老生常谈呢？事实上，在本书及我之前两本书采访过的操盘手中，遵守纪律和控制损失是最常被提到的交易成功的关键。问题在于，交易者和投资者们实在是听了太多遍这样的建议，以至于已经完全听不进去了——而这会是一个关键的错误。

米勒维尼分析自己过去的交易这一行为确实给他带来了极大的帮助。从分析中获得的洞察永远改变了他的交易风格，帮助他从不佳业绩走向惊人的成功。就他个人来说，米勒维尼发现，通过限制自己交易的最大亏损，就能大大提高自己的总体收益，即使将因为这项规则而剔除的盈利交易考虑进去，仍然能达到同样的效果。这一发现使他能用更小的代价获得更多的利润。其他交易者和投资者可能会发现，对他们过去的交易进行类似的全面分析，可以揭示出改善自己业绩的模式。

有趣的是，米勒维尼最终形成的方法与他作为新手时本能使用的方法相反，他最初的方法是买入股价创新低的低价股。成功不仅需要有能力修改他最初的方法，还需要有灵活性，承认他最初的想法是完全错误的。这个教训告诉我们，只要一个人能接受改变，早期的失败不会妨碍长期的成功。

马克·米勒维尼的近况

米勒维尼个人账户在初次专访时5年半的业绩记录（年均复合回报率220%），即使在最好的情况下，也很难维持这样的记录。米勒维尼将是第一个承认自己在大熊市期间不太可能获得超额回报的人。鉴于他的方法侧重于提前发现潜在的绩优公司，米勒维尼的交易也明显呈现出多头倾向。当他看跌大盘时，他倾向于多花时间在场外，保护资本，等待更有利的投资环境——他在近况更新里聊到的大概就是这种观点，如今这样的观点已经不太受某些投资者的欢迎了。毫不意外，米勒维尼2000年1月于大盘触顶前3个月创立的基金，在接下来的两年又3个季度里大部分时间都在观望。基金的业绩记录反映了这种明显的资本保护模式：从熊市开始（2000年4月）后米勒维尼的收益仅仅3%（相比之下，同期标准普尔500指数累计下跌45%，纳斯达克指数累计下跌75%）。

在我们上次采访时，你刚刚开始通过基金管理其他人的资金。这段经历感觉如何？

我发现我的投资风格与机构投资者的投资理念还是有冲突的。

什么样的冲突呢？

我的投资风格是集中仓位大额投注，并通过严格止损和严密监控投资组合中公司的基本面来管控风险。我完全有信心在我认为必要的时候选择激进的投资策略，而在投资环境不利的时候只要我觉得必要就会置身场外。在这两方面都存在矛盾：机构投资者不希望你的投资高度集中，也不喜欢资本全部作为现金持有。

如果当月大盘上涨，你又都在持有现金，他们就会说："我其他基金涨了。我股票也涨了。道指上涨了。你持有一堆现金干什么？"如果那个月大盘跌了不少，你又持有现金，他们就会想知道为什么你不做空。

我不会为了做空而做空，我会寻找股市或者股票中特定的设置以做空。如果特定的设置没有出现，我就不会做空。那并不意味着大盘不会下跌。我寻找的做空信号往往是出现在大盘从顶部下跌的时候而不是像目前这样下跌了很久后。你必须待在自己自信的领域里。比如，沃伦·巴菲特最好的朋友之一是比尔·盖茨。然而沃伦·巴菲特从没有买过任何一股微软的股票，因为他觉得这只股票不在他的自信区。

我的理念一直是尽可能远离股市。我待在股市里的时间越少，我承受的风险就越小。根据市场条件的指示，我宁愿在一年中的3个月以巨大的股市敞口赚取和在股市里浮沉一整年相同的收益。

某些投资者对我的方法没有信心，市场波动时如果我持有现金，他们就会很快质疑我的策略。如果投资者觉得你没有按他们认可的方式管理资金，他们就会赎回他们的投资。这真的很讽刺，因为他们就是因为你的建议才雇用你的。就像是去求医，然后指点医生该怎么治疗自己。但在投资界就是这样。

你在你自己账户上操盘如此出色，还没有人需要你负责，你管理基金的动力来源于何处呢？

管理自身以外的资金是种挑战。我一直很敬仰SAC资本的史蒂夫·科恩还有马弗里克资本投资公司的李·安斯利这样的人，他们创立了雇用众多交易员并管理大量资金的机构。

你的量技基金净敞口严重偏向多头。在持续下跌的大盘情况下，你是如何保持净多头还能盈利的？

在股市中的制胜关键之一，是了解何时该退出游戏。你的策略里应该包括什么时候不用策略。量技基金在其两年半的投资历程中，有大部分时间是持有现金或者几乎是持有现金状态，几乎完全与熊市时间同步。在很少数的情况下，这个基金甚至会适度净空头一段时间。比如说我在9月11日做空了道琼斯指数，当然这纯属巧合。

你当时为什么会做空？

市场对未来事件的贴现方式令人惊讶。我当时正在做空道琼斯指数，在世贸中心遇袭时我正准备做多国防股。我没有做多国防股的唯一原因是我当时非常看跌股市。想象一下，如果我做空了道琼斯指数，又做多了国防股，我想联邦调查局都要上门来会一会我了。在世贸中心遇袭前，国防股在反弹，大盘也在波动。我不是想说大盘对恐怖袭击贴现，但令人难以置信的是，这两笔交易——做空大盘，做多国防股——恰恰是我在9月11日之前的技术分析中表现最强烈的交易。

我们初次采访时，你还没有经历过持续多年的熊市。在过去的两年熊市期间，你学到了什么新的交易经验吗？

我的策略没有丝毫改变。如果说有什么变化的话，熊市进一步坚定了我在不具备交易条件时置身场外的信念。从长远来看，能产生现金流和盈利、增长迅速、有着新产品新服务的公司是会有回报的。当然，我会等到市场表现出对这些积极基本面的认可后再行动，因为归根结底市场的看法才是最重要的。

你是说你的投资方法完全没有改变吗？

没错。然而我会根据新的信息修改我的模型。比如说，每年我都会分析所有前一年表现最好的股票以完善我用来识别未来可能成为最大绩优股的基本面和技术面特点。

对最近会计丑闻有什么看法？

尽管美国的会计制度可能是世界上最好的制度，但从一般公认会计原则中的第一个词你就知道有问题。数学中不应该有什么一般，应该有具体的报告方法才对。这些具体方法也许根据行业的不同需要有所调整——零售业公司和保险公司可能遵循不同的准则——但在行业内，公司决定如何报告数据时不应该有太大自由度。像通用电气这样复杂的公司，可能有数百个部门，收入相当于许多国家的国民生产总值，怎么可能每个季度的盈利都和他们的预计分毫不差？大多数公司都完全在法律允许的范围内操作。他们并没有违法，只是在钻空子。希望最近的事情能带来一些改善。

你对市场的长期看法是什么？

尽管目前的股价暴跌可能导致大幅反弹，但是我不认为我们会再次看到20世纪90年代那样的持续上涨趋势。

在这个节点，你对投资者有什么建议呢？

还是我一直以来的建议。你得意识到，归根结底，股票几乎百分百是市场的看法，因此股价可能会出现各种变化。大多数互联网公司一文不值，但因为市场的看法，它们还是达到了令人难以置信的价格。想想在这些股票上赚取和失去的财富，完全是市场看法的作用。

|史蒂夫·雷斯卡波|

终极交易系统

　　史蒂夫·雷斯卡波的系统是仅次于每日订阅明天的《华尔街日报》的最佳选择。雷斯卡波投资了公募基金。他的目标是在基金上涨时持有公募基金，在基金下跌时持有货币市场基金。他将这些资产转移的时间安排得严丝合缝，以至于他自己的年均回报率比他投资的基金要高上两倍多，与此同时，他也躲开了这些基金大部分的周期性跌势。

　　在他操盘的这5年里，雷斯卡波实现了超过70%的年均复合回报率。尽管这已经让人印象深刻，但他真正引人注目的业绩是如此高的回报率是伴随着卓越的风险控制达成的：从月底高点到随后的月底低点的最大跌幅仅为微不足道的3%。他的稳定性也令人惊叹：以月计算，他有91%的月份是盈利的，而每年他的年回报率都超过50%。

　　由于史蒂夫·雷斯卡波在采访中解释的种种原因，他对透露他交易系统的任何细节都讳莫如深。他对筹集和管理资金也没有什么兴趣。那为什么雷斯卡波会同意接受这次专访呢？首先，我向雷斯卡波保证，会在本书印刷前让他阅读这一章，也会经过他的允许再印刷。其次，这一点只是我的猜想——根据他自己的说法，雷斯卡波最初的研究方向是受到《新金融怪杰》中吉尔·布莱克专访的启发。也许同意这次采访是出于对他自己的事业间接帮助的一种礼貌。

　　雷斯卡波并未松懈。即使他已经创造了一些极其高效的交易系统，但他仍在继续研究，想找到更好的系统。他的动力不仅限于在股市中驰骋。当他还在做销售时，他也一直是公司里的销售冠军。雷斯卡波甚至对闲暇时的活动也充满热情，他会去骑行，甚至能骑行160千米——至少在他因为过多过重的力量训练而导致膝盖受伤前是这样做的。

雷斯卡波在他位于纽约州奥尔巴尼郊外一个乡村小镇的家里独自工作。这次专访的开始和结尾部分都是在雷斯卡波住处的办公室里进行的，那是个铺了深色镶板的角落房间，房间里放着高及天花板的书柜，从窗户往外望能俯瞰他家的草坪。采访的中间部分则是在当地一家意大利餐厅享用自助午餐时进行的，当时那家餐厅的用餐者只有我们（原因是午餐时间太晚，而不是菜品质量不佳）。

你一开始是如何对股市产生兴趣的？

我于1983年进入金融服务业，就职于一家公募基金公司。坦白讲，我转到这个领域是因为我觉得这是我作为销售能赚到最多钱的地方。我有波士顿大学的化学学位，这对我有所帮助，但我没有受过任何金融方面的培训。

你是如何从化学转到金融投资销售的？

作为波士顿大学里的用功学生，我的化学学位帮上了很大的忙，我觉得理科学位和金融学位一样好，因为它锻炼了你的分析能力。如果说我擅长什么的话，那肯定是做研究。我算不上是很优秀的操盘手。我毕业之后，就彻底厌倦了学习，我只想挣钱。我用我的化学背景找了份销售工作。

你就没试过直接找份化学方面的工作吗？

没有，化学家赚不到钱，但销售能赚钱。

你还在念大学的时候就已经知道这点了？

是的，我大四的时候（他笑了起来）。

你那时都卖点什么？

把过滤系统卖给制药企业和电子企业。那是很高科技的东西。我当时很擅长销售。我连续3年都是销售冠军。

你是如何培养出销售天赋的？

我是一个很固执的人。

你是如何从销售过滤系统转为销售金融投资产品的？

在我赢得年度销售员奖时，奖品之一是去加利福尼亚州拉科斯塔旅行。我记得我开车沿着蒙特雷半岛一路前行，看到一些令人惊叹的屋子，我想如果我一直待在现在这家公司，那我永远也赚不到这么多钱、住不起这样的房子。我就是这时准备离开，去做点能让我多赚些钱的事。我考察了两个行业——医疗供应链和金融服务业——因为在这两个行业，销售人员的收入没有上限。1983年，我开始担任一家公募基金公司的地区销售经理。

你有过在金融市场工作的经验吗？

完全没有。事实上，当我在前一份工作中拿到年度销售员奖的时候，他们也给了我100股股票。我当时都不知道这是什么东西。我想再怎么样也不能比这对股市更一无所知了。

新工作怎么样？

我很喜欢这份工作，后来几年干得也很出色。然而，由于公司对我的限制，我意识到，如果我想更上一层楼，就必须做些不一样的事。

我决定成为一名股票经纪人。我通过了面试，就职于希尔森雷曼兄弟公司。我在那结识了蒂姆·霍尔克，他是管理期货的，这是我完全不熟悉的领域。蒂姆为大宗商品公司筹了一些散户资金。（当时，大宗商品公司有一群操盘手，负责管理公司的自营基金和外部投资者的资金。我在《金融怪杰》中采访过的两位操盘手——迈克尔·马科斯和布鲁士·科夫勒——就是在大宗商品公司获得了他们早期的成功。）有一天，我和蒂姆一起去和大宗商品公司的几个操盘手开了个会。开完会之后，我和蒂姆说："别管散户的钱了，我们去搞点机构的钱。"

我给伊士曼柯达公司打了推销电话。这通电话最终让他们开设了一个5000万美元的账户——这是他们在期货上的最大的一笔投资。他们最后将他们的投资提高到了2.5亿美元。

你对管理期货了解多少？

一无所知，但是我知道打给散户推销纯属浪费时间，打给机构要靠谱得多。

那你是怎么给柯达推销产品的？

我跟他们说："这是项与股市无关的投资，年复利约为30%。"柯达这个客户让我走向了财务自由。

在柯达这单推销成功之后，你肯定觉得"这也太容易了吧"。

我想着财源会滚滚来。

那你成功开立了其他账户吗？

我们试着开立其他机构账户，但一无所获。基本上就只有一个账户，没有其他机构付诸行动。

也就是说，你第一通推销电话，搞定了一个5000万美元的账户，后来就再也没推销成功第二笔单子了。

虽然难以置信，但这千真万确。柯达账户当时就是我唯一的收入来源。

尽管如此，考虑到账户的规模，你已经做得很好了。

我们在这个账户上赚了不少钱，但问题在于这是一个典型的管理期货账户——起起伏伏，涨涨跌跌——看得想吐。操盘手能赚到钱，但接着又会吐回去。我担心这些波动会导致账户关闭。所以我开始找别的事做。

差不多是1993年左右，我开始对得克萨斯州某个人写的股市简讯感兴趣。他推荐了些公募基金，有不错的记录。我给他打了电话，提议我们一起创立基金。他同意了，基金在1993年9月成立了。他负责交易，我负责筹集资金。

在基金成立前他交易过吗？

没有，他只写过简讯。这是他第一次用真金白银交易。

他之前就没有想过操盘吗？

我觉得他应该有点保守。他之前在IBM有个不错的职位，他不愿意放弃。当时他就一直将写简讯作为副业。我说服他离开了IBM。最开始的10个月里，我筹到了大概1000万美元的资金。第一年他以很大的波动性实现了约9%的收益。我意识到这不适合我——相对于所实现的平庸回报，波动性太大了。

1994年年末，我对此已经完全失去了兴趣。与此同时，我开始自己研究公募基金的择时，觉得自己能做得更好。交易经理同意和我分道扬镳，他留着个人管理账户，我接手管理合伙人账户。

你说你开始做了些研究。你接手成为基金经理的时候，形成了自己的交易方法吗？

没有，我对自己的研究并不自信。我知道我道行尚浅。

那你的基金交易计划是什么呢？

我没什么好计划。我只是知道我们之前那样行不通。我对我的能力有信心，我能想出更好的方案。

所以你的交易策略在你接手之后还没完全成形。

没错。

你有没有想过等形成了自己的交易策略后再和你的搭档分家呢？

没有，我知道我肯定能想出来点什么。这点无须质疑。我用心做的事就没失败过，这次也是一样。

但你当时还没有成功交易过。

成为一个好的交易者或投资者，需要的特质和一般成功者相差无几。我想应该很难找到一个在当下工作中没有获得成功，但去交易就能大获成功的人。我不觉得会有那种事。让你在工作上成功的特质和让你在交易中大获成功的特质一致。你得非常果断，极其自律，相对聪明，最重要的是，完全独立。我是有这些特质的。因此，当我决定成为基金经理的时候，不难相信自己会成功。

既然你在开始操盘基金的时候，还没有完全形成新的交易方法，那你是如何做出交易决策的呢？

说起来让人笑话。我不知道自己在做什么。我看别人怎么做，自己就怎么做。我看了看图表，如果觉得看着挺强势的，就直接买了。

这种情况持续了多久？

1995年第一季度大部分时间都是这样。我当时很幸运，季度结束的时候小涨了几个百分点。1995年3月，我已经把我的方法系统化了，自信满满地觉得自己想出了行之有效的法子。我将这一方法投入了使用，它正是我如今方法的雏形。

这意味着，从你最初起步至今，一直在持续修改你的系统。这些改动是你长久研究的结果，还是根据你的交易经历得来的呢？

在我的交易历史中，有几件重大事件使我极大地改变了我最初的做法。我第一年业绩非常好。1995年年终时，获得了58%的收益，从我应用自己的系统性方法以来，就没有过亏损的月度。

然而，1996年1月，我发现月中就跌了5%。可能大多数人听着觉得没什么，但是对我来说这是个很大的数字。因为这次回撤，我花了大量时间在电脑上研究，最后大幅修改了我的方法。

一切都很顺利，直到1996年年末，我的操盘业绩开始变得相对平平。1996年第四季度和1997年第一季度加起来，我的业绩只增长了1%多一点点。这显然不是我想要的结果。我意识到我得做出点改变。在那期间，我整天都扑在电脑面前，几乎每天如此。1997年3月，我对我的系统进行了一些重大的改变。从那之后，业绩就一直很好。

尽管自那之后我的系统没有改动，但随着时间的推移，我意识到我可以把我的经验与我的系统结合起来。现在我的系统会告诉我该怎么做，但我也会自己判断。这种判断不一定能让我赚到更多的钱，但确实减少了我的资产波动。如果我对一笔交易缺乏信心，通常就会谨慎行事。

你能举个例子说说你是如何判断的吗？

我不会做买入或卖出这种判断，我唯一会判断的是买入或卖出的量。系统交易的问题在于，它不会告诉你如何交易你的投资组合，它只会给你买入卖出的信号。我使用几个不同的系统进行交易，每个系统都主要基于一个指标。一个表现很好的系统可能会给我一个买入信号，但我可能会因为其他系统给出相矛盾的指示而买入比正常仓位更小的仓位。

还有因为你的判断，导致你偏离系统信号的其他例子吗？

比如说股市已经呈上升趋势有一阵子，我的系统看涨，我也赚了很多钱。尽管看起来一切顺利，当我的净值线开始超过其长期上升趋势时，我开始感觉不舒服。我可能会削减仓位，预计净值线回到长期趋势。这样的判断主要是让我避免亏损，而不是赚钱。

在决定使用哪个系统方面，判断也很重要。有意思的是，我几年前用的系统现在已经不那么好用了。不管怎么样，我已经成功地对系统进行了调整，以便我使用最好的系统交易。我没法告诉你我是怎么做到这点的。我想可能就是直觉使然。

如果你因为一个系统表现不好而不再用它进行交易，会不会几年后转头回来再次使用它呢？

不会，因为我都是用表现更好的系统来替代表现欠佳的系统。我将交易系统升级是有原因的，原因就在于我有了更好的主意。我还是会关注旧的交易系统，但不再应用了。

就没有发生过你弃用的系统表现比正在使用的系统更好的情况吗？

可能在某一天会出现这种情况，但现在还没出现过。

你交易个股吗？

不，尽管我的系统可能也适用于股票。事实上，这是我下一个研究项目。

那你的交易工具是什么？

公募基金，但我不是个市场择时者。我们先做个区分，什么是市场择时者，什么是市场反应者——我认为自己是后者。市场择时者会说："市场现在风险太大了。我觉得道指接下来3个月会跌到8000点。"他们对于即将发生的事是有想法的。他们会预判股市。我不会做预判股市这样的尝试，而是根据股市所发生的事情做出反应。

然而，你的行为和市场择时者如出一辙。你会根据你系统提供的时机信

号在现金与公募基金之间反复切换。这不是就跟市场择时者一样吗？

我与市场择时者的行动也许如出一辙，但思路却大相径庭。我完全不做预测。我根本不知道接下来会发生什么事（他笑了起来）。

你笑什么？

我笑的是那些预测股市的人。他们实际一无所知。没人能知晓会发生什么。我不觉得有谁真能知道股市接下来会发生什么。

你的业绩是否取决于你选择交易的公募基金？

只是在非常有限的程度上。

你会交易那些代表着更广泛市场的公募基金吗？

我在全市场基金上测试过我的系统，效果不错。但我通常还是更喜欢交易一个更小的市场。我寻找上行趋势更强劲的基金，标普指数没那么强劲。因此，我更可能交易科技基金之类的基金，而不是广泛多元化基金。

我不指望你会透露自己目前使用的系统，然而是否有一些你过去开发的系统在一段时间内有效，但现在对你来说毫无价值？至少这可以说明在一段时间内有效的系统是什么样的。

我可以通过描述我对吉尔·布莱克系统的看法给你举个例子，这可能和我过去做的事没有太大区别。（布莱克是我在《新金融怪杰》中采访过的一位操盘手。）

吉尔的方法是，追踪不同板块，如果某一天某个板块同时具备高于平均水平的波动率和收益率，那么就视为该板块基金的买入信号。或者用他的话来说就是"绿灯"。接着他会持有该基金的多头头寸，直到达到卖出条件，卖出条件可能是一个下跌日，或者是买入信号出现后的特定天数，又或者是其他一些平仓条件。

这个系统是展示我思路的一个好例子。你没有理由不执行这样的系统。尽管这远不如我现在使用的系统优秀，但从某种程度来说还是可行的。

在你读到吉尔·布莱克这一章之前，你是否有这样的想法？

没有。阅读吉尔·布莱克这一章对我来说是一个关键的转折点。尽管我如今所做的与吉尔当时所做的毫无关联，但至少这当时帮助我开始在电脑上进行研究。

你与吉尔·布莱克对话过吗？

有过，我一开始管理资金就给他打了电话，说："我叫史蒂夫·雷斯卡波，我打来就是想告诉您，您是我入这行的原因。"他叹息道："天哪。"

我可以想象得到他听过多少次这句话。如果你没有读过他那一章，你还会从事这一行吗？

我不知道。这很重要。

你最初的交易系统——就是从吉尔·布莱克专访中受到启发的那个——还能用吗？

能用，但已经远没那么好用了。

你会觉得这只是一个暂时的阶段，将来可能又开始很有效吗？

我对此持怀疑观点。

你觉得自己还会用这个系统吗？

不会。

如果你不打算再用它，也跟你目前的工作不再相关，有什么原因让你不能更具体一点讨论一下这个系统吗？

嗯，那你就不得而知了（他大笑了很久）。

你仍然在努力改进你正在做的事情吗？

当然了。我在这样做，但我不知道我能不能做得到。很难对一年收益60%的系统做出改进了[1]。但我很乐意保持这个收益程度。我一直很担心这样的收益程度会不复存在。事实上，我觉得肯定会有这一天的。如果你一年后再来，我所做的可能已经完全不同了。我很确定我现在所做的不会一直都如此奏效。

---

[1] 截至2000年3月，雷斯卡波的年均复合收益率已提高至70%。

你是在说，这样的系统是有寿命的。

这一点毋庸置疑。任何想反驳的人都说服不了我。系统绝对是有其寿命的。

你为什么这样认为？

我这么想是因为总会有一天，有足够多的人会搞清楚这个系统。当太多人加入这一行列，这个系统就会被市场淘汰。这也是我怀疑有人能买到有效的交易系统的原因——也就是能在可接受的风险水平下赚钱的系统。

如果你开发了一个自己完全测试过也真心相信能奏效的系统，千万别告诉任何人。用就行了，因为它总有一天会失效。你要明白它无法一直奏效，并努力想出一些不同的系统，以防之前的系统不再有效。

我总是担心人们会知道我的系统，因为我知道如果他们知道了，那我的方法就不再奏效了。比如说，"一月效应"就不复存在了。（"一月效应"是指在一月份时，小盘股的表现往往优于大盘股。自19世纪20年代中期至1993年，有超过90%的年份都在重现这种模式。然而这种模式已经连续6年失效了。雷斯卡波暗示，"一月效应"逐渐攀升的公众关注度导致了其消亡。）

如果太多人使用了相同的系统，那么市场中的什么机制会导致系统自毁呢？

我回答不了这个问题。可能就是太多人同一时间交易方向相同。我的所有经历都告诉我，系统是有其生命周期的，一般寿命也不会太长。

这里说的都是系统的消亡，那系统的诞生呢？系统会在某一时间开始奏效，比如说1994年，然后几年后就失效呢？还是如果你将你目前使用的系统放在过去20年或30年的时段进行测试，会不会发现它们其实在整个时间段内都奏效，只是你在最近才发掘到呢？

通常情况下，当我发现一个系统的时候，它一直都有效。不过说到这里，我发现近期表现得最好的系统在未来短期内也会表现得最好。因此我倾向于使用最近表现得最好的系统。

你提到系统寿命有限，但根据你自己的说法，你目前使用的系统已经持

续有效了20多年。为什么不能再有效20年呢？

我明白你为什么这样问，但我不认可这种说法。我不认可是因为会有更多的资金投入到市场中。最好的例子就是商品市场。我们把管理期货账户卖给柯达的时候，管理该账户的交易员们拥有优秀业绩的系统；这些系统15年来的平均收益率为40%。他们说这些系统绝不可能会失效。然而的确失效了。因为太多人开始使用相仿的系统，所以它们失效了。

另一个经典的例子是奥肖内西。他的《投资策略实战分析》一书很棒，文笔精湛，研究深入。然而，他的基金业绩不尽如人意。

你认为怎样属于"不尽如人意"？

（这时，雷斯卡波在他的电脑上查找了奥肖内西的基金业绩。他查看了其中两只基金，它们分别上涨了43%和46%。尽管这听起来不算太糟，但同一时间段，即1996年年末至1999年年中，标准普尔500指数上涨了89%。因此，这些基金的收益才刚到标普500指数的一半。标普500指数代表了一个基准，看基金经理是否能打败这个基准。）书很不错。他检测了他的策略，一直追溯到20世纪50年代早期，但是它们现在并不奏效。

所以，尽管在他那本书出版时，他的策略有效了40余年，近年来也不再奏效了。

你知道吗？如果他没有出版这本书，也许这些策略仍然有用。他本应该管理资金而不是出版他那本书的。当然了，如果他没出版那本书，可能也筹不来什么钱。

你假定他的策略失效是因为太多人遵循了一样的思路。

正是如此。我能向你的读者传递的最重要的讯息就是，如果你想出个绝妙的主意，切勿声张。

我采访过的一些人会说："我可以把我的方法登在《华尔街日报》上，也不会带来任何改变。"我想你应该不认同这一点。

我看过这样的说法，我完全不同意。

你觉得如果你在《华尔街日报》上公开你的系统，就不会再奏效了。

直接完蛋。明天就用不了了！（他大笑起来。）

有一段时间，你是有投资者的，但后来又没有了。发生了什么事吗？

在1995年到1997年之间，我是有投资者的。我也为他们做得不错——1995年我的收益是58%，1996年则有50%，1997年为60%。到了1997年年底，我已经管理了3500万美元了。用我的风格进行投资开始变得非常困难，涉及把钱从公募基金中转入和转出，因为如果你一年交易超过4次，公募基金不会喜欢的。

但你现在一年交易4次以上。

我现在交易的资金要少很多，我会将其分散到20多只公募基金之中。

所以你不再管理基金是出于行政层面的原因吗？

有这个原因，也因为投资者实在太难搞了。

你的投资者可能会抱怨什么内容呢？你每年收益能达到50%以上，还几乎没有亏损的月份。

你根本想象不到他们会抱怨的内容。如果我当月收益没有至少达到4%，他们就会抱怨我的收益不够高。他们必须给利润交税时就抱怨我赚太多钱了。

难以置信，居然有人抱怨你给他赚的钱太多了！

我跟他说我也可以亏损的，这样他就不用交税了。我问他是否更愿意那样。

有些投资者不信任我。因为业绩实在优秀，他们就怀疑我编造数字，携款潜逃。他们会每个月打电话给我的会计，询问钱是不是真的在账户里。

如果股市当天涨了很多，他们就会打电话问："我们入场了吗？"这真的要把我逼疯了。如果股市当天跌了不少，他们就会打电话问："我们退出了吗？"当然了，他们总希望我能在股市正确的一边。

你决定不再管理资金有多少是因为公募基金给你带来的烦恼，又有多少是因为你的投资者给你带来的烦恼？

五五开吧（他朗声大笑）。我将基金带来的烦恼作为借口，把投资者的钱还给了他们。我确实为那些一开始就跟着我也从未开口的投资者感到难过。

你最初的投资者，那些没有打扰过你的朋友，没有劝你不要返还他们的钱吗？

说了，但我怎么区分这个朋友和那个朋友呢？怎样划定界线？所以我只能"一刀切"。

你因此失去友谊了吗？

没有，尽管事到如今无论何时我们聚在一起打牌他们都要劝我再考虑考虑。

很有意思，我采访过的很多操盘手都打扑克。

我很喜欢打牌。

我想相比于你的交易金额而言，你牌桌上的赌注不大。你可以每一手都参与，对你来说没什么区别。

你刚损失10万美元的时候，很难再担心输个200美元的事，但我从不让我的收入水平影响我玩牌的方式。打牌就是为了赢。如果这手牌不好，我就退出。

你破坏过自己的交易规则吗？

只有在谨慎的前提下才会。我可能会在某个头寸上了结部分收益，或者收到买入信号没有完全做多，但我绝不会在收到卖出信号后还持有。

你从一开始就这么自律吗？

是的，因为在此之前，我在期货上搞砸了。我犯了你能想到的所有错误。我甚至都不需要回顾，因为都是经典错误。

你做了多久的期货交易？

（他在脑海里搜寻片刻，似乎想从记忆深处找回一段回忆。）大概3年吧。

你当时是个净输家吗？

噢，一流的！我和其他期货经理一起投资赚了钱，但用我自己的账户交易的时候，我把一个12.5万美元的账户变成了5万美元。我所有事情都做错了。

在此期间有没有让你感觉特别痛苦的交易呢？

数不胜数。

说个最严重的。

我开发了一个货币交易系统。我买了一款可以优化交易系统的电脑软件（微调系统中的指标数值，以在测试价格数据下获得最佳业绩结果）。就如所有愚蠢的交易者会做的那样，我完全优化了这个系统。（他调整了系统指标数值，使其最适合过去的价格数据）。当然了，结果看起来非同凡响（因为优化后，他相当于用马后炮的方式来定义和测试系统。问题在于，当应用于未知的价格数据时——也就是未来的价格数据，结果会极具误导性。）我知道这一点，但我不觉得自己也会这样。

在短短两周内，我的交易账户损失了差不多50%的钱。我开始偏离系统做决策，每次我这样做，时机都大错特错。简直就是一场噩梦。我意识到自己不适合做期货交易。

听上去像是你只在这件事上失败过。在其他事上，你会一直坚持到成功为止，为什么在这件事上放弃了呢？

因为我意识到期货这个游戏就赢不了。佣金和滑点（下单价与实际执行价之间的差额）给你造成了诸多不利。如果你只有50%的概率选对买卖的时机，还需要投入佣金和滑点成本，长远来看必输无疑。

可是50%的假设前提是，你在市场里毫无优势。你就不能找到一些可靠的形态，给你带来类似于股市中那样的优势吗？

我做不到。我找不到任何有效的形态。

你能休假吗？

能，只要我能用电脑就可以了。我在新罕布什尔州的一个湖边有一个度假屋。

如果你想去瑞士阿尔卑斯山远足，或者想去白山漫步一整天呢？

5年来，我每天下午3点45分都有时间交易，无一例外。我从没休过一天假。休假的问题在于，那天可能就不是你该休假的日子。

你做膝盖手术的时候呢？（雷斯卡波和我在我们从餐厅开回来的路上聊起过运动受伤的情况。）

我在门诊接受了全身麻醉手术。上午11点左右，我回到了家里，晕晕乎乎直接上床睡觉。我妻子本来应该在下午3点半叫醒我的，但出于同情，她决定让我再睡会儿。3点45分的时候，我猛然惊醒。我在房子这头的卧室，忍着剧痛跳下床，蹒跚走到房子那头的办公室去。我看着屏幕，根据观察到的情况，卖出了我一半的投资组合。

一小时后，我又回到办公室看了看屏幕。我意识到，我完全搞砸了。我根本搞不明白为什么我会卖出。我完全误读了信息。结果，第二天股市就大跌了。完完全全就是走了运。

你在场内的时间大概占多少？

大概50%—55%。

你会用杠杆吗？

有选择地用。一般来说，即使只算我在场内的那些时间，我也没有满仓。偶尔条件合适的时候，我会用杠杆。但我从未用过超过本金的140%的杠杆——这已经是我舒适区的极限了。我从未在杠杆交易中亏损过。

你做过净空头吗？

我的成功九成要归功于不做蠢事。我不卖赢家，也不持有输家，不会意气用事。我只做从概率上来讲对我有利的事。做空股票就很蠢，因为概率对你不利。股市几十年来都以每年超过10%的速度在上涨。你为什么要逆势而为呢？

你对新手交易者有什么建议吗？

不要把行为和成果混为一谈。我觉得新手交易者会犯的一个错误就是他们在真正了解自己在做什么之前就开始交易了。他们行为上很活跃，但却颗粒无收。我几乎不怎么把时间花在交易上。我超过99%的时间都花在电脑上做研究。

------------ ★ ------------

尽管雷斯卡波拒绝透露自己交易系统的任何细节，他还是带来了一些有关成功操盘手特质的重要见解。我反复注意到成功的操盘手有一个特点——可能是

任何领域的成功人士都具有的特点——他们非常自信。在我采访过的操盘手中，可能没有人像雷斯卡波更能体现这种特质了。他浑身上下都散发着自信。比如说在他的描述里，在他还没有开发出一套方法前，他就斩钉截铁地认为自己能成为一名成功的基金经理。（雷斯卡波在开发出一种交易方法之前就承担起交易责任的决定，并不是值得称赞的行为典范——对大多数人来说这是鲁莽的行为——这只能表明他的自信满满。）

坦诚评估自己的自信程度，也许是你成功潜力的最佳指标。如果你有信心在股市中成功——别跟想有这样的信心混淆——那么你成功的概率就不低。如果你不太确定，那么就谨慎对待你的风险资本。信心不是制造出来的，也不是祈愿得来的。有就是有，没有就是没有。自信不能后天获得吗？当然可以，有时候勤奋——另一个成功操盘手的特质——会让你精进，也会给你带来自信。但即便如此，在你真正自信之前，在股市中还是要谨慎。

在这些金融怪杰中，我注意到的另一个特质是，他们对待交易，包括有时候对待其他事，都有着近乎痴狂的热情。雷斯卡波就是个绝佳的例子。他从未缺席过一天——即使做了手术也不能让他少看一天股市。每当他的系统表现没能达到他超乎寻常的高标准时，即使这可能意味着一两个不赚不赔的季度，他都会不遗余力开发出更好的系统。甚至连他的休闲活动——比如骑行和力量训练——都体现出了他的执着。

有没有哪一项特质是所有优秀操盘手都具备的呢？有，那就是自律。雷斯卡波一直以来的自律在他每一次行动中都体现得淋漓尽致。只要他收到卖出信号，就绝不会决心持有头寸。如果他的系统告诉他清仓，他就退场——不质疑，不犹豫，不保留。他从来不会想着"我就再等个一天"或者"如果再跌两个点我就退出"。对雷斯卡波而言，自律要求他每天查看系统发出的信号，并输入订单。每天就是真的每一天，没有小假期，没有休息日——即使刚做完手术也没有休息日。自律的重点就在于没有例外。

很多人都被股市所吸引，因为他们认为这是赚大钱的捷径。讽刺的是，勤奋正是我采访过的许多成功操盘手所拥有的共性之一。尽管雷斯卡波已经开发出了令人惊叹的交易系统——他的交易系统是迄今为止我见过最好的，甚至超出了我的想象——他还是坚持不懈地进行研究。尽管他现在使用的系统有效，且在接下来的几年都将有效，他也没有丝毫松懈，而是每天辛勤工作，仿佛明天这个系统就会失效一般。

风险控制意味着长盛不衰。有些操盘手多年获得了很高的回报，但他们方法的副作用就是大幅净值回撤。尽管这些操盘手可以获得优秀的业绩，但他们往往棋出险招——也因为如此，他们总是处于失败的风险中。而雷斯卡波这样的操盘手，将损失控制在很低的水平，更可能获得长期的成功。

史蒂夫·雷斯卡波的近况

尽管雷斯卡波在熊市期间表现不俗——他的家庭合伙企业在2000年4月到2002年9月间上涨了39%——超过一半的收益是在2000年9月之前实现的，而根据以下的近况更新，雷斯卡波对其系统的有效性失去了信心。

2001年2月发生了什么事？（雷斯卡波的账户在这个月下跌了5%——单月跌幅超过了他此前最严重的回撤。）

实际上，问题最初出现于2000年11月，我当时亏损超过了3%，是我当时损失最惨重的月度了。尽管12月基本收回了整个11月的损失，系统在1月又重新实现了盈利，但11月的亏损显然是个早期预警信号，表明可能有什么地方出现了问题。随之而来的就是2月的亏损，我意识到我在面对一些我从未见过的事情。在这段时间里，我多年来一直在做的事完全行不通了。

你需要多久来判断一个系统已经失效呢？

这个问题没有简单的答案。我当时使用的系统已经有效运行了好几年，在回测中也有效了数十年之久。所以我可能反应是慢了些。

你是什么时候换系统的呢？

2001年4月整个月我几乎都在市场外。我不知道该做些什么，因为我什么对策都还没想出来。我只知道我不能再继续用同一个系统，因为已经失效了。到了5月的时候，我开发出一个修改过的可用系统，但我感觉仍然不是很好。到夏天的时候我才想出了我现在用的这个系统。

如果你在2001年3月之后继续用你之前的系统会发生什么事呢？

那将是一场灾难。我可能会亏损25%—30%。

我知道你过去多次改用你认为改进过的系统。一些旧系统会更有效吗？

它们的表现更差了！

你现在使用的系统和你2001年3月后停止使用的系统有什么不同呢？

从本质上来说，我现在使用的系统更难以收到买入信号，更容易收到卖出信号。所以我的交易次数要少得多，当我在场内的时候，更小的不利价格变动就能让我退出。比如说，过去4个月我都没有收到过买入信号。用我旧的交易系统，我可能就会在这次下跌中交易，被绞杀。

如果总的来说，你的系统倾向于让你在股价下跌时期处于场外，你似乎可以通过在此期间做空而获得大幅收益，而不是持有现金。为什么你不把你的卖出信号当成做空信号呢？

事实上，我从未能开发出能够持续赚钱——重点在于持续——的空头系统。

你为什么不能在收到卖出信号后做空，而不是置身场外呢？

如果我能做空我买入的基金，那再好不过了，但这显然是不可能的。如果我想做空，我要么就得买入一只做空股票指数基金，要么就得直接做空股指。问题在于，我的系统在我买的公募基金类型上——也就是激进型增长基金——远比在股指上有效，它在股指上的表现很一般。

在我们初次专访过后，你决定重新接受投资者的资金。然后在2001年的第二季度，你再次告诉投资者，你要退还他们的资金。为什么做出了这样的决定？

因为我的表现如此糟糕，我也完全失去了对于我当时使用的系统能继续赚到钱的信心。而且，我不只是对系统丧失了信心，我也不知道自己该做些什么去改善。当时算是我职业生涯的低谷吧。

尽管我后来开发的系统让我免于亏损，事实上，我的交易方法自2000年秋季就不再奏效了。过去的6个月，我都几乎没有交易。我认为与互联网相关的炒作和投机行为的激增，导致我所使用的这类系统急剧恶化，互联网相关的炒作和投机行为让股市变得更随机。市场跟进行为显著减少。以前会持续一周的趋势，如今只持续两天；之前会持续两天的趋势，如今只能持续3小时。在消除之前的过度市场行为之前，我不看好我的方法，而这也许要花上数年之久。几乎所有的大牛市随后都会是熊市，再接上一段长时间的萎靡不振。这次也不例外。

那我的理解就是，在可预见的时间内，尽管我们已经见证了股价大跌，你也不认为股市会有任何明显的复苏。

如果你研究一下股价的长期历史，你会反复看到在最高点之后股市需要很长的时间才能恢复。就如席勒在他的《非理性繁荣》一书中所指出的那样，在20世纪3个主要最高点之后——分别是1901年、1929年和1966年——股市需要20年左右才能回到平衡（按通货膨胀调整后的价格计算）。由于2000年的最高点估值水平远高于包括1929年在内的以往任何一次股市最高点，如果要花20年才能回到同水平（按通货膨胀调整后的价格计算），也不足为奇。这意味着，股市最低点可能近几年还不会到来，如果它和之前所有的主要底部一样，那么在我们处于极端低位之前，最低点都不会到来。

你认为股市会下跌到什么地步？

我的魔法数字是5：标普500指数会跌到500左右，道琼斯指数会跌到5000左右，纳斯达克100指数会跌到500左右，跌到这个水平的时间大约是5年（2007年）。

听起来有些神秘。

这只是我的猜测罢了。当然了，我不会让这个猜测左右我的交易决策。下一次我得到买入信号的时候，我还是会买入。

你认为目前人们对于股市最大的误解是什么？

最大的误解在于，一般投资者无法理解"年"这一概念。知道我操盘的人总是问我觉得底部会出现在哪里，"是不是快到了？"他们会这样问。我告诉他们我觉得底部的出现还要等好几年的时候，他们就会惊讶地看着我，好像看到我长了3个脑袋一样奇怪。

迈克尔·马斯特斯

股海浮沉

5年前,马斯特斯还是一名失业的股票经纪人。如今,他是全美最大的股票操盘手之一。马斯特斯,这位亚特兰大的基金经理,职业生涯起步时做的是经纪人的工作,但他并不喜欢。5年后,他越来越灰心丧气,让自己陷入了被解雇的境地。除了渴望和信心,他也没什么其他长处了,马斯特斯决定创立他自己的基金。他以每股7000美元的价格卖出了10份1%份额的新公司股份,筹集到了他的启动资金(对他最初的支持者来说,这是一笔令人震惊的幸运投资)。

1995年,他创立了枪鱼基金,这个名字反映出他对垂钓的喜爱。在管理对冲基金的5年中,马斯特斯实现了极为罕见的高回报与低风险的完美结合:年均复合回报率达到了86%,其中只有3个亏损月度——最糟也就是微不足道的3%跌幅。截至2000年4月,他管理的资产已突破5亿美元大关,反映出高回报与源源不断的新投资者共同造成的影响。资产总额本还会更大一些,但马斯特斯决定让他的基金不再接受新的投资,这表明他担心资产增长过快会影响他的业绩。

尽管马斯特斯资本管理公司的资产规模已经超过15亿美元,这个规模已经足以跻身更大型的对冲基金之列,但这个数字仍然不足以体现这家公司的交易规模。因为马斯特斯的头寸换手率极高——远超行业平均水平——这家公司的交易规模可以与全美最大的对冲基金和公募基金的交易水平相媲美。

在开市时间段,马斯特斯对于股市全神贯注,面面俱到。为了避免受到干扰或是分心，他将自己与公司的交易员汤姆·佩尔一起锁在交易室里。公司的研究分析师知道电子锁的密码，如果他们有足够紧急的股市讯息就可以进交易室。除了极少数例外情况，马斯特斯在开市时间段不会接任何电话。"他全神贯注紧盯大盘，"佩尔这样说，"有重要电话打进来的时候，我不停地喊他接电话，他也完全听不到，直到我喊出'紫龙！'这样离谱的荒唐话他才反应过来。"

马斯特斯被他的员工亲切地称为"大邋遢"，这个绰号既反映出他的体型（1.98米），又反映出他在办公桌前大吃大喝，留下那堆残羹剩饭还有脏兮兮的纸餐盘的形象。马斯特斯有这么个怪癖，他习惯用键盘来操控电脑——这是个可以追溯到DOS（磁盘操作系统）当道的无鼠标时期所遗留下来的习惯——不到万不得已，他都拒绝使用鼠标。"迈克的键盘整天都在噼里啪啦响个不停，"佩尔描述道，"我们开玩笑说，迈克百年以后，我们会让他的键盘给他陪葬。"

尽管佩尔对马斯特斯的怪癖嗤之以鼻，但他对对方的敬佩之情却溢于言表。认识马斯特斯时，佩尔作为一位经纪公司的资深交易员，正在享受自己的退休生活，用自己的账户交易。他被马斯特斯的人品和才华深深打动，于是决定重返职场，加入公司当交易员。我问佩尔究竟觉得马斯特斯令人印象深刻的地方是什么时，他提到了三点，其中两点都是诚实的近义词："第一，正直；第二，品德高尚；第三，成功的决心。"

马斯特斯是个公开信教的人。在我们的谈话中，他也提到了他对上帝的信仰终其一生都至关重要，特别是对于他的操盘影响深远。"信仰给了我应对这一行不可避免的损失的力量。比如说，我今天损失了数百万美元，如果没有这个信仰，我将很难应对。"尽管马斯特斯自己没说，但我还是了解到他将自己收入的十分之一都奉献给了上帝。同时他还定期在一家基督教传教会工作。

因为我晚上抵达亚特兰大，第二天早上还要赶下一班飞机，马斯特斯和我决定在晚餐时进行专访。马斯特斯推荐了一家他最喜欢的餐厅：酒神宴。菜品精妙绝伦，如果你来亚特兰大，我也真心推荐，但有一点得告诫你：出租车司机显然找不到这个地方。我从机场打车过来的时候就迷路了，据我所知，餐厅叫来接我的前两辆出租车还在亚特兰大城里绕圈呢。

你最初是如何对股市感兴趣的？

我父亲在20世纪70年代以交易为生。在我十一二岁的时候，我开始好奇他的工作，问了他一大串的问题。他给了我一本书读，贾斯汀·马米思写的《何时卖出股票》。注意，书名不叫《何时买入股票》，而是《何时卖出股票》。我爸主要关注的是做空。

你爸在股市里表现如何？

他做得很好，足以养家糊口五六年。

后来发生什么事了？

他回学校读了工商管理硕士，毕业后成立了一家咨询公司。

你从你爸那儿学到了股市经验吗？

当然学到了。他教会了我获利了结的重要性，我也将这一点融入到了我们的策略中。

在什么意义上的获利了结？

变现之前都没有真正盈利这个概念。

对我影响很大的还有我的叔叔们，路易叔叔和拉里叔叔都交易股票。我还小的时候，我们会有家庭聚会。路易叔叔坐在一边，拉里叔叔坐在另一边，我爸则坐在桌子对面，他们会一直谈论股市。我是家里的独子，我以为男人就该干这些。等到我进入这个行业的时候，路易叔叔和拉里叔叔成了我的客户。我从他们身上学到了不少东西。

他们都教会了你些什么？

自律的重要性。如果出现了亏损，就退场走人。

你上大学的时候就想着成为一名基金经理吗？

不，我上大学的时候是想成为一名医生的。实际上，我去田纳西大学是因为我有游泳奖学金。那段经历给了我不少帮助。如果没有这个背景，我是不可能做我现在的工作的。

怎么说？

习惯痛苦。我们会做些疯狂的组合训练。我们一天会游20000或25000米。教练会走过来说："好，下面我们要做100组200码（来回游100次200码）。"你的心一沉。你就知道又要痛苦了。

你的游泳生涯取得了怎样的成绩？

我曾是短距离自由泳的全美大学生明星。

全美大学生明星是什么概念？

意味着你在全国大学生游泳锦标赛中进入了前8名。

你参加过奥运会选拔吗？

我参加了奥运会选拔赛，不过没能入选。在选拔赛前那个夏天我得了腮腺炎，没有足够时间回到巅峰竞技状态。然而如果是再往前一年，我的排名足够靠前，就可以入选。

你参加了下一届的奥运会选拔吗？

游泳不算是个赚钱的体育项目。到下一届选拔赛的时候，我就26岁了。我也可以继续游下去，但我已经游了很久了，觉得受够了。

你现在还会游泳吗？

游得很少，大不如前了。我实在是没时间。

你是如何从医学预科生转型为一名操盘手的？

当我学完有机化学的时候，我就意识到我并没有去医学院念书的热情了。

你一开始为什么想当医生？

我10岁那年，出了很严重的意外，在医院待了一周又一周。作为一个孩子，医院里那些医生给我留下了深刻的印象，我那时觉得以此作为职业一定不错。我喜欢这份工作既结合了科学研究又能帮助他人。

出了什么样的意外？

我撞上了一扇玻璃门。我们家有一扇通向泳池的推拉门。有一天我跑回屋子里的时候，我以为自己没关门，但门是关着的。我一头撞上了玻璃，玻璃直接碎了，把我割得遍体鳞伤。我腿上的割伤一直延伸到股骨，割断了我的肌腱。我不知道你有没有注意到，我有些跛脚。我不得不重新学习怎么走路。事实上，这是我一开始游泳的原因，游泳是复健疗法的一部分。

你妈妈肯定把窗户擦得很干净吧。

确实如此。但出了意外之后，她总是在玻璃门上贴上胶带。

是什么转变了你当医生的想法？除了不喜欢有机化学，总还有些别的原因吧。

在大学念了两三年之后，我意识到我并不是真的想当医生；走上了这条路只是因为我10岁的一个愿望。我修了几门我乐在其中的金融课程，包括一门精彩的投资课程，接着我就转了专业。

你在那一门投资课程里学到了什么？

典型的估值理论——格雷厄姆和多德那类东西（经典投资图书）。

你在自己交易的时候会用这类分析吗？

用得不多，但是有这样的背景知识很不错。我觉得很实用，这样你就能衡量出其他投资者看重什么。

学术背景还有哪点在你如今的方法中有所体现呢？

投资组合理论。传统的理论是，你应当使你的投资组合更多元化，以消除非系统性风险，也就是特定公司带来的风险。这样一来，如果一家公司倒闭，你也不会大伤元气。但这也同样意味着，你最终是在跟踪指数。如果你的目标是跑赢指数，使用这种策略就很难成功。我们颠覆了投资组合理论。我们实际上尝试承担非系统性风险，在股票的非系统性风险相对于系统性风险高的时候（也就是说，股票的价格波动更容易受到公司特定事件的影响，而不是股票市场整体的波动）持有股票。

你大学毕业之后去做了什么？

我决定去读商学院，这能让你推迟几年决定要做什么。我申请了埃默里大学，是所本地大学，我也不想再多费心去申请其他学校。招生官告诉我，他们很愿意录取我，但我没有工作经验，我发现这是当时埃默里大学的入学要求之一。我的工作经验就只是修剪草坪还有在一家钢铁厂打暑假工，这都不太够格。

我决定在经纪公司求职以得到工作经验，当时有个哥们儿住我附近，在一家经纪公司工作，因为见过我在邻居家修草坪觉得我很勤快。他还在大学里踢过足球，所以他也喜欢我当过大学运动员这码事。他告诉我，尽管我不符合职位要求，但他会给我个当经纪人的机会。

什么职位要求？

有销售经验。

他们有培训课程吗？

有，培训两周，教你如何销售。

培训课程之后发生了什么事？

他们给了我一份名单，让我进行电话推销。

这项工作难吗？

真挺难的。我还会和另一位实习生一起去上门推销。我们在附近挨家挨户敲门，试着让人开户。有一次我们走进了一家杂货店，结果店主的姐夫在股市里赔了个精光。杂货店主把我们赶出了他的店铺，挥舞着一根大面包棒子对我们吼着："我不想跟你们经纪人说话。赶紧滚！"（他回忆起这件事的时候笑了很久。）

我想那不是家五金店就算你走运了。你打电话推销的人，有多少比例可以转化成你的客户？

大概1%吧。我在这一行待了一阵之后，我发现自己想做的是管理端，而不是销售端。然而这家公司是想让你销售金融产品。如果你是想做管理资金的经纪人，他们就用你长了两个脑袋一般的诧异眼神看着你。

那你作为经纪人能称得上成功吗？

我能以此维持生计，我想也算是种成功吧。我在公司遇到的问题之一是，我觉得他们的佣金结构太高了。所以我就改动了一下。

有人批准你这么做了吗？

没有。

你就单方面降低了佣金吗？

没错，因为佣金太高，没法交易。

所以你当时就意识到，支付全额佣金会让客户交易亏损吗？

当然了。如果客户赚不到钱，就不会留下来。

那你的公司对你降低佣金一事有什么反应？

他们发现这件事的时候气极了。

你降低了多少佣金？

大概九成吧。当然了，现在是会有折扣经纪佣金的，但当时不一样。

你当时觉得什么是对，什么是错？

我意识到，如果我在某个事件发生之前想到，我通常会赚钱，但如果我等到事件发生后，我就会亏钱。比如说，我记得有一家公司报告了正收益，但股票却被抛售，因为这个消息已经被贴现了。这给我上了很好的一课。

你是什么时候从一个经纪人转型为基金经理的？

我交易自己的账户且到了稳定盈利的程度，我觉得我已经准备好单打独斗了。但做出实际行动其实是不得已而为之。

为什么是不得已而为之？

我被解雇了。我有很多可自由支配的账户，都低于公司的最低要求。办公室经理说："你不能在低于公司最低要求的情况下交易这些账户。"

我说："我可以。"

他说："不，你不行。你离开这里！"

这其实是我心里很期待发生的事。我想我只是需要临门一脚来完成转变。我不想再做经纪人了。

为什么呢？

因为每次你想同时为公司和客户赚钱，本身存在冲突。我想基于业绩来管理资金，因为我觉得这样明朗得多。我对于经纪业务有些道德上的坎过不去。

比如说？

会有潜在的压力让你推销公司承销的股票，销售与公司有合作关系的公募基金，尽管这些基金可能评级较低。

如果你试着销售其他公募基金会怎么样？

你可能拿到的销售佣金就会比较低，有时候你可能一分钱佣金都拿不到。

你被解雇后发生了什么？

我跟我爸聊了聊我应该做什么，他建议我应该试着自己出去闯闯。尽管我很喜欢根据业绩表现决定收入这件事，但我很担心自己只有一份经纪人的履历，会不会有人愿意让我管理他们的资金。

是什么让你确信自己会成为一名成功的基金经理？

除了我爸和我妻子苏珊娜，每个人都说你不可能交易成功，并建议我不要尝试这样做。你的那些书（《金融怪杰》和《新金融怪杰》）真的帮助良多，因为这让我看到自己是有可能成功的。仅仅了解这点就至关重要。我意识到如果别人能从事交易，我也可以。同时，我曾在最高级别的游泳比赛中取得过名次这件事也给了我信心，让我觉得自己在这行也能做得出类拔萃。

可这样的信心是基于什么而来的呢？你当时的交易业绩也和现在旗鼓相当吗？

多年来，我在自己账户上的业绩只略好于保本的程度。可当我被解雇的时候，我的交易业绩刚刚开始大幅改善。

什么发生了改变？

我开始关注催化剂。有一件让我受益匪浅的事，就是为我的交易想法编写软件。我父亲为他的食品服务咨询行业写过不少软件，他也建议我说："如果你真想把什么事了解透彻，你就应该为这事儿写个软件。"

那你在模型中输入了什么？

所有类型的输入数据都包含进去了，但我发现催化剂的作用高于其他一切。所以，模型最后基本完全关注催化剂。

你说的催化剂到底是什么意思呢？

催化剂是指一件已经发生或者即将发生的事，这件事可能会因为改变市场对一家公司的看法而导致股价变动。

催化剂的定义不是一次性事件吗？你如何为一次性事件建立模型？

大多数催化剂都是重复性事件——每年发布4次财报，零售商每月都会报告同店销售额，航空公司每月会报告载客率，诸如此类。

你如何运用财报发布这样的事件来做出交易决策呢？

大量学术研究表明，有正面盈利意外的股票往往跑赢大盘，但改善幅度相对较小。你经常会发现，当你出现正面盈利意外后买入一只股票，你实际买在了最高点附近，因为"盈利意外"已经被贴现了。

如果是"意外"，怎么还能被贴现呢？

我们说的是两回事。华尔街和学术界对"盈利意外"的定义是，以最小幅度高于或低于一致预期。而"盈利意外"是否被贴现，则取决于报告发布前的价格走势。比如说，如果一只股票在财报发布一周前，在股市横盘的情况下，上涨了10个点，而报告的收益只比预期多那么一丁点，这也许就是学术界定义的"意外"，但可能这种情况已经被贴现了。

难道学术研究不会考虑数字发布前的股价趋势吗？

不会，他们只看这个数字有没有超过一致预期。尽管还有其他有用的信息，通过考虑财报发布前的股价走势、报告收益与预期收益的差距这些因素，你可以极大提高交易的成功率。

举个例子，如果我过马路不看路，我在凌晨两点出门，被车撞到的概率就会比中午小。这就和那些学术研究用到的信息差不多——有价值，但仍有很大的提升空间。如果我过马路的时候耳听八方呢？那就能再降低一些我被车撞到的可能性。如果我不只竖起耳朵认真听，还看一个方向呢？我存活的概率又增加了。

如果我左右两边都看了呢？我又能增加一些概率。这就是我们分析所做的工作。我们尽可能地在提升交易成功率。

因此，比如我假设一只股票在正面盈利意外前股价下跌，这会增大市场看涨反应的概率。

当然了。如果一只股票在报告发布前因负面预期股价下跌，继而出现了正面盈利意外，那么就会出现不得不回补的空头、想要买入的新投资者和一次完全的未贴现事件。在这种情况下，股票会反应剧烈。

但财报发布后股价不会大幅跳空上涨并消除获利机会吗？

股价会上涨，但不会对这一变化完全贴现。这也是有效市场假说的问题之一。市场不会立即对所有信息进行贴现。

当你在报告发布前因为预计数据会好于预期而建仓，结果实际数字却差于预期会发生什么？或者反过来呢？

我们通常会立刻清仓。我们会做很多交易，我也总是在犯错。每天我都入场，然后变得谦卑（他笑了起来）。

整个华尔街都会关注提供催化剂的事件。是什么给了你们优势呢？

我们的所有注意力都放在找寻催化剂上面。这并不只是我们策略的一部分，这就是我们策略本身。

你是如何决定何时退出的？

时间止损法非常有帮助。对于我入场的每一笔交易，我都有一个这笔交易应该奏效的时间窗口。如果到了时间止损点还无事发生，那么市场也许不会贴现这个事件。

你是如何平衡多头和空头的？

我们的净头寸平均是40%的净多头，在90%净多头和10%净空头之间浮动。比较典型的情况是50%多头，10%空头，其余为现金。

这样的现金持有比例很高了。

我们有两个任务：给我们的投资者赚钱，保护资本。持有40%左右的现金可以起到稳定业绩的作用。

你们是如何在持有如此大比例现金的情况下，还能超过指数回报率的？

我们将我们的业务视作一家杂货店。你可以通过两种方式获得杠杆：扩大仓位，积极周转。就像在杂货店那样，我们一直在进货，也一直在出货。如果一块肉快变质了，我们就会降价卖掉它。

一般来说，你会持有头寸多久？

平均2—4周。

你的交易盈利的比例有多少？

刚过70%。

你们会用技术分析吗？

我们用技术分析并不是因为我们觉得它意味着什么，而是其他人觉得它意味着什么。我们总是在找让我们退出交易的市场参与者，从这个角度来讲，了解人们可能会在哪些技术点位买入或卖出是有帮助的。

你会将网络作为信息来源吗？

我上网用到最多的就是TheStreet.com。我很喜欢吉姆·克莱默的市场评论。这个网页对普通投资者来说是最好的可用网络资源之一了。然而，我还是要提醒投资者一点，留心聊天室，因为别有用心的人混迹其中，那里的信息很有问题。

交易给你带来了什么宝贵的经验吗？

数不胜数。当你订购名片的时候，你通常会收到一大沓。因为我不做营销，我几乎不会发出任何名片。所以，我就用我名片的背面来记录交易经验。任何我觉得对市场行为有启发性的交易，我都会写下股票代码，简明概括我在这笔交易中获得的经验。这就是我开发并持续构筑我的交易模型的方式。

我坚信，写下你的交易理念对任何投资者来说，都是一项极有价值的练习。写下你的交易理念可以帮助你厘清你的思路。我还记得自己花了很多个周末坐在图书馆里写下我的投资理念：我要寻找什么催化剂，我期望它们如何影响一只股票，以及我如何解读不同的价格反应。我肯定积累了有500页的交易理念。坦白讲，这项工作繁重无趣。但这个过程对于形成我的交易方法是极为宝贵的。

你对投资者们还有什么建议？

做散户经纪人的好处之一，是我得以见识了很多人犯的错。有了这样的经验，我能给投资者提供的最重要一个建议是：得有计划。知道你买入股票的原因，了解自己在交易中到底寻找什么。如果你能好好思考自己在做什么，就能避免很多错误。

★

马斯特斯的方法可以被总结为四个步骤：

1.从经验中学习领悟。对于任何有启发性的交易（无论盈亏），都可以将你从这笔交易中学到的市场经验记录下来。不管你是写交易日记还是像马斯特斯那样用名片背面记录都一样，重点在于你有条不紊地将每次交易经验都记录下来。

2.形成交易理念。将你的交易经验汇编成连贯的交易理念。有两点需要说明。首先，从定义来说，这一步对初学者来说是做不到的，因为需要许多交易经验才能提炼出有意义的交易理念。其次，这一步是一个动态的过程，随着交易者积累到更多的经验和知识，现有的理念也应该相应做出调整。

3.识别高胜率交易。利用你的交易理念形成识别高胜率交易的方法。寻找那些表现出你认定具有一定预测价值的特征的交易。即使每个条件只能提供微不足道的优势，但多个条件的组合就能为交易提供显著优势。

4.制订计划。知道自己何时入场，知道如何退出。很多投资者都犯了只关注前者的问题。马斯特斯不仅有自己独到的选股和入场方法，也有自己的退出计划。只要符合以下三个条件任意一个，他就会退出：(a) 他本次交易的盈利目标已经实现；(b) 预期的催化剂未能如愿发挥作用或是股票未能做出预期反应；(c) 该股票未能在预计时间内做出反应（触发"时间止损"）。

★

迈克尔·马斯特斯的近况

马斯特斯在熊市的头两年仍然保持了盈利,尽管盈利不多,但2002年3个季度过去,他似乎面临着首个亏损年度出现的风险。自2000年年初至2002年9月,他的业绩增长了13%。虽然这样的回报听着不会让人啧啧称奇,也远低于之前的收益,但值得注意的是,在同一时期,标普500指数下跌了45%,纳斯达克指数则跳水了71%。

你如何看待当下的股市?

如今股市具备了所有典型的熊市特质,过去几年的纳斯达克指数看起来非常像1929年年末至1932年间的道琼斯指数。

为什么你会把1929年的道琼斯指数与如今的纳斯达克指数相比较,而不是与如今的道琼斯指数或标普500指数作对比?

因为它们的图表看起来很相似。

这种比较有什么意义呢?

意义在于,股价下跌的百分比,最后很可能极为接近。在1929年至1932年期间,道琼斯指数下跌了接近90%。而近期纳斯达克的低点(2002年7月),相比于2000年3月的高点下跌了接近82%。当然了,相对于那个高点再下跌近8%,将意味着相对于近期低点再下跌逾40%。我并不认为我们需要与1929年至1932年期间的熊市匹配,因为如今的经济状况显然比大萧条时期好上不少。但话又说回来了,就年均股价涨幅而言,1990年代的牛市比1920年代的牛市还要极端。

你对股市的长期预期是什么?

我认为,指数会维持在一个宽幅的交易区间里,就像是我们在1970年代末见过的那样。我们可能会看到牛市阶段股市上涨30%或更多,但随后就出现为期一两年的熊市。

从投资者的角度来看,这听起来就像是你在预期未来5—10年的年均回报率接近股息收益率。

我认为这可能是一个合理的估计。我不觉得收益会比这高出太多。

这种看法确实相当看跌。这无疑意味着与市场每年将近10%的长期平均涨幅相比，表现逊色许多。是什么让你如此消极呢？

主要是因为回归均值。

也就是说，如此极端的过度上行，就会导致我们可能会面临很长一段的低迷期。

没错，这正是我的假设。尽管我相信美联储为避免通货紧缩做出的努力——日本在1990年代的经历更有可能促成这种立场——会导致盈利增长，但这种增长可能会以更高的通胀水平和更低的市盈率作为代价。最终的结果接近于对长期股价的冲击。然而，长远来看，大宗商品也许会表现不错，因为美联储除了通胀别无选择。

当然，如果你说得没错的话，这就意味着长期处于高位的债券，将长期走低。讽刺的是，很多在股市中受到重创，转而到债券市场寻求"稳靠"的人，很可能会因为在债券市场亏损而加重损失。❶

没错，如果你把钱放在债券上作为长期投资，你基本就是在赌我们会重蹈日本的覆辙——美联储无法成功避免通货紧缩——我不愿意下这样的赌注。

在熊市交易与在牛市交易有何不同？

1999年狂热的牛市与今年无情的熊市之间的对称性，可以说是让人惊叹。1999年，一家公司宣布将业务扩展至互联网领域，就足以在一夜之间将其股价推高20美元。今年，《华尔街日报》一篇关于某公司会计问题的报道，就足以让股价瞬间跌20美元。所以你看到的疯狂价格波动其实是同一类型，只是一个涨一个跌罢了。2002年的恐惧就如1999年的贪婪一样浓烈。以此类推，如今的多头头寸也会像1999年的空头头寸一样，突然出现大幅非理性、不利的价格波动。然而就

---

❶ 尽管债券收益稳定，但许多不够成熟的投资者并不能充分认识到利率上涨导致的债券价格下跌可能会高于利息收入，导致总回报为负。在利率长期处于低位的情况下，债券总回报为负的风险非常大，特别是在马斯特斯对长期通胀上升的预期是正确的情况下。

像1999年那样，我相信现在这种情况也是暂时的。

在这个节骨眼儿上，你对投资者有什么建议？

我觉得想在未来10年的美国股市赚钱只有一个办法，采取逆向投资策略。每当出现像2002年7月那样的恐慌情绪，你必须成为一个心甘情愿的买家，即使你可能不想成为。如果一年后价格反弹，市场情绪又恢复乐观，你就得退出。也就是说，你如果能逆势而为，就能获得丰厚回报。

逆向投资法在1990年代过时了，因为人们只想买热门的东西。但如果你回到1960年代和1970年代，赚钱的唯一方法就是在交易区间的低点买入、高点卖出。我想在未来的5—10年或更长时间，我们将面临类似的情况。

|约翰·本德|

质疑显而易见之事

如果约翰·本德对于期权[1]的看法无误——从他的业绩来看，我们有充分的理由相信他——那么几乎其他所有人都错了。本德断言，诺贝尔经济学奖得主所提出的期权定价理论，同时也几乎是全球交易者使用的定价模型的基础，从根本上就出了问题。这一看法不只是观点上的相悖，本德的整个方法是基于与传统期权模型的价格指示相反的押注。如果他的模型对价格概率的估计比当前期权价格所暗示的更准确（当前期权价格更能反映标准期权定价模型），那么本德就会进行有利可图的交易。

本德管理着巨额资金，业绩也颇为优异，但为人一直低调得让人难以置信。他的基金没有出现在任何我查询过的行业数据库中。就如本书和两本前作中我采访的大多数人那样，我也是通过业内人士联系上本德的。

1998年，本德以优秀的成绩从宾夕法尼亚大学生物物理学专业毕业。本科暑假期间，本德从事过几份科研工作，包括在利弗莫尔实验室和伍兹霍尔海洋生物实验室任职。尽管他喜欢科学，但他还是不再对科学事业抱有幻想，因为他观察到，职业科学家不得不把大量时间花在寻找研究经费，而不是科学研究上。与此同时，他对市场产生了兴趣，觉得这为他的分析技能提供了一个充满挑战的应用

---

[1] 建议不熟悉期权的读者在阅读本章前，先阅读附录中关于期权的简要介绍。

场景。

毕业后，本德开始用自己的账户进行交易，但他只有几千美元的风险资金。一年后，他筹到了8万美元作为资金支持。从1989年8月到1995年3月，他用自己的账户操盘获得了187%的年均复合回报率，中间只有3个季度出现亏损，最差的1个季度下跌了11%。

本德休假一阵之后，在1996年8月发行了他的基金，该基金在随后的3年半里，平均回报率达到33%。尽管回报率相当可观，但你可能还是想知道，相比于他个人账户前几年的业绩表现，是什么导致回报陡降呢？原因很简单：杠杆。在基金中，本德将他的杠杆从4倍降到了1倍（由于月度复利的影响，年收益减少了很大一部分），重点强调风险控制。直至今日，该基金净值的最大跌幅为6%。除了管理自己基金里的上亿资金，本德还管理着量子基金里一笔未公开的款项，为其交易货币期权。

对这些金融怪杰而言，将他们可观的交易利润抽出一部分用于支持慈善或是其他事业，实乃稀松平常。我发现本德盈利的一项用途很值得一提，因为其构思独特，影响长远，实属未雨绸缪之举：他正在大量买入数千英亩的哥斯达黎加热带雨林，以保护该地区免遭开发商的破坏。

就在动身前往纽约为本书进行采访的前一天，我得知本德也将在同一时间抵达纽约。因为他住在弗吉尼亚州，离我计划采访的其他操盘手都有一定距离，所以在我们碰巧同时造访纽约的时候安排会面似乎很方便。唯一的问题在于，我的日程已经安排满了。我们决定晚些时候一起吃顿晚餐。为了方便，本德在我住的酒店订了房。

我们在晚餐前于酒店大堂碰了面。那是个十分温暖的夏夜。本德西装革履，打了领带，然而我还想着穿多克斯休闲裤而不是牛仔裤，就算是对晚餐穿着已经做出了充分让步。是本德订的座，他有些担心我穿成这样，餐厅会不会允许我进去，建议我打电话确认一下。我向他保证，我一般不会因为衣着休闲遇到问题。当事实证明是这样时，他似乎有些失望。等到了傍晚，我意识到西装革履的他并不自在，很明显他平时也不这么穿，而且还有些羡慕我的休闲穿着。他那高大的身躯在他那套正装里显得有些伸展不开。

采访是在一家寿司店享用美味佳肴的同时进行的。将近4个小时后，我们离开时刚好快到午夜，这时我们突然意识到，店里只剩我们了，店员不耐烦地转来转去，在等我们离开。回到酒店后，我们稍作休息，我去看看陪我到访纽约却形单影只的妻子，本德则去查看东京证券交易所的交易情况，他的公司在东京证券交易所是重要的参与者。15分钟后，我们再次在酒店大堂碰头，本德身穿短裤，套了件宽松的T恤，看起来像从西装革履中解脱出来了。凌晨3点半，采访结束，我的3小时录音带也录完了第二盘。

★

你大学时的职业目标是什么？

成为一名物理学家。

你对哪方面的物理学感兴趣？

我主修生物物理学。我费时很多的一个项目，是尝试开发一种用光学显微镜显示三维信息的方法。当你观察细胞内极小的结构时，通常会有两种选择：你可以用电子显微镜或是光学显微镜进行观察。电子显微镜的优点是其放大效果很好。问题是，为了能够成像，你得先给细胞注入重金属，这就导致你看到的细胞与它还活着的样子大相径庭。我不清楚你是不是这样，但我很肯定如果有人射杀了我，然后把我放进熔铅的大桶里再捞出来，那时的我肯定也和现在的我长得不一样。有人发表论文说他们发现了细胞的新结构，但后来发现这只是细胞内金属晶体析出造成的假象。

所有人都知道电子显微镜的问题，所以都倾向于先尝试使用光学显微镜。然而使用光学显微镜的主要问题在于当你需要用极高的放大倍率去观察极小的物体时，景深接近于零。你可以看到一个对焦的平面切片，其他一切都处于失焦状态，这就让观察三维物体变得很困难。如果你尝试观察超过一层，你看不到什么，因为失焦的部分覆盖了其他部分。为了克服这个困难，我们就得想出一个能过滤失焦信息的程序。这是个非常有趣的数学问题。

你为什么对物理学不再感兴趣了？

学生时期，物理乐趣无穷。所有人都希望你能为研究添砖加瓦。你能有机会研究自己感兴趣的东西，写研究论文，向大家展示自己的聪明才智。但当你不再是学生时，你就得向学校证明自己，也就意味着有写不完的经费申请要写，还得为了拿到终身教职产出大量论文。这样一来，你90%的时间都不是花在物理研究上。我整天忙于物理研究，其他人却在实验室为了写经费申请焦头烂额。我意识到这不适合我。

你最初是什么时候对股市感兴趣的？

在我的成长过程中，我把所有时间都花在了数学和物理上。我是个怪孩子。我最早开始关注期权市场是在高中的时候，因为我觉得用这个方式应用我学到的数学知识很有意思。

你是什么时候开始交易的呢？

大学四年级的时候。我喜欢交易是因为你唯一的限制就是你自己。

你都交易些什么？

费城证券交易所的股票和股票期权。

你是怎么接触到场内交易的？

我有个朋友是做市商。我和他一起进行了几次场内交易之后，觉得这份工作很适合我。我一直对股市和数学感兴趣，而期权交易则将两者完美地结合在了一起。

当你最开始进行场内交易的时候，是如何获得交易资金的呢？

我从几个职业赌徒那儿筹到了8万美元。因为我曾是一名正经的围棋和双陆棋棋手，我认识好些世界顶尖的双陆棋棋手和扑克牌手。我的一位投资者刚赢得了世界扑克锦标赛，而另一位则曾是世界最顶尖的双陆棋棋手之一。

他们支持你能获得什么回报？

起初是我50%的利润。我最后买下了他们的份额。尽管赌博这词听着不是什么好事，但赌博和交易有许多相似之处。

为什么？

因为都意味着你的结果取决于运气。我提到的那些人，都把扑克或双陆棋视作一项事业，而不是概率游戏。将交易和将赌博游戏当作事业，想要成功有几件事不可或缺。首先，你得了解自己的优势，并将其最大化。其次，你必须要能应对亏损。比如说，世界上排得上名次的双陆棋棋手可能会因为运气不佳而输掉10万美元。如果出现这种情况，他不能失去理智。他得保持冷静，继续做他该做的事情。最后，你得明白赌徒之殇——筹码有限，别玩太大。

尽管看上去，如果你手握优势，将优势最大化的方式就是尽可能扩大交易量，但因为风险的存在，事实并非如此。无论是作为职业赌徒还是交易者，都是不断在最大化优势和最小化出局风险之间走钢丝。

你如何决定什么是正确的平衡？

这个问题没有唯一的正确答案。要看每个人的风险承受能力。比如说你已经存够了能相对舒服过一辈子的钱，但没什么能力大手笔奢侈消费。我过来给你一个赔率为10的扔硬币赌局。唯一的条件是，你必须把全部身家都押进去。这场赌局你占据极大优势，但是你很可能并不想接受，因为你可能得到的价值，即使是一笔大得多的钱，也远远小于你可能失去的价值。然而，如果你刚从大学毕业，存款也就一万美元，还有整个职业生涯等着你去赚钱，你可能就想接下这个赌约了。作为一名基金经理，如何最大化自身优势的正确答案不只是取决于你自己的风险特征，还得看你对你的投资者的风险特征的看法。

你在费城证券交易所做了多久的场内交易？

5年出头。

业绩如何？

最初的8万美元本金，到我离场的时候，将收益悉数付给我的投资者后，仍然超过700万美元。

你的业绩这么出色，为什么要离场呢？

随着我越赚越多，只投资两三只股票就变得越来越困难，为了能分散投资，离场是说得通的。

你是如何在期权交易中收益如此稳定的？

要想在期权中赚钱，你不需要知道股价将是多少；你只需要知道概率分布❶（期权到期时股票处于不同价位的概率）。

如果全知全能的上帝来跟我说："我不会告诉你IBM一个月后价位是多少，但你一直表现不错，是个乖孩子，所以我会给你股价的概率分布。"那么我可以通过数学运算——并不是很复杂的数学运算——准确地告诉你在那个日期到期的每个期权的价值。问题在于，万能的上帝不会告诉我，也不会告诉其他人，IBM一个月后股价的概率分布。

以布莱克–斯科尔斯公式为基础的标准方法假定概率分布符合正态分布曲线（即我们常用于描述概率的钟形曲线，比如人群中智商的分布就符合正态分布）。关键词在于"假定符合正态分布"，是谁告诉这些人这就是正确的概率分布方式的？他们从哪里得到这个想法？[布莱克–斯科尔斯公式（或其变体之一）是广泛用于计算期权理论价值的公式。这个公式中一个隐含的假设是，期权到期时，价格处于不同价位的概率符合正态分布❷——价格接近当前水平的概率最高，价格越远离当前水平，概率就越低。]

---

❶ 概率分布是一条说明某事发生概率的曲线——这里指的是，在期权到期日，某只股票在不同价位的概率。X轴（水平线）表示股价，Y轴（垂直线）表示股票处于不同价位的相对概率。曲线在价格区间内所处的位置越高，表示期权到期时，股价会处于该价格区间的概率就越大。曲线下任何价格区间的区域对应期权到期日股票处于该价格区间的概率。比如说，如果曲线下有20%的区域处于50—60这个区间，就表明，在期权到期日，股价有20%的可能处于50—60这个价格区间内。再比如说，如果60的看涨期权，也就是允许持权人以60的价格买入股票，曲线下有80%的区域对应低于60的股价，那么说明有80%的可能性，期权到期后一文不值。

概率分布曲线的形状，是期权到期日股价处于不同价位的概率写照，将决定期权的价值。这条曲线的真实形状当然不得而知，只能估计。关于这条曲线形状的假设对于确定期权的价值至关重要。无论期权的真实价值如何，如果两个交易者对概率分布的形状有不同的假设，就会导致他们得出不同的结论。能够更精准估计概率分布的交易者，相比于其他交易者会有显著优势。

❷ 参见第230页的注释。

如果股价波动类似于通常所说的"醉汉趔趄",那正态分布是恰当的。如果有一个醉汉走在狭窄的走道里,他只能蹒跚向前或退后,为了使他的走动被认为是随机漫步,必须满足以下条件:

1.他蹒跚前进和退后的可能性必须相同。

2.他蹒跚前进和退后的距离必须完全一致。

3.他每次蹒跚行走的时间间隔必须完全一致。

这些要求相当严格,满足这些条件的变量并不多。我认为,股价甚至和随机漫步都不沾边(用每天的股价变化替代醉汉的脚步)。

我并不是说,布莱克和斯科尔斯做了愚蠢的假设;他们做了唯一可能的合理假设,因为他们自己并不是交易者。事实上,他们还因此获得了诺贝尔奖。尽管如此,坦白说我觉得这有些奇怪,因为他们只用到了高中数学。我所有的交易都建立在一个前提上,那就是布莱克-斯科尔斯遗漏的最重要的部分,即概率分布的假设。

为什么你如此笃定股价和随机漫步毫不沾边呢?

举例来说,不管你相信与否,都有这样一样东西——技术分析,人们通过技术分析尝试着确定支撑位、阻力位和趋势。无论技术分析是否有效,有足够多的人相信它,就能对股市产生影响。举个例子,如果人们期望一只股票点位处于65的时候处于支撑位,你看着吧,66点的时候他们就会愿意买入。这可不符合什么随机漫步的说法。

我再给你举个例子。假设人们出于某种原因开始对科技股来劲儿,开始买入。下个季度,当散户决定把钱投到哪里时,哪些基金将有最好的表现?——科技股基金。什么基金下季度资金流入会最多呢?——科技股基金。他们又会买入什么股票呢?——当然不是航空股,它们是科技股基金。所以科技股基金会涨得更多,它们会有更出色的业绩,分到更大的蛋糕。所有这些因素导致股价趋势。同样地,这样的股价行为也不符合随机漫步假设。

这种模式在最近美国股市的上涨中越来越多地出现。不断有资金流入买入相同股票的相同基金，推动了这种疯狂的上涨趋势，将这些股票的价值推高到任何历史估值都难以置信的水平。你拥有的股票再生产价值为2000万美元——某人的网页系统——交易价格却高达10亿美元甚至更高。真值这么多钱吗？我不想说不值——毕竟交易价格到那了——但我觉得最终你会看到和美国无线电公司在电视繁荣时期一样的结果：先是涨到高耸入云的地步，然后暴跌。

如果这些公司做好自己的工作，而互联网是它应该有的样子，每个公司都可以获取每个客户，它们将会削减彼此的利润，最终很少有公司能赚到很多钱。如果你拿起一期《纽约客》，你能找到20个网络书商的广告。这就是一个行业完全竞争的典型例子。会有一些例外情况，因为它们品牌响亮，有些人的工作也做得比别人好，但这种结构能否支撑该行业目前的估值？我持怀疑态度。

为什么我们看到的股票估值会比它们的历史水平高出这么多？有什么根本性的变化吗？

因为价格走强带来了新的买盘，这样周而复始，导致股价越来越走强。而加剧互联网热潮的一个重要因素，就是这些公司的股票供应有限。大多数互联网公司股票的流通量只有20%，甚至不到。

过去5到10年间另一项重大发展是，保险公司和养老基金配置到股票投资的资金额度大幅上升。作为对冲基金经理，如果我们的交易额达到10亿美元，我们就会觉得自己体量庞大了。与拥有数万亿美元资产的保险公司和养老基金相比，这压根不值一提。

如果我理解的没错，你的基本假设是股价变动并不随机，因此大家用于判断期权价值的股价正态分布的假设，并不是真实股市的准确数学表述。这是否表明你已经构思出了另一种期权定价模型？

不是你想的那样。这不是提出一个比标准布莱克-斯科尔斯模型更好的通用模型的问题。关键在于，不同时期，不同市场，对应的概率分布也截然不同。概率分布估计，必须具体情况具体分析。

如果你对本德上面这番挑战期权市场参与者核心假设的言论有疑问，同时如果你真的在意这个问题，那你可能应该重新阅读一下概率分布的解释（第222页的脚注）。本质上，本德的意思是，传统期权定价模型不仅错在他们做出了股价正态分布这一无根据的假设，还错在认为会有单一模型能用于估计不同市场（或股票）的期权价格，这种想法本身就错了。相反，对于不同市场（或股票）有必要使用不同的模型。

你是如何估计概率分布的？

从基本面到技术面，再到谁在市场中做些什么，各项要素一一观察。每只股票有其自己的概率分布，这取决于一系列因素：谁持有多少头寸？主要买家是在什么位置建仓的？他们的止损点在什么位置？哪些价位可能在技术层面具有重大意义？

你能从可靠途径获得这些信息吗？

如果是股票和期权，我可以从场内获得信息，如果是货币，我可以从银行获得信息。

你是如何将"谁在做什么"这样的信息转化进某种期权定价模型的呢？

我能想到的最好的例子是黄金市场，而非股票市场。早在1993年，在经历长达13年的下跌后，金价反弹至400美元的心理关口上方。许多大宗商品交易顾问（期货市场的基金经理，简称CTA），大多数是趋势跟踪者，加入进来做多黄金，预计之前长期的下跌趋势已经逆转。这些人大多使用的模型，会在价格下跌到一定程度时让他们止损或将多头转变为空头头寸。因为大量大宗商品交易顾问参与了这一交易，也因为他们止损型的交易风格，我感觉价格下跌可能会导致多米诺骨牌般的抛售热潮。从追踪这些操盘手过去的交易我了解到，他们的止损在很大程度上是市场波动的函数。我的看法是，如果市场又跌落回390美元这个价位附近，就会触发他们的止损点，引发连锁反应。

我不想在当时的价位405美元的位置做空，因为400美元仍是支撑位。然而我确实有理由确信，市场几乎不可能在不引发巨大灾难的情况下跌至385美元。为什么？因为如果市场交易价到385美元，你可以确定止损点开始被触发。这个过程一旦开始，就不会止步于385美元。因此，你可以建立一个期权头寸，如果金价缓慢下跌至385—390美元，并停留在这个价位，你就会亏钱，因为这种情况不会发生。基于这些预期，我实施了这样一种策略，如果金价温和下跌并停在那个价位，我就会亏损，如果金价大跌我就能大赚一笔，如果金价守住或是上涨我则能小赚一些。结果，俄罗斯宣布他们将出售黄金，市场价渐渐跌到了390美元，然后一下子就跌到了350美元，因为接连触发止损盘。

布莱克-斯科尔斯模型不做这样的区分。如果黄金交易价是405美元，那么其假定一个月后交易价为360美元的可能性远小于交易价为385美元的可能性。我想说的是，在特定情况下，黄金交易价为360美元实际上可能概率比385美元的交易价高。如果我的非随机价格行为的假设是正确的，这意味着我有盈利机会，因为市场是基于价格变动是随机的这一假设来为期权定价的。

你能给我举一个股市的例子吗？

我给你举个股指的例子吧。去年（1998年），我坚信股票交易基于资金流入，而不是其本身基本面。IBM会涨，不是因为分析师们看着IBM说："这是未来的盈利，我们预期价格会涨到这个位置。"IBM涨是因为人们往股市里扔钱，经理们买入了IBM和其他股票，因为他们必须把钱投在某个地方。

由资金流入推动的市场可能会出现小幅调整，但接着就必须再创新高，以保证新的资金不断流入。不然的话，资金流入可能会枯竭，市场就会崩溃。因此，这种类型的市场要么越来越高，要么就一跌到底。正常情况下，这样的市场只跌5%或6%就横盘的可能性比正常情况小很多。基于这样的假设，去年我实施了一项这样的期权策略，如果市场大跌就能大赚一笔，如果市场小涨我也小赚一笔，如果市场小跌后横盘就小亏一笔。在开始的半年，股市保持上升趋势，我也小赚了一些。接着市场调整，也没有马上反弹，紧接着就下跌了20%。因此我赚得盆满钵满。

你举的每个例子都非常针对具体市场。如果我跟你说，你得想出一个模型替代布莱克－斯科尔斯模型，但必须能应用到所有市场，你能做得比布莱克和斯科尔斯更好吗？

不行，有了这一限制，价格随机假设就和其他假设效果一致了。然而，不能仅仅因为布莱克－斯科尔斯模型是个通用的模型，就觉得它没错。

其他像萨斯奎汉纳（《新金融怪杰》曾采访过其负责人）这样的公司不也是基于布莱克－斯科尔斯模型交易的吗？

我在费城证券交易所场内交易时，我特意会与萨斯奎汉纳这样的公司反其道而行之。他们觉得他们身怀绝技，因为他们用的定价模型是基于布莱克－斯科尔斯模型改良过的。基本上，他们的改良微不足道。

我将他们的做法称为"电视机式调整"。比如说，我们有一台带天线的老式电视机。我打开电视机，画面不太对劲。我觉得应该放的是米老鼠，但一只耳朵很糊，还是很奇怪的绿色。我会怎么做？我是否坐下来计算我的天线相对于广播天线的位置应该在哪里？不，我才不会这样做。我会走到电视机前，敲敲打打几下，转转天线。我在做什么？我完全是根据反馈来操作的。我从没想过到底出了什么问题。我所做的就是扭扭天线，让画面变成我认为应该显示的那样——直到我看到米老鼠的清晰画面。

做市商对布莱克－斯科尔斯模型的改动微乎其微——就跟我扭动天线让米老鼠的肤色由绿色变成米黄一样——就改动到他们的模型显示的价格和场内的交易价格一致。然后他们就会说："哇，我们搞定了！模型闪亮登场！"他们就用这个模型打印出期权价格表，发给一群被我们称为"表格猴"的孩子们，让他们在场内做市。但他们有没有停下来想过除了布莱克－斯科尔斯模型，正确的模型应该是什么样的呢？没有，他们只是把电视机上的天线扭动到画面和场内一致为止。

如果你是做市商，只需要从买入价和卖出价的价差中获利，而不需要判断哪些期权是否定价过高或过低，那你用这种方法也许没问题。然而作为操盘手，我得试着在市场定价出错时建立头寸。我不能用这样的模型。我得从根本上搞明白价位应该在哪里，而不是再现场内价位。

尽管你管理着25亿美元，你似乎仍保持着惊人的低调。事实上，我从未见过你的名字见诸报端，你是刻意为之的吗？

我不接受媒体采访是一项政策。

为什么呢？

我觉得，基金经理接受采访很难坦诚相告。我为什么会想要接受采访然后把我最好的投资想法公之于众呢？就说我是个基金经理，我刚发现某某股票是最适合买入的。我为什么要上电视去广而告之呢？如果我真相信某某股票最适合买入，我不应该买入股票吗？如果我要买入，为什么我会想要有竞争呢？

好吧，你可能已经入场了。

正是如此。只有在持仓到已经想要退出的时候才会有人出来夸夸其谈。当你打开电视看到财经节目，看到有人告诉你买入某只股票时，很有可能他让你买入的股票正是他想卖出的那只。我见过基金经理在电视上推荐一只股票，同一天就在场内看到他们的卖单。

还有另一种情况。你可能看涨某只股票，刚刚全仓买入。如果是这样的话，即使你无意卖出，其他人买入这只股票对你也是有利的。

这难道不是自私和不道德的吗？

不，如果我持有某只股票想脱手，然后跑去电视上鼓吹这只股票——我会认为那肯定不道德。但如果我刚买入某只股票，万事俱备，我又是个在未来6—8个月内不打算退出的长期投资者，我不觉得推荐这只股票有什么问题。

也许在这种情况下没什么问题。但在场内，我见过各种交易推荐和公司自身交易活动相悖的乱象。

比如说？

我给你举个众所周知和场外交易股票有关的例子——这些完全就是盗贼的巢。一些公司整天给客户推荐自己将要卖出的股票，这已经成了公认的事实。这些公司不仅在他们推荐某只股票的第二天是最大的卖家，而且在前一周也是最大的买家。他们是这么解释的——我复述而来，绝无编造："这些场外交易股票流动性很差。如果我们只是推荐股票，我们的客户买不到。因此我们在推荐前必须买入几百万股，这样才能供应给我们的客户。"美国证券交易委员会调查了这种做法，接受了他们的说法，他们就继续这么做了。完全合法。

如果你抱着怀疑的态度，觉得华尔街所有的推荐都是用来让公司的大客户或者公司自己退出，那你就能赚钱。我有个朋友，就用这个策略赚到了钱。在我自己操盘时，当我估算一只股票的价格概率分布时，如果很多华尔街公司都推荐买入这只股票，会极大改变概率分布——这只股票暴跌的概率会极大增加。

为什么会这样？

如果一堆经纪公司都推荐美国在线，两三周后，我们认为所有想买这只股票的人都已经买入了。这也是大多数基金经理跑不赢标普指数的原因：他们买入的那些股票风头正盛，利好消息纷至沓来。而事实上，他们买入的也许是一家优秀的公司，却买在了差劲的价位。相反，当一只股票受挫于坏消息，所有分析师都下调该股评级时，这可能是一笔不错的交易。也许公司差劲，但你得到一个好的价位——不一定是马上得到，而是在因利空消息卖出几周后。重要的不是目前对这只股票的看法，而是看法潜在的变化。

听起来你对华尔街分析师的评价并不高。

如果你收看美国消费者新闻与商业频道（CNBC），看到一只股票发布了糟糕的盈利，股价下跌了40%，第二天一早你就会看到所有华尔街分析师将这只股票从他们的推荐名单中删除。前一天他们干什么去了？尽管新闻已经发布，股票在盘后交易已经跌了40%，他们还是因为建议以前一天收盘价平仓该股而收获赞誉，因为股市那时还未开盘。当你看他们的记录时，就会发现看上去他们是建议在股价为50美元时平仓，尽管当时在交易所正式开盘前，该股的场外交易价格已经处于30美元。反之，当一只股票公布喜讯，该股在正式开盘前暴涨，分析师们就可以建议买入，还因以前一天收盘价买入的推荐而获得赞誉。

★

本德为期权交易者提供了一些非常重要的见解，我们稍后将看到。但本章最重要的信息是：不要全盘接受，要质疑一切。这条准则适用于所有交易者，我想也适用于所有行业。那些质疑显而易见的"真理"的人，才能取得突破。正如在这个例子中，在爱因斯坦之前，时间是常数这一观念似乎如此明显，以至于人们甚至没有考虑过另一种可能。通过质疑显而易见的，认识到公认观点有错（即时间是个变量，取决于相对速度），爱因斯坦迈出了科学史上最伟大的一步。

期权理论的基本假设之一是，未来某日不同价格的概率可以用正态分布曲线[1]来描述。许多交易者都对这个模型以不同方式进行了轻微调整。比如说，许多期权市场参与者意识到，罕见事件（像1987年10月19日的股市崩盘这样的暴涨暴跌）在现实中比正态分布曲线所预测的要常见得多，就对曲线做出了相应的调整。（他们将曲线尾部调整得更宽了。）然而本德在此基础上更进一步。他对使用正态曲线描述价格这一前提本身提出了质疑。同时，他还质疑了使用单一模型来描述不同市场和股票的期权价格这一惯例。摆脱了正态分布所隐含的随机行为的概念，也摒弃了通用模型的假设，本德从而得出了更精准的期权定价模型。

理想情况下，当交易者的期望与标准期权定价模型的理论假设不同时，应使用期权。比如说，如果你相信某只股票在期权到期日之前迅速大涨的可能性远高于正常情况，那买入价外看涨期权可能远优于买入股票（就风险收益比而言）。（价外看涨期权相对便宜一些，因为它们只有在股价大幅上涨的情况下，在到期

---

[1] 准确地说，是一条对数正态分布曲线，即股价对数的正态曲线。在对数正态曲线中，增加x倍的可能性与减少1/x倍的可能性相同。比如说，如果x=1.25，价格上涨1.25倍（25%）的可能性与价格下降1/1.25或0.80倍（20%）的可能性相同。对数正态曲线比正态曲线更合适，因为价格可以任意上涨，但最多只能下降100%。如果应用于价格而不是价格的对数，正态曲线的对称性只能通过允许价格为负（不可能事件）来实现，事实上早期一些期权理论学者就是这样做的。

时才有价值。）

再比如说，假设某只股票涨跌概率相同，但如果看涨，你预期会暴涨而不是小涨。当然了，标准期权定价模型假设温和的价格上涨总是比大涨有更大的可能性。只要你的假设正确，并且没有被当前的期权价格贴现，就有可能构建一个期权交易，使你的胜算增加。举个例子，你可以卖出价内看涨期权，然后用收取的权利金买入更多的更便宜的价外看涨期权。使用这样的策略，如果股价下跌，那不赢不亏，如果股价小涨，则小亏一些，如果股价大涨，则能赚得盆满钵满。

有效利用期权的关键在于勾画出你对股票向不同价位变动的可能性的预期。如果这些预期与基于正态分布曲线与标准期权定价模型的中性价格假设有所不同，就代表能获利的期权策略存在——当然，前提是你的预期比随机猜测更准确。

★

约翰·本德的近况

本德在2000年年末关闭了他的基金，因为同年早些时候，他罹患脑动脉瘤。当股市在2000年大跳水时（标普500指数下跌10%，纳斯达克指数下跌39%），他的基金则取得了269%的惊人回报。

自他关闭基金以来，本德将精力全部投入保护哥斯达黎加雨林的工作中。本德用他在股市里赚来的钱建立了一个保护区，坐拥5000英亩。让本德兴奋的是，在保护区内，已经有迹象表明动物数量出现显著恢复。聊到偷猎者，他解释说："因为我们这片地有人巡逻，80千米开外的土地就没人巡逻了，所以偷猎者会去那儿。"他接下来计划将濒临灭绝的野生动物重新引入保护区。本德对于扩大保护区的渴望是他考虑重拾操盘事业的主要原因，虽然并不是即刻。

我不想问太过于私人的问题，但我不知道如何回避这个话题。如果这个话题让你感觉不适，请直言。动脉瘤是在你交易时发作的吗？

讽刺的是，是我长周末在哥斯达黎加度假时发作的。但是，我感觉有点奇怪。后来我才知道，比起高压时期，动脉瘤更容易发作于高压后的休息时间。比如说，动脉瘤在周末发作比工作日发作要常见得多。

我知道你罹患动脉瘤之后半年多一点，你的基金就关闭了。在其关停前，你是否迅速地康复，参与了相关工作，还是说只是你的员工逐步完成了清仓？

事实上，大概一个月后我就又关注市场，在风险管理方面监督投资组合。尽管我的交易没那么活跃，因为我说话有问题。我没法打电话下单，因为没人能听懂我说什么，即使听得懂，我也会觉得尴尬。不过我可以把重要的信息传达给我的妻子安，她就可以把对应信息传达给相关人员。

鉴于你病情的严重程度，你为什么这么快就回到了高压工作的状态？

基金持有着巨额头寸。我觉得有义务为我的投资者看好这些头寸，以便有序地关闭基金。结果，在基金关闭前的那段时间里——也就是 2000 年第二季度和第三季度——市场中我预料的很多事都发生了，基金也赚了一大笔钱。

你之所以放弃交易，是因为动脉瘤吗？

这件事给我敲响了警钟，我的生活方式已经到了亟须改变的地步。我意识到一天花上20个小时交易只睡两个小时的这种生活不可持续。我有个朋友，也是操盘手，41岁就心脏病发作。另一个重要影响是，我越来越多地参与到保护哥斯达黎加雨林这件事中。我觉得自己要为其奉献一生。所有这些因素一起，促使我决定不再操盘。

你认为这是一个永久性的退出，还是你希望在未来的某个时候回到交易中？

如果你当时问我，我可能会说我大概不会重拾旧业了。但我只是这样猜想，不太确定。

你又开始操盘了吗？

没有，但几周前我确实开始重新认真观察市场了。如果我真的重拾旧业，也只会在一定限度内，只以美国时间交易，不会再像以前那样一天工作20个小时。

自我们初次专访以来，股价暴跌了不少。你对此有什么看法？

我不想说些上帝视角的话，但我们初次专访时我就预料到了。

是？

也就是沃伦·巴菲特一直说的那句话：新技术的广泛应用并不代表人人都能获利。就如他指出的那样，尽管飞机是个精妙绝伦的发明，受众广泛，但绝大多数航空公司都失败了。同样地，尽管人人都用车，但大多数汽车厂商都黄了。在牛市后期，你会看到所有人都奔走相告，说互联网将会改变世界，所以你得投资。嗯，互联网是会改变世界，但不代表这是笔好投资。

还有一个扭曲的正反馈循环——互联网股票价格越高，就会影响到更多买家买入互联网股票，从而导致股价进一步升高，以此类推。在负反馈出现之前，就只能这样一路高歌。想想牛市后期的首次公开募股。坐拥价值1000万美元的计算机设备和一个毫无市场进入壁垒的点子，这样的公司就能有40亿美元的市值。有人花数十亿美元买下一家花费数百万美元成立的公司之日，就是你将见到20个聪明人又开了20多家看起来一模一样的公司之日。这样的事也确实发生了。

显然，疯涨的股价加上毫无进入壁垒，对互联网公司产生了明显的看跌影响。但是为什么互联网对其他公司也有看跌影响呢？

因为互联网降低了大量不同行业的进入壁垒。除非有知识产权，否则你就得一直处于竞争之中。现在，任何人都可以以最低的成本建立一个网站，并销售与拥有大量基础设施的老牌公司相同的产品。他们不需要营销部门，用互联网就好。他们不需要配送中心，用UPS（美国联合包裹运送服务公司）就好。互联网也使消费者搜索、比价更为便利。除非你生产的是有知识产权的商品，不然我想你的利润都会逐渐走低直到无利可图。

股价从2000年的高点已经暴跌，你仍然看跌吗？在现下这个节点，你对市场的长期看法是什么呢？

与其他熊市低点相比，我们的股票是否达到了正确的估值水平？没有，但我不觉得这次的熊市会像往常一样以股价跌至极低估值水平（这是市场底部的典型情况）结束。可供投资的资金太多，不会发生这样的事。这是人口统计学的论点。我们正处于临界点，婴儿潮一代将进入他们的收入高峰期。与此同时，他们的支出也会降低，因为他们的按揭贷款会逐渐还清，孩子们也会去上大学或是离开家庭。这些趋势汇聚在一起，会形成巨大的资金池，需要投资于某个地方。如今许多人宁可持有现金，因为他们很恐慌。但现金投资几乎没有回报。不需要太费劲就能说服人们把钱投入股市，因为另一种选择意味着几乎没有回报。

大卫·肖

量化优势

曼哈顿中城一幢摩天大楼高层的办公室里，肖集合了数十位美国最杰出的数学家、物理学家和计算机科学家，他们的目标只有一个：将他们的量化技巧结合到一起，从而在世界金融市场持续不断地获利。通过应用五花八门相互关联的复杂数学模型，德劭（D. E. Shaw）公司，在超过10个国家交易着上千只股票，以及与这些股票市场相关联的金融工具（认股权证、期权和可转换债券）。这家公司严谨地从不同证券的价格差异中逐利，严格避免与股票市场或其他金融市场（货币及汇率）的方向性变动相关的风险。

肖对其公司交易策略的保密程度是出了名的。员工会签署保密协议，即使在公司内部，对公司的交易方法的了解是一个须知的程度。因此，在我这次专访中，我很清楚，不要试图明着询问肖有关其公司交易方法的问题。然而，我还是试着问了几个我觉得没那么敏感的问题：

▶ 公司曾经使用过什么策略，但由于其不再有效而被抛弃了？
▶ 要制定出与他的公司一样的策略，需要了解哪些数学领域？
▶ 哪些曾经提供交易机会的市场异常现象已经如此明显地不复存在，以至于他的所有竞争对手都意识到这一事实？

即使这些小心谨慎的问题，回答也都是婉拒。尽管他原话并不是完全如此，但肖对这些问题的回答可以被概括为："我选择不回答，因为这可能会给我的竞争对手提供一些有用的提示。"

肖的旗舰交易项目自1989年推出以来，一直持续盈利。在其11年的生命周期中，该项目扣除所有费用后的年均复合收益率为22%，同时还能严格控制其风险。在这11年中，该项目从净值高点至月底低点的最大跌幅为11%，相对温和——即使是这笔亏损，也在4个多月内完全收回了。

德劭集团是如何在超过10年的时间里，无论牛市熊市都能持续获利的呢？显然，肖肯定会守口如瓶的——至少不会谈到他公司交易策略的细节。然而，根据肖所承认的采访文稿以及字里行间的解读，可能可以粗略描绘出他公司的交易方法。接下来的阐释包含了大量的猜测，目的是让读者对肖的交易方法有所了解。

我们从经典套利开始讲起。尽管肖并不使用经典套利，但它提供了一个概念性的起点。经典套利是指以不同的价格同时买入和卖出同一证券（或商品）的无风险交易，从而保证获得无风险利润。经典套利的典型例子是在纽约以290美元一盎司的价格买入黄金，同时在伦敦以291美元的价格等量卖出。在我们这个计算机化、几乎能够实时交流的年代，经典套利的机遇几乎不复存在。

统计套利将经典套利同时买入和卖出相同的金融工具以保证获利这一概念扩展，将买卖密切相关的金融工具以获取可能的利润也包括在内。在统计套利中，不再是每笔交易稳赚不赔，但总体获利是有优势的。参与统计套利的交易者会有大比例交易亏损，但长期而言是盈利的，前提是交易获利概率和交易成本估计准确。一个恰当的比喻是俄罗斯轮盘赌（从赌场角度来看）：赌场在任何一次轮盘转动中的获胜概率都只稍稍高于五成，但赌场的优势和概率法则会保证长期来看是赢的。

统计套利有很多不同的类型。我们就主要关注一个：配对交易。用它作为例子，除了能让读者容易理解掌握，同时还因为配对交易据称是摩根士丹利交易集团所使用的主要策略之一，肖离职创办自己的公司之前，正是就职于该公司。

配对交易包括两步。首先，用过去的数据来确定倾向于同时波动的股票对。

其次，监测每一对股票的价格差异。当确认的股票对中，价格出现显著的统计数据差异时，卖出这一对股票中的强势股，买入弱势股。基础假设是，这些密切相关的股票的表现会趋于一致。在这个理论正确的前提下，即使任何一笔交易都有很大可能亏损，但配对交易法仍可以带来长期的优势和盈利。

耶鲁大学管理学院的教授团队在1999年发表的论文出色地说明了配对交易和特定策略的测试情况。[1]利用1963年到1997年的数据，他们发现，他们测试的特定配对交易策略在统计学上产生了可观的利润，而且波动性相对较低。事实上，将这25年视作一个整体，相比于标普500指数，配对交易策略回报更高风险（波动性）更低。然而，配对交易策略的效果近年严重退步，在调查的最后4年（1994—1997年）里，收益率几乎为零。一个合理的假设是，各交易公司（可能也包括肖的公司）越来越多地使用配对策略，导致这种策略的获利机会减少，直至几乎被淘汰。

肖的交易方法与配对交易有什么关联呢？类似于配对交易，肖的策略可能也是基于识别相对于其他证券被低估的证券。然而，相似之处也就仅此而已了。将肖的交易方法与简单的统计套利策略（如配对交易）区分开的复杂因素部分列举如下，也可能是全部列举如下：

▶ 交易信号并不是只基于一种方法，而是基于20多种不同的预测技术。

▶ 这些方法每一种可能都比配对交易复杂许多。即使这些策略的其中一种的核心理念和配对交易一样，是相关联证券的价格差异，其数学结构更可能是同时分析大量证券之间的相互关系，而不是一次分析两只股票。

▶ 策略不仅着眼于美国股票，而且将全球权益市场都纳入考量。

▶ 除股票外，策略中还包含权益相关工具——认股权证、期权和可转换债券。

▶ 为平衡投资组合，使其相对不受到大盘趋势的影响，头寸规模可能会根据不同因素进行调整，比如不同证券的波动性差异以及投资组合内股票的相关性。

---

[1] 伊万·G. 加特夫、威廉·N. 戈茨曼及K. 吉尔特·若文侯特：《配对交易：相对价值套利规则的体现》，美国国家经济研究局最新工作论文7032号；1999年3月。

► 平衡投资组合，使其不仅能消除股市大盘价格波动的影响，还能减轻货币价格波动与利率波动带来的影响。

► 采用入场和退出策略，以使交易成本最小化。

► 所有策略与模型同时受到实时监控。任何一个因素的改变都可能影响其他一些，甚至是其他所有因素。举例来说，一个预测技术发出了买入一组证券卖出另一组证券的信号，这需要重新平衡整个投资组合。

► 交易模型是动态的——交易模型需要随着时间推移根据变化的市场状况而变化，这要求弃用或是改动某些预测技术，以及引入新的技术。

我并不知道——也永远不会知道——上述描述与真实情况到底有多接近。然而我想，它可以让我们对德劭集团进行的交易类型有一点感觉。

肖年纪不大的时候就产生了创业的念头。他12岁的时候，就从他的朋友那儿筹集了100美元拍恐怖电影。因为他在洛杉矶地区长大，也就能够有其他孩子家长免费帮助他进行特效、剪辑这样的工作。他的想法是，以50美分的入场费给其他附近的孩子播放电影。但由于处理实验室弄丢了一卷胶片，这个计划也就告吹了。到了他上高中的时候，他成立了一家制造和销售迷幻风领带的公司。他买了3台缝纫机，雇了一些高中生来制作领带。这次创业失败是因为他没太考虑到分销的问题，一家一家商店挨个去跑实在不是高效的领带推广方式。

然而他第一次正经的商业冒险取得了成功。当时他在斯坦福大学读研究生，花了两年创立起一家计算机公司，开发编译器（将用户语言编写的程序翻译成机器语言指令的计算机代码）。尽管这次创业获利多多，肖的研究生导师还是说服他，一边经营公司一边攻读博士学位并不现实。肖卖掉了这家公司，在斯坦福完成了博士学业。他从没考虑过另一个选择，即保留自己成功的创业成果、放弃获得博士学位这一近期目标。"当时完成研究生学业对我极其重要，"他这样说道，"要想在计算机研究行业受重视，你几乎必须是一流大学的教职员工，或是顶尖实验室的博士级别科学家。"

肖的博士论文《基于关系型数据库机器检索的知识》为构建大规模并行处理

计算机提供了理论基础。肖博士论文中的一个关键定理证明，对于一类重要问题，多处理器计算机相比于单处理器计算机的理论优势会随着问题规模的增大而成比例增加。该定理对计算机体系结构具有里程碑式的影响：它证明，相对于单处理器设计，并行处理器设计不可或缺，是实现超级计算机技术重大进步的方法。

肖取得了很多成就，至少有6段非常成功的创业经历。除去这家核心的交易公司，肖的公司还孵化并分拆了许多其他公司。它们之中，最出名的也许要数朱诺在线服务，全球第二大的拨号上网服务供应商（仅次于美国在线）。朱诺于1999年5月在纳斯达克上市交易（股票代码JWEB）。德劭集团还孵化了得软，一家金融科技公司，后被美林证券收购，这次收购对美林证券推出在线交易服务有着举足轻重的作用。高瞻，一家在线经纪公司，以及德劭金融产品，一家做市机构，则同样脱胎于德劭集团，随后也被收购。

除了催生出大量成功公司，德劭集团还为薛定谔有限公司（肖作为其董事会主席）和仿真分子有限公司提供了风险投资，这两家公司都是计算化学软件行业发展的排头兵。这些投资反映出肖笃信新药设计会渐渐从实验室转向计算机，新兴材料也是如此。肖预测，电脑硬件和软件的发展可能会使新药研发进程大大加快，而他想在这个愿景变成现实的过程中发挥作用。

说到这里，你可能很好奇，这个人怎么还能有时间睡觉。好吧，悖论又加深了一些，因为除了所有这些风险投资，肖不知怎么地，还能抽出时间追求他的政治兴趣，担任克林顿总统的科技顾问委员会成员，并主持教育技术小组的工作。

德劭集团的接待区——一个2.88平方米的空间，家具简陋，墙壁上凿着各色矩形图案，在隐蔽的彩色墙面反射出的有色阳光的映衬下，接待区看起来很像现代艺术博物馆里的大型展览。这种大胆、简洁和未来主义的建筑设计无疑是为了突出公司的技术特质。

这次专访在大卫·肖的办公室里进行，房间挑得很高，也宽敞，视野辽阔，可以看到曼哈顿中城的西方和南方。肖肯定很喜欢仙人掌，窗台上摆了一排，房间角落里还有一株小树般的植物。房间中央摆放着一张不规则多边形的拉丝铝制大桌子，桌子的一端是办公桌，另一端是会议区。我们在靠近会议区的那一端对坐。

你的职业生涯起航于设计超级计算机。你能谈谈这段经历吗？

我还在读大学的时候，就对人类的思维方法与计算机有什么区别这个问题深深着迷。我在斯坦福大学读研究生时，开始思考是否能够设计出一台思维更接近于人类大脑，也就是大量低速处理器——神经元——并行工作而非单个高速处理器的机器。

当时有其他人在开发并行超级计算机吗？

尽管在我起步前，就已经有大量杰出的研究者在研究并行运算了，但他们大多数还是着眼于连接大概8台或者16台处理器的方式。我感兴趣的是如何建造出有着数百万台处理器，每个处理器旁边都有一小块内存的并行计算机。然而这是有代价的。尽管多出了很多处理器，但是它们必须更小更便宜。不过对于某些类型的问题，理论上，你能获得千倍于最快超级计算机的运算速度。说实话，当时有一些研究人员对于这类"细粒排布"并行计算机感兴趣——比如说，有几位从事计算机视觉领域研究的科学家——但这绝非这个领域的主流风向。

你说，你当时想要尝试设计出与大脑运作模式更接近的电脑。你能详细说说这点吗？

当时，计算机速度的一个主要制约因素通常被称为"冯·诺依曼瓶颈"。传统的冯·诺依曼计算机，是以约翰·冯·诺依曼的名字命名的，它有着连接着单个内存单元的单个中央处理器（CPU）。最初两者在速度和大小上十分适配。然而随着时间推移，处理器速度越来越快，内存越来越大，两者的连接——中央处理器从内存中提取内容，进行计算，再将结果返回内存中的时间——越发遭遇瓶颈。

这类瓶颈在大脑中是不存在的，因为记忆存储在百万个通过突触互相连接的单位之中。尽管我们并没有完全理解其运作模式，我们确实知道无论运行怎样的运算，都是在内存附近进行的。实质上，思考和记忆似乎比传统的冯·诺依曼式机器更为广泛而紧密地交织在一起。推动我研究的最初想法就是，如果你能建造出一台每一小块内存都配备有独立处理器的电脑，你也许就能突破"冯·诺依曼瓶颈"。

我想当时还不存在这样的关键技术。

它才刚刚开始出现。我于1980年完成了我的博士学位，加入了哥伦比亚大学担任教职。当时已经可以在一块芯片上安装多个处理器，但每个处理器都很小也很简单。我们的研究项目是第一个制造出含有多个多比特计算机的芯片的项目。当时我们已经可以在一块芯片上放置8个8比特的处理器。如今，你可能可以在一块芯片上放置512个或是1024个相仿的处理器。

当时，克雷已经在建造超级计算机了。你的研究与他有什么不同？

西蒙·克雷可能是世界上最伟大的单处理器超级计算机设计者。他因突破技术限制声名鹊起。他建造的每一台新机器，都会用上之前从未在任何一台计算机中使用过的新型半导体、冷却装置和布线方案。他也是首屈一指的计算机设计师，但他的优势很大程度上来源于卓越的工程技术和纯粹的技术胆识相结合。他在高速科技上比我专业多了，然而我更专注于结构设计——设计出一种从根本上区别于其他计算机的计算机。

你刚才提到，你涉足计算机设计，是出于你对人类思维的痴迷。你是否相信，最终计算机也能思考在理论上是可行的？

从理论角度来说，我觉得没有什么本质问题阻止它们做到这点。

所以《2001：太空漫游》并不纯粹是科幻小说。

很难知道确切答案，但我个人认为，没有什么可靠的理由以确信未来某一天不会发生这样的事。但即使事实证明制造真正的智能机器是可行的，我仍强烈怀疑这在很长一段时间内都不会发生。

但你从理论上相信机器有自我意识是可行的吗？

对我来说，计算机拥有自我意识意味着什么，或者就此而言，当我们说人类拥有自我意识时，究竟意味着什么，我并不完全清楚。但我不觉得有什么切实的理由说明，只有我们这样以碳氢化合物为基础的系统才有可能拥有认知。人类如何思考对我们来说显然还有许多未知之处，但在某种程度上，我们可以被看作为高度有序、相互影响的分子组成的有趣集合体。我还没有见过任何令人信服的证据表明，人类进化的产物是这些分子被组织起来以产生思维的唯一方式。

你是否曾把你的理论概念应用于建立超级计算机的实际运作模型？

有过，至少小规模有过。在我完成我的博士学业之后，我于哥伦比亚大学计算机科学系任教。我非常幸运，从高等研究计划局（APRA，为美国国防部麾下部门，以建立了高等研究计划局网络扬名，这正是互联网的前身）获得了一份价值数百万美元的研究合同。这笔资金让我得以组织起一个35人的团队，设计定制集成电路，建造出一台这类大规模并行计算机的原型机。这个版本挺小的，但它确实让我们得以测试我们的想法，收集我们需要的数据以计算出基于相同架构原理的大型超级计算机的理论可达速度。

你有没有想过如果你成功建造出超级计算机，谁会拥有所有权？

最开始没想过，然而，当我们成功造出一台原型机时，答案豁然开朗，因为要造出全尺寸的超级计算机，得再花上1000万到2000万美元，这可比政府以基础研究基金的形式提供的资金要多得多。当时，我们的确开始四处寻找风险投资以组建公司。我们的想法是，不仅要赚钱，还要从科学的角度出发，把我们的项目推进到下一步。

当时还有其他人造出了使用并行处理器架构的超级计算机吗？

许多人已经建造出了具备少量处理器的多处理器计算机，但我们启动自己的研究项目时，还没有人能造出我们打算造出的那种大型并行超级计算机。

你们能筹集到资金吗？

筹集不到，至少尝试了几个月都一无所获，在这之后我的事业发生了意想不到的转变。如果不是这次转变，我不知道我们最终是否能找到人愿意冒险投入几千万美元在一个诚然相当冒险的商业计划上。但根据之前风险投资界对我们的态度，我猜测我们也许是找不到这样的人的。然而，在我寻觅私营企业机会的消息传出后，我接到了一通来自猎头公司的电话，询问我是否有意在摩根士丹利领导一个十分有意思的团队。当时，对于能够筹集到创立一家超级计算机公司所需的所有资金这件事，我已经开始感到相当悲观。所以，当摩根士丹利给我开出一个真正非凡的条件时，我毅然决然跳槽到了华尔街。

在此之前，你有没有想过在金融市场发展？

完全没有。

我读到过文章说，你的继父是一名金融经济学家，他是第一个向你介绍有效市场假说的。[1]**这是否使你对于制定出可以跑赢大盘的策略的可行性产生了偏见？还有，鉴于你自己的长期业绩记录，你的继父是否仍相信有效市场假说？**

尽管确实是我继父最先向我介绍说，一家公司大多数（如果不是全部的话）公开可得的信息都已经反映在了其当前市场价格中，我不确定他是否曾坚信战胜市场绝无可能。而我从他那里学到的，也许使我比大多数人更怀疑股市中存在"免费午餐"，但他从未声称，由于缺乏反驳有效市场假说的证据，市场实际上是有效的。

确实，没办法证明这一点。你最多能证明，某些特定的形态并不存在。你没法证明任何形态都无法战胜市场。

正是如此，综上所述，我带着"即使不是全无可能，战胜市场也是极其困难的"这样的想法长大。即使到了现在，我仍发现市场是非常有效的，令人惊叹。如果想要获得异常高的回报，你要做的就只是在某只股票的历史价格中找出某种

---

[1] 该理论中存在三种形态：（1）弱式有效市场假说——过去的价格不能用于预测未来的价格；（2）半强式有效市场假说——现在的价格反映了所有已公开的信息；（3）强式有效市场假说——现在的价格反映出了所有信息，无论这些信息是否是公开信息。

标准形态，那就太好了。但大多数所谓技术分析师宣称的，涉及支撑位、阻力位和头肩形态等构造的内容，在方法论上都完全没有可靠的实证研究基础。

但是，是否有可能因为不能客观地定义这些形态而无法严格测试它们呢？例如，你可能以一种方式定义头肩形态，而我可能以完全不同的方式定义它。事实上，大多数形态，理论上都有无数种定义。

没错，这个观点很不错。但不能精确地解释被测试的假说，正是伪科学的标志之一。对于那些自称技术分析师的人所描述的形态，即使有可能得出合理的一致定义，研究人员一般也不会发现这些形态具有任何预测价值。有趣的是，尽管事实上几乎没有证据证明他们的所作所为比占星术更切实有用，但即使是一些备受尊敬的华尔街公司，也雇用了至少几个这样的"蒙昧"的技术分析师。

等等。我采访过很多操盘手，他们都完全从技术分析角度出发，也获得了远超偶然范畴的风险回报比结果。

我想这要看你对于技术分析的定义。从历史上而言，大多数用到这个词的人，很大程度上是非科学性的"头肩—支撑—阻力"派成员。如今那些真正在该领域从事严肃学术工作的人一般会称自己为量化分析师，而他们之中的一些人也确实发现了市场中真正的异常现象。当然，问题是这些异常现象一经发布，就因人们将其利用而消失殆尽。麻省理工学院的安德鲁·罗是这一领域最著名的学术专家之一。他负责识别一些历史上的市场低效并将这些研究成果加以发布。如果你跟他谈到这点，他可能会告诉你两件事：首先，这些市场异常都会随着时间烟消云散；其次，他怀疑这些市场异常的消失至少可以部分归功于像我们这样的公司。

有没有什么以前存在的市场异常，现在因为公开而不再有用了呢？

我们不喜欢透露这类信息。在我们这行，知道什么没用和知道什么有用同样重要。因此，一旦我们花费了极大的代价确定了公开文献中描述的异常不复存在，最不愿意做的就是让我们的竞争对手免费利用这一信息，让他们知道已公开的异常不复存在，所以你问的这个问题我也无法作答。

在金融与经济期刊上将市场的低效研究发表出来的，是严格意义上的学术界人士，还是说他们有一部分也会在市场中进行交易？

有些真的在市场中交易的研究人员会发表一些特定方面的研究成果，特别是发表在《投资组合管理杂志》这样的学术杂志上，但总的来说，学术界比从业者更愿意分享自己的研究成果。

为什么在市场交易的人会愿意发布一些有用的东西呢？

这个问题问得很好。出于种种原因，绝大多数公开发表过的高质量成果已经不能用于在实践中跑赢市场。相反地，绝大部分仍然有效的研究成果也许永远都不会公开发表。但有少数成功的量化操盘手，时不时会发布有用的信息，即使这样做可能不符合他们自己的利益。我最喜欢的例子就是爱德华·索普，他是这个领域真正的先驱者。他在这方面几乎比任何人都做得好。爱德华曾公开了一些他发现多年的赚钱策略，金融领域和非金融领域的都有。在他发现如何在赌场的21点游戏中获胜后，就出版了《击败庄家》一书。接着他又找到了跑赢大盘的方法，出版了《击败股市》一书，这本书以他一贯的专业态度，清晰地解释了如何利用当时存在的某些明显的市场低效现象。当然了，他这本书的出版也使得那些低效现象消失殆尽了。

就21点而言，低效现象消失是不是意味着赌场开始使用多副扑克牌？

我不擅长21点，但就我的理解而言，赌场不仅采取了这类与游戏相关的具体对策，而且他们还能更好地识别出"算牌手"，并更有效地将他们赶出赌场。

我知道经典的套利机会早就已经不存在了。然而在你最初从业时，这种天上掉馅饼似的买卖还存在吗？

即使是当时，这种纯粹的套利机会也已经少之又少。每过一段时间，我们能在密切相关的金融工具中进行一小批交易，这些交易组合在一起，就能保证获得无风险或者几乎没有风险的收益。有时，我们甚至发现，在同一家大型金融机构的不同部门执行特定套利交易的每个部分是可能的——如果该机构利用技术在整个公司范围内有效地管理其所有头寸，这是不可能的。但如今这样的机会凤毛麟角，你基本上完全见不到了。

计算机科技的极大发展是否极大促进了对提供概率性优势的市场低效现象的寻找，从而导致一些先前的低效现象消失，新低效现象更难被发现？

就大多数"简单"的效应而言，游戏基本上已经结束了。也许有一天，会有人发现一个我们所有人都不知道的简单效应，但就我们的经验来说，你可能会想到的最显而易见、数理方法最直接的点子，作为潜在的交易机会已经基本消失了。留给你的是一些相对小的低效现象，通常相当复杂，你用标准数理软件包或是研究生院学到的传统分析技术都不太可能找到。即使你没有像我们过去11年那样以高昂的花费投入长期的研究精力，找出了一项还存在的低效现象，你可能也会发现这样一项低效现象甚至还不足以弥补你的交易成本。

所以，如今该领域的进入壁垒格外高。像我们这样的公司，在一套特定的金融工具中找到几十个市场低效现象，即使算上交易成本，也还能赚到钱。相反，一家只能发现一两个市场低效现象的刚涉足该领域的公司通常就更难生存。

是什么给了你这样的优势呢？

这事挺微妙的。单个低效现象也许不足以弥补交易成本。然而，当多个低效现象碰巧同时出现时，可能会提供一个能得到预期收益高于相关交易成本的交易机会。其他条件都一样的情况下，你能识别出越多的低效现象，你就可能拥有更多的交易机会。

如果多项策略单独使用无法盈利，那一起使用怎么能获利呢？举个简单的例子。假设有两种策略，每种策略的预期收益都是100美元，而交易成本为110美元，无论单独使用哪个策略，都无法直接获利。我们进一步假设，当这两个策略提供了相同方向的信号，平均能获利180美元，而交易成本还是110美元。尽管单个策略单独使用没什么用，但双管齐下就能大大获利。当然了，就肖的公司而言，其在众多相关市场中使用数种策略进行交易，策略互相依存的影响要复杂得多。

随着这一领域日趋成熟，你得了解越来越多的低效现象以找到交易，而这对于新入场者来说难度越发增加。11年前，我们开始操盘的时候，你找到一两个低效现象，盈利就能超过交易成本。这意味着你做少量研究就能开始盈利，这为你后续的研究提供资金。如今可比这难办多了。如果我们不是从那时就起步的话，我想我们要取得今天的成就，成本会过高。

你现在在你的模型里是只使用价格数据吗？还是说你也会用到基本面数据？

肯定不会只用到价格数据。我们会看资产负债表、损益表、交易量信息，几乎所有我们能拿到手的电子数据表格我们都会看。我不能说我们实践中觉得最有用的变量是哪些，但我可以说的是，我们用到了数量惊人的数据，也花了不少钱，不止是为了获得这些数据，也是为了将其转化为对我们有用的形式。

将你们公司的理念这样概括一下合适吗？市场只能在很有限的范围内被预测，任何单一策略都无法提供吸引人的风险回报比。然而，如果你结合了足够多的策略，你就能创造出优势显著的交易模型。

总结得很好。我想补充一点，我们会尽可能对冲系统性风险因素。

我想你的意思是，你会用相关空头头寸来平衡所有的多头头寸，从而将市场的方向性波动这一风险因素移除。

在我们交易的各个市场中对冲整体市场走势是我们风险管理方法的重要一环，但除此之外还有许多风险因素，只要我们没有特别押注，就会试着控制风险敞口。比如说，如果你投资了IBM，你不仅是在押注整个股市的走向，押注计算机行业相对于整个股市的表现，还押注其他一些风险因素。

比如？

比如，经济活动的总体水平，IBM出口业务中尚未对冲的汇率风险，与公司资产、负债和商业活动相关的净有效利率风险，以及其他一些难以用直观语言描述的数理上的风险因素。尽管对冲所有形式的风险不可能，从成本来说也不划算，我们还是会尽量减少有着我们无法预测风险变量的风险敞口，同时保持我们至少在统计层面上有一些预测能力的风险变量的敞口。

你早些年使用的有些策略如今已经完全被淘汰了。你能挑一个聊聊，说明市场这类低效现象曾经带来的交易机遇吗？

总的来说，我尽量不谈太多已经在市场中销声匿迹的历史低效现象，因为即使是这样的信息也会帮助竞争对手决定如何更有效地分配稀缺的研究资源，让他们在我们的研究成果上"搭便车"会给他们带来竞争上的优势，这对我们来说不公平。不过，我还是可以给你举个例子，那就是估值偏低的期权（期权交易价格低于理论模型所暗示的水平）。如今，如果你发现一个期权定价有误，通常事出有因。而多年前，则并非如此。

你在历史数据中找到一个显著异常现象时，你怎么知道不是偶然事件，而是确有玄机呢？

变量越多，你可能找到的统计上的假象就越多，一般来说也就越难分辨你发现的模式是否真的有预测价值。我们在避免落入与"数据过度拟合"相关的方法论陷阱上一直多加注意。

尽管我们使用了诸多不同的数理方法来确定策略的稳健性和预测上的价值，但我们最有力的工具还是直接应用科学方法。我们通常会基于某种结构理论或是对于市场的定性解读来拟定一个假设，然后检验该假设，探究其是否被数据支持，而不是在数据中盲目搜寻、大海捞针地寻找模式——诸如自然科学和医学研究学术界都普遍认识到这种方法的危险性了。

不幸的是，最常见的结果就是实际数据不能提供证据使我们拒绝市场有效性的"原假设"。不过偶尔我们也能找到一个通过我们所有测试的新市场异常现象，最终我们会将其纳入实际交易策略之中。

我听说你们公司去年（1998年）遇到了大问题，但我看了看你们的业绩数据，我发现你们最严重的净值跌幅只有11%——即使是这样的损失也只花了几个月就弥补回来了。我不理解这能有多大的问题，到底发生了什么？

你提到的业绩表现，是我们股票以及与股票相关的交易策略的业绩表现，自11年前成立以来，这些策略已经成为我们自营交易活动的核心。尽管有那么几年，我们也用固定收益策略进行交易。这种策略与我们使用的股票相关的策略有本质上的区别，会使我们暴露在完全不同类型的风险之中。尽管我们最初在固定收益交易中赚了不少钱，在1998年年末的全球流动性危机中还是遭受了巨大损失，就和在那期间大多数的固定收益套利交易者一样。尽管我们的亏损不管是在百分比还是绝对值上，比起其他像长期资本管理公司这样遭受重创的公司，要小上很多，但这笔亏损的幅度之大还是足以让我们不再参与固定收益交易。

美国长期资本管理公司，是由著名的前所罗门债券交易者约翰·梅利韦瑟牵头的对冲基金，其负责人包括诺贝尔经济学奖获得者罗伯特·默顿和迈伦·斯科尔斯，这家公司于1998年下半年濒临破产。美国长期资本管理公司在最初3年的年均收益率达到34%，在将其管理的资产扩大到了近500亿美元后，在1998年8月近一个月就损失了令人叹为观止的44%（约20亿美元）。出现这样的损失有着各种缘由，但严重到了如此地步主要是因为过度的杠杆：该公司利用借贷将其持有的资产杠杆化，其杠杆率估计超过40:1。巨额损失加上高额债务导致了美国长期资本管理公司的土崩瓦解。然而这家公司被美联储协调的35亿美元救助计划所拯救（资金来源于私人金融机构，而非政府资金）。

你有那么多的创业项目，你能匀出时间休息吗？

我刚休息了一周——这么长时间以来第一次。

所以你基本不怎么休假是吗？

休得少。我每次休假，都会发现我每天还是需要工作几小时让自己保持理智。

你在招聘优秀数学和科学领域博士这件事上声名在外。你即使没有特定

的职位空缺，也会因为他们本身的才智而雇人吗？

与大多数组织相比，我们更倾向于根据能力雇用人，而较少根据经验雇用。如果我们遇到了真正有天赋的人，即使当时还未立刻有职位空缺，我们也会试着招聘他们。最有名的例子就是杰夫·贝佐斯。我的一位搭档找到我跟我说："我刚面试了一位叫做杰夫·贝佐斯的候选人，他极其优秀。我们其实没有职位空缺能给他，但我想他总有一天会帮人赚到一大笔钱，我觉得你至少应该腾出点空闲跟他聊聊。"我和杰夫见了面，被他的智慧、创造力和创业直觉深深打动。我告诉我的搭档他说得对，尽管我们没有职位适合他，还是应该先雇了他再说。

贝佐斯离开了你们公司，创办了亚马逊对吗？

没错。杰夫在德勤集团任职期间做了很多事，但他的最后一项任务是与我一起构思各种科技相关的新创企业的创意。其中一个创意就是创造出一个电子书店。当我们发现有一个电子目录，里面有数百万本书可以通过英格拉姆（一家大型图书经销商）订购时，我和杰夫粗略地算了算，意识到可能可以不用巨额初始投资就能开启这样一番事业。虽然我认为我们当时都不知道这样的生意会有多成功，但我们都认为这是有可能的。有一天，在事情还没进一步推进的时候，杰夫说想跟我谈谈。我们在中央公园一起散了散步，途中他告诉我他"有了创业的想法"，问我如果他决定独自追寻这个创业机遇，我会作何感想。

那你有什么反应？

我告诉他，失去他我真心感到遗憾，一再确保他知道我对他在德勤集团的工作有多么高的评价，我认为他留在公司前途会有多么光明。但我同时也对他说，我自己也做过类似的决定，如果他觉得是时候自己闯荡了，那我也完全理解，不会说服他放弃。我向他保证，鉴于我们讨论到电子书店概念的时间相对较短，如果他决心想要自己单干我也不会反对。我跟他说我们可能会在某个节点决定成为他的竞争对手，也有可能不会这样做，他说他觉得这挺公平的。

杰夫离开得心平气和，十分友善，当他完成最初亚马逊系统的雏形时，他邀请了我和其他德勤集团的成员一起去测试。直到我用这个测试雏形订购了第一本书时，我才意识到这个概念有多强大。尽管在杰夫还在德劭集团的时候我们就聊过了电子书店的创意，但杰夫离开后所做的事，才成就了今天的亚马逊。

  肖的交易方法需要高度复杂的数学模型、强大的电脑算力、交易员团队对于全球市场的持续监控以及近乎瞬时又极度低成本的交易执行，这显然不是一个普通投资者力所能及的。然而，这次专访中提到的一个概念，也许适合个人投资者，那就是不能盈利的市场形态（用肖的话来说就是"低效现象"）在与其他形态结合后也许能为盈利策略提供一个基础。尽管肖对于图表形态和传统的技术指标有些鄙夷，但类似的想法也适用：从理论上而言，即使单个因素单独使用一无是处，结合了其他形态（或指标）后，可能会产生一个有用的交易模型。

  这样的协同效应对于基本面的输入也同样适用。比如说，一个研究员可能会测试10个不同的基本面因素，发现没有一个值得作为价格指标。这是不是意味着就应该觉得这些基本面因素毫无用处，直接放弃呢？显然不是。尽管单一的因素不能提供有意义的预测指标，但这样的因素集合起来完全有可能产生有用的价格指标。

  这次专访中提到的另一项重要原则与测试交易想法的适当方法有关。试图开发系统方法，或者开发任何将计算机模式作为信号的方法的交易者，都应该警惕数据挖掘——让计算机在数据中循环，测试成千上万甚至上百万的因素组合，以寻找可以盈利的模式。尽管费点计算机时间已经不成什么问题，这样计算性能上的挥霍会带来更严峻的代价：这往往会产生看去不错但实际上没有任何预测能力的交易模型（系统）——两者一结合可能会导致巨大的交易损失。

  为什么呢？因为即使是在随机数据中也能找到模式。比如说，如果你抛100万枚硬币，各抛10次，平均会有977个硬币10次都正面朝上。显然，如果认为这些硬币之后再抛也会更可能正面朝上，那就是愚不可及。但这类天真的推断恰恰正是一些系统开发者会做的事，他们在价格数据上测试大量的因素组合，然后将最能盈利的组合用来交易。如果你测试了任何交易系统中足够多的变量，总有一些是偶然盈利的——就像你抛的硬币够多，总会有硬币每次抛起落下都是正面朝上一样。肖则是通过要求每次计算机测试前都需要提供理论假设，使用严格的统计学方法来评估结果的重要性，从而避免了这个数据挖掘问题。

大卫·肖的近况

近年来，德劭集团的股票及股票相关策略持续高歌猛进，遥遥领先，尽管在此期间这些策略管理的资产越来越多，业绩依然增长。这些策略在2000年带来了58%的收益率，在2001年则是23%的收益率，在2002年的前9个月收益率估计有22%（以净值计算）。因此，他们近14年的年均复合收益率如今提升到了超过24%的水平，按当前费用计算。夏普比率（一种回报/风险指标）现在则已经处于2.00左右，在这么长的历史记录中，这是一个非常高的数字。

在过去的3年半里，单你自己的业绩就让管理的资产增加了两倍。如今你在你们的股票和股票相关策略下管理了多少资产？这些资产的增长是否会导致容纳能力问题呢？

我们目前管理着大约43亿美元的资产，其中有大概29亿美元在股票及股票相关策略之下。目前，对我们投资管理服务的需求已经足够高，足以让我们轻松筹集到更多资金，但对我们来说，避免接受多于我们自信能高效管理的资金非常重要。尽管这些策略的容纳能力在过去几年因为新的研究成果和某些特定市场相关因素有所增长，我们管理的资金仍然更多受限于容纳能力，而不是资金的可得性。

既然你在管理的资金通常与你策略预估的资金容纳能力相近，当你自身业绩盈利导致管理的资产增长超过了这个资金容纳能力水平怎么办？

我们会返给投资者利润，以使我们管理的资产回到这个水平。

自我们的首次专访以来，你的方法有什么重大改变吗？

我们大多数策略中的基础方法论基本没变。然而，我们在已经交易的几十种市场效应基础上，又增加了几种新研究的市场效应。我们还推出了一项着眼于不良证券市场的新策略。

你们交易使用的市场效应或低效现象是否有期限呢？

要看情况。相对更容易发现与利用的市场异常现象通常不会持续太久。然而，有更多更隐蔽、需要复杂的量化技术才能找到并提炼的市场低效现象则倾向于持续更长的时间。相比那些并不会持续很长时间的简单效应，我们倾向于关注这些隐蔽的低效现象。多年来，我们用于交易的众多效应中，只有个别退出舞台。

对于我们最近看到的那些公司和会计丑闻，你有什么看法？

我认为，企业界目前正经历的监管与法律审查是非常健康的。许多首席执行官和首席财务官在"管理"他们的盈利和执行可疑的复杂财务操作以掩盖公司真正的健康状况方面，都在接近边缘——在某些情况下，正如我们现在看到的那样，已经越过了边缘。此类行为破坏了全球资本市场的有效运作，对于一个会计透明度历来领先的国家而言，应引起特别关注。事态发展上非常积极的一点是，为确保投资者们和分析师们能够获得他们所投资的公司准确可靠的信息，已经有措施在紧锣密鼓地实施着。

|史蒂夫·科恩|

交易室

"他是最棒的",在我请一位业内人士推荐可能的采访人选时,他推荐了史蒂夫·科恩并这样说道。每当业内人士提及科恩的名字,我就会听到几乎一样的评价反复出现。我看到科恩的数据时,我明白了他们为何对他赞不绝口。在他管理基金的7年内,科恩的年均复合收益率为45%,在这7年间仅有3个月出现亏损——最糟糕的也不过是微不足道的2%跌幅。

然而这些数字,远远不足以说明科恩的操盘天赋。科恩优秀到能够收取50%的利润激励费,也就意味着他每年真正的交易盈利平均在90%左右。尽管费用高得惊人——平均是对冲基金行业的2.5倍左右——科恩吸引投资者轻而易举。事实上,他的旗舰基金已经不再接受新的投资。

科恩的公司SAC资本,名字取自他名字的首字母。这家公司坐落在一栋建筑风格可以被形容为"康涅狄格企业"的办公楼内——楼层不多,长方形外墙由方形玻璃拼接而成。我想着会看到科恩坐在一间有窗的办公室里,面前放着一张玻璃钢办公桌。然而,接待员却把我领进了一间巨大且无窗的房间,房间里有6排长办公桌,坐着大约60位操盘手,每位操盘手都有着一组6到12个不等的屏幕。尽管房间很大,但里面塞满了人和设备,感觉并不空旷。没有窗户让这里有一种碉堡般的氛围。

操盘手都穿得很随意,从适合炎热天气的T恤和短裤,到觉得空调温度太低穿的牛仔裤或是摇粒绒休闲裤，穿什么的都有。科恩就坐在其中一排桌子的中间，和房间里的其他操盘手没什么区别。（他属于穿着摇粒绒的那拨人。）科恩用自己成功的操盘生涯，吸引到了专精市场各个领域的操盘手。他选择让操盘手围绕在自己身边，无论是象征层面还是字面层面都是如此。

我到那儿的时候，科恩正在打一通很长的电话——讽刺的是，他当时是在接受《华尔街日报》的采访。（"今天简直就是媒体日！"科恩后来对一个打电话的人说道，并提到这两场专访。）等他讲完电话的时间，我在那张和房间差不多长的桌子前科恩的座位旁塞进一张椅子。在他通电话的整个过程里，科恩的眼睛一直紧紧盯着他面前的报价屏幕。突然，他中断了他的电话，大声喊出了一份委托单的内容。"卖20个（指20000）宝可梦（Pokémon）。"他又和屋子里其他人说了句题外话，他说："我的孩子们可喜欢这个了，但管他那么多呢。"他让我想起《宋飞正传》里的杰森·亚历山大——外貌、说话方式还有幽默感都有些接近，组合在一起就更像了。

就房间里这么多操盘手而言，算得上出奇的安静。我意识到少了些什么——电话铃响声。下单员与交易所大厅线路畅通。时不时就会有一阵窸窸窣窣的动静，接着就会伴随一波喧闹。操盘手一直叫喊着，嘴上喊着的是买单和卖单、新闻讯息，并向他人提问。比如像这样："有人知道——玛莎·斯图尔特会是一只热门股票吗？"每过几分钟，科恩都会喊出需要执行的买单或卖单，语气随意得让你可能以为他只是点了份黑麦金枪鱼，而不是飞速买入或卖出了25000—100000股不等。

★

你做空的哪只股票有你家孩子喜欢的产品？

任天堂。他们做了宝可梦游戏。你知道宝可梦吗？

恐怕我不太清楚。（在这次专访时，宝可梦还未被媒体大肆报道，也还没有登上《时代》杂志封面。）

是如今非常受欢迎的日本卡通形象。

如果你家孩子这么喜欢宝可梦的话，为什么你还要做空呢？

因为我觉得这只是一时风潮。这家公司产品很单一。

（科恩盯着屏幕，这样评论道。）我觉得市场可能会上涨一些，但实际上我非常看跌。

为什么呢？

大盘股在走高，但这个上涨没有广度。大盘只是在低成交量的情况下上涨。同时，随着年末将近，人们开始越发担心"千年虫"问题。

在我依计划到访的那天，美联储宣布了利率。在临近宣布的15分钟，科恩开始输入大量买单和卖单，这些指令与当时的市场价格相去甚远。"以防市场做出愚蠢的举动。"他是这么解释的。换言之，他将自己放在了任何极端反应的对立面——这些反应正是由美联储报告导致的股价暴涨或是抛售行为。

就在报告公布前，电视机打开了，就像电影《颠倒乾坤》中那样。（不过需要说明一下，《颠倒乾坤》系列是发生在大宗商品交易大厅里的，这与现实情况相悖，因为农产品的报告发布是特意被推迟到当天期货市场收盘之后的——但这不过是一部喜剧片。）等到时钟走到下午两点时，气氛变得紧张又充满期待。科恩击了击掌，大笑起来，急不可待地喊了一句："开始！"就在报告发布前一分钟，房间里自发响起一阵有节奏的掌声——就像在体育赛事中会听见的为某队的加油声。

美联储宣布加息0.25%，完全符合预期，市场反应也毫无波澜。房间里交易活动进行了一小阵，就很快平息了。"好了，刚才太刺激了，我们回家吧。"科恩开玩笑地宣布。

科恩有条不紊地在键盘上以大约每秒一个的速度键入股票代码，弹出一些之前没有在他的巨大报价屏幕上出现的公司名称。大盘开始反弹，科恩考虑买入，但紧接着就决定按兵不动。10分钟后大盘急转直下，跌幅超过了之前的涨幅。

你这样做有多少是出于直觉？

蛮多的，可能至少有一半以上的比例吧。

我试着继续采访，但因为有这么多干扰，似乎已经不可能采访下去了。科恩全神贯注地盯着他的电脑屏幕，频繁发出委托指令，也会接听电话。我记录下的几个问题和回答都没有我想要保留的内容。采访的其余部分，除了最后一部分，都是在科恩办公室更为安静的环境中进行的。

你是什么时候开始了解到股市的？

差不多是我13岁的时候吧。我父亲以前会每天傍晚带一份《纽约邮报》回家。我总是会看体育版。我注意到除了体育版，还有别的版面上也布满了数字。我发现这些数字是每天变幻的价格时，被深深迷住了。

我开始在当地的经纪公司逗留，观察股票报价。我上高中的时候，在一家服装店打暑期工，那家店就开在一个经纪公司附近，所以午饭时间我可以跑过去看盘口。那时候，盘口很慢，你完全能跟得上。你可以看到一只股票交易量升高，意识到它的股价会走高。现在可没法这么干了，现在的盘口太快了。但我现在所做的都根植于我早期的看盘经历。

你在沃顿商学院所接受的经济学教育对你的股票操盘手职业生涯有帮助吗？

帮助不大。他们教的一小部分东西还挺有用的。

什么样的东西呢？

他们会教你，一只股票40%的股价变动基于大盘，30%基于板块，只有剩下30%才基于股票自身，我深以为然。我不知道这其中的百分比是否正确，但这个想法从概念上是说得通的。

当你做了一笔交易，结果它的走势对你不利，你如何判断自己是否错了？

如果我是因为一个催化剂做的交易，那我首先就会确认这个催化剂是否还适用。比如说，一个月前，我觉得IBM将会发布令人失望的财报，所以我在财报发布前就做空了这家公司。我看跌是因为很多计算机和软件公司都因为"千年虫"问题而业绩不佳（财报中的盈利低于预期）。客户都推迟了新系统的安装，就因为2000年已经迫在眉睫，他们觉得还不如就接着用现在的系统。

我在股价处于169美元的时候做空了这只股票。盈利数字发布出来，业绩太好了——大获全胜！在盘后交易中我以高得多的价格退出，以187美元的价格买回了我的头寸。这笔交易失败了。第二天，该股开盘价为197美元。谢天谢地，还好我那天晚上在盘后交易中回补了。

你一直都能做到这点吗？当你认为自己错了的时候，你就会转身。

你最好是能做到这点。这可不是什么完美的游戏。我从我的操盘手那儿收集了数据。我最好的操盘手只有63%的时间赚到了钱。大多数操盘手赚钱的时间也就在50%—55%这个范围内。这意味着你会有很多失误。如果是这样的话，你最好确保自己的损失尽可能小，同时保证盈利时尽可能多赚钱。

有没有特别情绪化的交易呢？

我持有一家私营公司23%的股份，这家公司被甲公司收购了。（科恩要求我不要写出真实的公司名，因为他与这家公司有联系。）因此，我最终持有甲公司的股票，在个人账户上持有了四五年，但股票一直没什么起色。

甲公司有一家子公司，开设了一家金融评论互联网网站。他们决定让这家子公司上市。甲公司的股票在这家子公司上市之前开始上涨，一路涨到了13美元，比我持有它的任何时候都要高。我心满意足地清仓了。

原定于12月的公开发行推迟了，股价也随之下跌。几周后，他们重新宣布将于1月某日发行，股价又乘着互联网狂热的东风坐上了火箭一飞冲天。两周内，甲公司的股价就从10美元涨到了逾30美元。

我无法接受的是，持有这只股票这么多年后，就在其暴涨的前夕清了仓。但我当时真的很生气，因为我了解这家公司，这只股票绝无可能价值超过30美元。子公司股票的发行价是15美元。如果其子公司的交易价为100美元，对公司来说，这只值10美元左右；如果其子公司的交易价为200美元，这只会给公司的价值增加20美元。这家公司剩下的部分大概值5美元。所以也就是说，这只在最乐观的情况下都只值15—25美元的股票，交易价超过了30美元。

我开始疯狂做空这只股票。最终，我卖出了90万股和几千张看涨期权。我的平均卖出价大概是35美元，而这只股票涨到了45美元。到了周五股票发行当天，甲股票暴跌。周五下午时，我以22美元、21美元以及20美元的价格回补了这只股票，又以1美元的价格买回了我以10—15美元卖出的看涨期权。

这笔交易的回报相当丰厚。但当你做空时，风险是无限大的。即使在这个例子中，你也说到你的平均交易价是35美元左右，而这只股票一度涨到了45美元。要是它接着再涨呢？你会在什么时候认输呢？还是说，如果你认为这只股票的价值被严重高估的判断不变，那你就会一直持有？

做空的基本原则是得有个催化剂，在这个例子里，催化剂就是子公司股票的发行。发行日在周五，所以我是从周二开始做空的，这样到时我就会是满仓状态。如果股票发行，股价却没有下跌，我可能就会回补。我生气就是因为我卖掉了我最初的头寸。

所以你赎罪了。

是的，相当不错。

当你做空了一只股票，股票走势对你不利，也没有近在眼前的催化剂，你会如何应对？比如说你在40美元时做空，股票涨到了45美元、50美元，那么你会什么时候退出？

如果股票走势对我不利，我可能每天都会买入一些。

即使基本面没有任何变化也会这样做吗？

当然了。我总是告诉我的操盘手，"如果你觉得自己错了，或者是大盘走势对你不利，并且你不知道为什么，那就买入一半。你常常可以再次这样操作。"如果你这样操作两次，那么你就已经买回了自己3/4的头寸。剩下的头寸规模也不大了。重点在于行动起来。我发现太多操盘手什么都不做，坐以待毙。操盘手在做空时普遍会犯的一个错是，相对他们的投资组合而言，持有的单个头寸过大了。那么等到股票走势对他们不利的时候，就会成为他们的不能承受之痛，他们最后不是惊慌失措就是呆若木鸡。

人们还会出什么错？

没有什么好的理由他们就出手交易，这就像是飞蛾扑火。他们做空股票就因为股票涨了，如果这样也算理由的话。他们会说："这只股票股价太高了。"这就是他们全部的研究成果了。在我这，这根本说不通。我对此的回应是："这远远不够。"我有些朋友对股市很有情绪，他们就与之对抗。为什么要把你自己放在那样的境地呢？

但你之前聊到的甲公司交易，不正是与股市对抗之举吗？

区别在于，当时是有催化剂的。我知道计划发行日是周五。我清楚会发生什么事。我也知道我预期会发生什么。即使我当时因为我自己的股票清仓时价位太低了而气愤不已，那实际还是一个计划完备的交易。

人们还会犯什么错？

你得了解自己，千万别试着违背本性。如果你是个日内交易者，那么你就做日内交易。如果你是个投资者，那就做投资者。这就像是一个喜剧演员上台要唱歌。他为什么要唱歌？他可是个喜剧演员。有一点我真的不理解：我发现有些人成立了对冲基金，会一部分用来交易，另一部分用于小盘股上。小盘股的流动性很低，你得一直持有——这和交易完全背道而驰！

你是如何和你手下的操盘手互动的？

出于种种原因，我手下不同的操盘手会分别负责不同的板块。办公室里人很多，让不同的操盘手交易相同的股票效率很低。同样地，既然我们如今交易的规模已经超过10亿美元，我们希望尽可能面面俱到。这家公司实际上结构非常扁平，我算是个总统筹师。可以说，我是轮毂，而操盘手是辐条。

如果一位操盘手想要进行的交易，你有异议，你会怎么做？

我不想告诉我的操盘手该怎么做。这里不是我的一言堂。我只想确保他们掌握的事实与我相同，如果他们还是想进行那笔交易，那大可以放手去做。我鼓励我的伙计们出手。我必须得这样。我管理着超过10亿美元的资金，没法事事亲力亲为。

你是如何挑选你的操盘手的？

很多在这里工作的操盘手都是别人引荐给我的。我也在公司内慢慢培养起一些人。我这有员工一开始只是个文员，现在已经交易上千万美元了，业绩还相当不错。

我喜欢给操盘手配对。你需要一个参谋，需要一个会问"我们为什么要持有这个头寸？"的人。这样就有了制衡，而不是沉浸在自己的世界里。

我们也会让操盘手与他所在行业的分析师组成团队。我很喜欢这个方案，因为这能帮助操盘手了解到行业内的各种门道，理解这个板块到底是什么因素在驱动着股价。

这些操盘团队是非正式的，还是说他们实际上共用他们的交易资金？

不是非正式的，他们在一起共事。他们的生计相互依赖。

使用这种团队策略，你发现操盘业绩提高了吗？

结果不言自明。

这个团队策略是你想出来的吗？

这是个渐进的过程。大多数操盘手什么都想交易。他们上一秒还在交易雅虎，下一秒就去交易埃克森了。他们是操盘手！我这里的运作方式截然不同。我希望我的操盘手高度专注。我想让他们对某件事知道很多，而不是什么都知道一点。

那意味着他们就不能分散投资了。

他们确实不能，但公司是在分散投资的。只要他们既能做空也能做多，我不觉得这间办公室里有谁会认为专注于单一板块是什么坏事。

当你雇用可能成为操盘手的人时，你会寻找哪些特质呢？

我会找那些不怕冒险的人。我问的其中一个问题就是："跟我说说你人生中做过最冒险的一件事。"我想找的是有自信的人，敢于冒险的人。

什么事会让你担心操盘手？

我担心的是那些等待别人告诉他们该怎么做的操盘手。我认识一个人，他本可以成为优秀的操盘手。他就只有一个问题：他拒绝自己做主。他希望别人告诉他买入什么、卖出什么。然后等到他犯错的时候，他不知道什么时候退出。我认识他很久了，他一直如此。

你给过他建议吗？

当然了！可这无关紧要，他仍然一切照旧。他想了个新办法，看起来像是自己拿主意了，实际上根本不是这样。讽刺的是，如果他真的是自己做决定，他能做得很好。显然，某种程度上而言，他是害怕了。也许他害怕看起来愚蠢。

你的公司运转得很平稳——多年来收入颇丰，也管理着数额巨大的资金。你有没有想过将其兑现，就此退休？

许多人都会害怕，觉得既然他们赚了这么多钱，最好还是要保护好这些收入。这是一种很狭隘的想法。我恰恰相反。我想要公司蒸蒸日上。我完全没有想退休的意思。首先，我没别的事可做。我不想打什么高尔夫球。你知道有句老话："高尔夫很有意思，直到你一周打上三次，就兴趣全无。"其次，我很享受自己现在的作为。我培育这家公司的方式，保留了我个人的兴趣，我们将业务从传统交易扩展到了一系列新策略：市场中性、风险套利、事件驱动，等等。同样地，我的操盘手也会教给我他们板块的内容。我一直在学习，这让我保持兴奋和新鲜感。我现在做的事不会与10年前雷同。我已经蜕变了，也将继续蜕变下去。

你对目前的长期牛市将如何结束有什么预想呢？

结局会很惨烈，也总是这样惨烈。全世界的人如今都在讨论股票。人人都想成为交易者。对我来说，这是结束的信号，而不是开始的信号。你不可能让所有人都站在一边。世界不是这样运转的。

最后还有什么想说的吗？

你无法控制市场走向，但你可以控制你对于市场的反应。我一直在审视我所做的事情。这就是交易的本质。

然而这并不是这次专访中他最后说的话。在我离开后，我又打电话给科恩，问了几个追加问题。以下是专访的通话部分。

你如何形容你的方法？

我将众多渠道得来的信息与对于市场走势的良好感觉结合，在股市中押注。

你与其他操盘手有什么不同？

我可不是独狼。许多操盘手喜欢单打独斗。我更喜欢援兵众多的感觉。我能如此成功的主要原因就是我打造了一个非凡的团队。

如果你一直是自己在房间里独自操盘，会发生什么事？

我可能还是会获利多多，但没法做得这么好。我不可能覆盖到这么广泛的市场。

那你的交易时机呢？为什么你会选择今天做一笔交易，而不是昨天或者明天，或者说你为什么选择在某一时刻交易，而不是再早一小时或者晚一小时？

这得看具体交易。我执行交易有很多不同的原因。有时，我看盘进行交易——看的是个股价格行为，有时我根据板块进行交易，还有时候我是基于催化剂进行交易的。

我上周去你公司的时候，你看涨债券。从那时起，债券价格先是小涨一番，接着就遭到抛售。你仍然还在做多吗？

不，我已经清仓了。基本概念就是，你按自己的理论操作，然后得根据市场给你的回应判断自己是否正确。

我听说，有一位心理医生会和你的操盘手们一起共事。

阿里·基辅。他每周来这儿工作3天。（本书中也采访了基辅。）

为什么会引入心理医生呢？

阿里有着与奥运会运动员一同共事的经验。我看到一些共性：操盘手也是在高强度竞争的环境下进行工作，也受业绩驱动。我感觉，有些操盘手无法成功并不是由于其选择了糟糕的点子，而是因为个人弱点。所有操盘手都存在一些让他们停滞不前的因素。

安排阿里咨询有帮助吗？

我已经看到效果了。如果你看看周围，会发现棒球选手有教练，网球选手有教练，诸如此类不胜枚举。为什么操盘手就不能有教练呢？

在你做过的数以万计的交易中，有没有哪一笔脱颖而出的？

有一次，我做空了某只股票100万股，第二天股价就跌了10美元。那一笔就挺不错的。

这之中有什么故事吗？

我不会提公司名——不然这家公司再也不会理我了——这个板块当时有很多其他股票面临压力，但这只股票股价却在上升，因为它正被加入标普指数。我意识到一旦指数基金买入完成，这只股票就会跌。在我做空的第二天，这家公司发布了令人失望的盈利，这笔交易成了本垒打。

你有没有失眠的时候？

没有，我觉得我睡眠质量挺好的。我从没有失眠过。也许换个问法更好：哪天对你来说是最糟糕的一天？

行，那么哪天对你来说是最糟糕的一天？

我损失了400万—500万美元的那天。

那天发生了什么事？

我都不记得了。事实上，如果你交易的时间足够长，一切都会发生。

什么是直觉？这是一种我们无法解释的智慧。我从许多操盘手身上目睹了直觉——那些和其他人接受了相同信息的操盘手，不知为何就洞察了股市可能的走向。看到史蒂夫·科恩，你无疑会意识到，他真正有着对于市场走向的感应力。这种感应力，或者说直觉，正是从数以万计的交易中提炼出的经验和教训。这样的操盘手就像是一个人类计算机。

所谓直觉是经验和天赋的结合。这没法教。新手交易者无法期望自己获得直觉，而有些有经验的交易者同样也没这种东西。即使是许多金融怪杰都不具备直觉。在很多情况下，他们成功的操盘生涯要归功于其他天赋——比如说市场分析或者系统搭建的技能。

尽管史蒂夫·科恩的交易风格没法模仿，但他的交易原则还是可以效仿的。毕竟科恩的行为证明了很多成功操盘手的关键特质，他的交易经历即使对于新手交易者而言都隐含着重要信息。比如说，就专家级操盘手的风险控制手段而言，科恩提供了一个非常好的榜样。

即使像科恩这么优秀，也一样会犯错——有时犯的错还不小。想想他在财报发布前做空IBM那笔交易吧。他的预期大错特错，这只股票在财报发布后朝着对他不利的方向发展，跳涨至18美元。既然他进行这笔交易的理由已经不再成立，科恩立刻平仓。他没有试着合理化当时的局面，也没有想着给市场再多一点时间看看。尽管他损失不小，但如果他等到第二天早上，这只股票还会再涨上10美元。所有的操盘手都会犯错，然而优秀的操盘手懂得止损。

对科恩而言，止损几乎是一种条件反射。尽管经历了多年风雨通常才能得出这些止损的技巧，科恩还是提供了一个无论对于新手还是专业人士都有用的相关建议："如果你觉得自己错了，或者是大盘走势对你不利，并且你不知道为什么，那就买入一半。你常常可以再次这样操作。"

科恩教的另一件事也至关重要，那就是你的交易风格应该匹配你的性格。在股市中交易并不是只有一种正确答案，条条大路通罗马。你应当了解你自己。比如说，不要试着又当投资者又当日内交易者。选一条自己觉得舒服的路。

科恩同时还建议，确保自己有充足的理由进行一笔交易，这件事很重要。就因为"股价太低"买入一只股票，或是因为"股价太高"卖出一只股票，都不是好的理由。如果你的分析就只有这点内容，就别想着能跑赢市场了。

想做个好的操盘手需要过程。这是场没有终点线的赛跑。市场不是一成不变的。没有哪种风格或是方法能长期提供卓越的业绩。想要一直脱颖而出，优秀的操盘手会一直学习，一直调整。科恩一直试图多了解股市——拓宽他的专业知识以涵盖更多股票、板块与交易风格。就如科恩所说，对他而言操盘是个不断精进的过程。

史蒂夫·科恩的近况

史蒂夫科恩拒绝接受后续采访。他仍保持着惊人的业绩。如果说2000年4月开始的大熊市让交易变得困难，一定是有人忘了告诉科恩这一点。自熊市初至2002年8月，科恩的收益超过了100%——还是净收益；他的总回报率预计是这个数字的两倍！更惊人的是，截至今日整个熊市期间，他没有任何一个月是亏损的。事实上，他已经4年没有过一个月回报为负了（从1998年8月开始计算）。也许还会有风险回报比好于科恩的操盘手，只是我不知道那个人究竟是谁。

|阿里·基辅博士|

赢家的心理

阿里·基辅并不是一位金融怪杰,他甚至连操盘手都不是。那为什么你应该认真听听他的建议呢?因为世界上公认最卓越的操盘手之一,史蒂夫·科恩(见本书中的专访),对基辅博士评价很高,让他成为了自己公司SAC资本的固定成员。基辅博士最初于1992年开始在SAC资本与操盘手们共事,每周开研讨会。经年累月,他的工作范围也渐渐扩大,如今他每周有3天全天待在SAC资本,会与操盘手们一对一开展工作,也会以团队形式开展工作。同时,他也接受其他公司少量专业操盘手的咨询。

基辅博士毕业于哈佛大学,并于康奈尔大学获得了医学学位。他曾在约翰霍普金斯医院和伦敦莫兹利医院实习,还在哥伦比亚大学担任过助理研究员,之后,他返回康奈尔医学院担任社会精神病学系主任,专注于自杀预防研究。1970年,他创立了社会精神病学研究所,该机构参与了大量抗抑郁药物的实验,如盐酸氟西汀、帕罗西汀、盐酸舍曲林片、西酞普兰以及其他药物。

基辅博士是美国奥林匹克运动医学委员会任命的第一位精神科专家,在1977年至1982年期间,他一直与奥林匹克运动员共事。多年后,正是他帮助奥运会运动员提高成绩的工作引起了史蒂夫·科恩的注意,因为科恩相信,在一流运动员与顶级操盘手之间有着不少共通之处。

基辅博士写有14本著作,包括《交易制胜:掌控市场的心理学》《交易心理分析》两本，均基于他和专业操盘手一起工作的经验，还有畅销书《日常生活的策略》和人气颇高的人类学图书《魔法、信仰和疗愈：现代原始精神病学研究》。

我在基辅博士位于曼哈顿的办公室里采访了他。（我可没有让他躺在躺椅上接受采访。）

★

你的职业生涯开始于治疗有自杀倾向和抑郁症的病人，之后转为与奥运会运动员和操盘手一起工作。这可是个不小的转型。听起来两者没什么关联。

治疗抑郁症和有自杀倾向的病人的疗法之一就是帮助他们变得更独立、更自信。这样的技巧同样适用于那些运动员和操盘手。

你是如何开始与奥运会运动员一起工作的？

我的孩子们去了一家由美国奥林匹克运动医学委员会负责人经营的健身俱乐部，我在那认识了一些奥运会运动员。也因着这层关系，我成了委员会里的第一位精神科专家。

你合作的运动员从事什么体育项目？

雪橇——我儿子就是1981年美国世界雪橇代表队的一员——篮球、射箭、击剑、皮划艇、双桨赛艇，还有好些其他项目。

这囊括的运动项目可真不少。这些运动项目之间有什么共性吗，还是说对于不同类型的运动员你会使用不同的方法？

会有一些共性，但不同类型的运动还是需要不同的思维框架。比如说，在雪橇这项运动中，你一开始需要尽可能地用力奔跑，以推动雪橇。但一旦你坐上雪橇，你就得放慢你的肾上腺素分泌，从而使自己在驾驶雪橇的过程中做到冷静、专注。冬季两项[1]也需要类似的转变，运动员在越野滑雪板上进行竞速时，他们

---

[1] 越野滑雪与射击。——译者注

的心跳会超过每分钟120次，接着就需要冷静下来专注于射击，此时他们的心率理想情况下应低于每分钟40次。这类运动员可以通过练习即时心理转变以调节自己的高能与放松状态。

然而，在射箭这样的运动中，关键因素则是运动员要能够放空大脑。比如说，我工作中曾帮助过一位上届奥林匹克运动会金牌得主射箭运动员，他能获得金牌，有一部分是因为他能够完全放空大脑，把全部注意力都放在靶子上。他当时需要加强的，是让他放下自己是上一任金牌得主的想法，从而放轻松，将注意力完全集中在靶子上的能力。

你是如何做到这点的呢？

靠放松与想象。相关技巧很多，但本质上是你要觉察到一个想法，然后任它消散。比如说，你可以在脑中想象，你的想法在一个泡泡里，然后看着它渐渐消失，直到完全不见。

有没有什么胜者特质，是在所有运动中共有的？

不管是什么运动，除非你下定决心非冠军不可，否则都是很难拿到金牌的。进入奥运代表队并拿到一枚金牌，可能是十年磨一剑的事。如果你想要成功，那你就得从现在开始做到那些同等水平的运动员正在做的事。大多数人不相信这是可能的，也安于不成功的现状，或者安于没有实现他们定下的目标。你必须愿意尽力争取，即使只是想到自己承诺了但没做到，也会感觉羞辱。

对自己承诺还是对世界承诺？

对世界承诺——那样强大得多。承诺达成目标会让你别无选择只能放手一搏，否则就是食言了。让其他人知道你设立了目标，致力于实现它，会让你更有可能达成这个目标，无论是在竞技体育领域、交易领域还是其他领域都是如此。

7年前，我在SAC资本引入了一个活动，就是在房间里走一圈，让每一位操盘手都许诺下他要达成的目标。早些年，除了史蒂夫·科恩，人人都对我有抵触情绪，只有史蒂夫·科恩总是很愿意承诺一个超凡的业绩。让人们接受这一活动，花了很长时间，但如今，神乎其神地，已经成为了企业文化的一部分。几乎人人都愿意承诺一个比自己前一年的业绩更高的数字，通常会是两倍。这无关做出积极的断言，关键在于你开口承诺了一件事，接着每天你就会奔着实现这个目标去做。

史蒂夫·科恩今年设立了一个难以想象的目标。他不得不为此目标制订一个与之匹配的策略。他开始每周日从下午4点工作到晚上10点。"我不想这么干的，"他说，"但为了达成这一水准的业绩，我不得不这样做。我不想每天早上7点半就到办公室。我也不想每天晚上看这些图表。但如果我当真要实现我的目标就必须这样做。"

你的意思是，只是承诺一个更高的目标，就能让其成为可能吗？

相信结果可能实现，就真的可能实现。罗杰·班尼斯特突破4分钟一英里大关就是一个典型例子。在他1954年一英里跑进4分钟之前，这一成绩被认为是超出人类体能的不可逾越的关卡。在他跑出这所谓奇迹一英里之后，突然间许多其他选手也开始突破这曾经被视为不可能被突破的极限。

随着史蒂夫突破层层障碍，他公司里的其他操盘手发现，他们也可以完成比他们曾经认为的最高限度更高的业绩。一个5年前还只是文员的操盘手今年的目标是获利7000万美元。

设立目标之后没有达成，会有什么影响呢？有那么多设立了更高目标的人，肯定有人没有达成。

设立目标不一定是为了达成，而是为了建立一个衡量自己表现的标准。如果你没有达成你的目标，这就会迫使你思考自己是否做错了什么，或者是否有什么该做的事没做。目标使你有更高水准的表现。

为什么一些运动员或是操盘手表现出色，然而其他具有相同技能的人却只是成就平平？

有时，当人们达成目标却什么都没发生时，他们会不再关注为达成目标所做出的承诺。这解释了为什么有些人在成功之后开始失败。他们没法一直这么努力。当一个人实现目标后，通常一个问题就会浮现，"接下来呢？"而对于这个问题，在对比过获得过金牌的运动员与没获得金牌的运动员后，我的答案是，再设立一个充满挑战的目标。金牌得主总是会想办法去够一个不确定是否能达到的目标。

无法重新制订目标，会限制成功。比如说，一位跳台滑雪运动员为奥运会选拔赛备战多年，他想象着自己一次又一次地完成完美跳跃。他来到选拔赛，动作完美无缺，也达成了他进入奥运代表队的目标。问题在于，他没有想过，或者说心理上没有准备好在选拔赛后更上一层楼，因此选拔赛成绩最终成为了他的最好成绩。

有些操盘手一旦业绩超越了某个特定数字，就无法保持成功必备的自律了。我工作中曾遇到过这样一个操盘手，他每个月月初都表现不错，只要他的业绩超过30万美元，坏习惯就接踵而至。当我追问他，让他解释每月下旬他业绩走低的原因时，他说："每个月开始操盘时，我还没有什么业绩。因此，我交易时格外挑剔，实行严格的风险控制。一旦赚到了钱，我就松懈了，变得过度自信，不再尊重市场。"

还有什么会阻碍技术高超的运动员和操盘手脱颖而出呢？

有些人虽然保持着世界纪录，却从未获得金牌。有一位运动员保持着他所在体育项目的世界纪录，可他参加了4届奥运会也未能斩获一枚金牌。结果正是他打破世界纪录的那一次，成为了他的心魔，一直有类似"我没有赢，我必须要赢"这样的想法分散着他的注意力。

这对操盘有借鉴意义吗？

有，一心想着不能输，也会导致赢不了。想要操盘过程中毫无亏损，并不是什么优秀的策略。你得为了盈利而去操盘。

你是怎么开始与操盘手合作的？

史蒂芬·科恩听说了我与奥运会运动员的合作，觉得这和操盘手是相关的。我在他的公司已经工作了7年之久。我刚开始来的时候，他们还是个2500万美元规模的对冲基金，如今已经成长到了15亿美元的规模。我知道你已经采访过史蒂夫·科恩了。我很好奇，他给你留下了什么印象呢？

我对他在交易中的随性印象深刻。他抛售10万股的订单，感觉就像午餐点了一份三明治一样稀松平常。同时，他似乎在操盘时始终保持着一种幽默感。我还在史蒂夫身上注意到一件事，我也在很多其他优秀操盘手身上看到过，那就是他能根据别人也看到的100个事实——有的看涨股市，有的看跌股市——不知怎么地，就能选出当时与股市最相关的那一两个因素。

你看到了这点？我认为一部分要归功于准备工作到位，另一部分则是出于经验老道。他交易用的还是老一套。他掌握了大量的交易技能，并且能够运用这些技能。像史蒂夫这样的优秀操盘手能够注意到最佳点何时出现，并大举买入。根据SAC资本风控经理的数据，他的所有收益几乎都来源于他5%的交易。当他犯错时，他也愿意减仓。

你是只与专业操盘手合作，还是说你也会与那些想成为成功操盘手的普通人合作？

只与专业操盘手合作。我将自己视为一位交易教练——帮助操盘手进行提升，而不是教会别人怎样成为一个操盘手。我的工作是诊断操盘手是如何可能被自己对市场的情绪反应所困住的，然后帮助他调整方法来纠正这个问题。

举个例子。

有个操盘手过来找我，跟我说："我盈利的时候，就能一直盈利——可以做到毫无失误；我亏损的时候，就一直亏损——做什么都错。"解决办法就是让他在亏损和盈利的时候保持同样的心态。

你是怎么做到这一点的？

让他重现他持续盈利时的心态。当他持续盈利时，他无所畏惧，直觉敏锐，也能做出正确的选择。当他一直亏损的时候，他就得想象、回忆并感受这些同样的正面特质，这样他走进办公室时，能以持续盈利时的心态进行交易。你会反复听到操盘手说，当他们处于连胜状态时，他们是不会犯错的。我的意思是，人们可以在心里重现这种连胜的感觉。

你对运动员也是如出一辙吗——让他们想象自己在项目上有完美表现？

我曾与一位没法完成3周跳的滑冰运动员合作过。每次他试图第三次旋转时，都会摔倒。我请他先在脑海中进行练习。一开始，当他在脑海中练习时，他也会跌倒。我让他持续在脑海中练习这个跳跃动作，直到他在心里做这个动作时感觉流畅。为能成功在冰上完成这个动作，他必须首先在脑海中有一个成功完成动作的画面。在他脑海中顺利完成3周跳后，没过多久，他就能在冰上完成这个动作了。

另一位我合作过的是一位雪橇项目运动员，他曾在普莱西德湖的之字形转弯处，也就是一个90度的弯道上发生碰撞。后来，他每次转这样的弯时，都会矫枉过正。我让他想象出完美滑完全程的样子。实际的雪橇比赛大约耗时一分钟，你可以在你脑海中用10秒滑完全程。他上百次在自己的脑海中想象出完美滑过全程的画面。这种想象让他克服了焦虑，最终能够顺利转弯。

我不想让这听起来简单或神奇。我也不是在说，要做到这些事只需要学几套想象技巧就能做到。我所做的应该被描述为一种对话过程，以找出阻碍一个人表现的因素。

人们知道这个问题的答案吗？

通常是知道的。我曾与一位交易员合作，他每次决定要清仓的时候，都会留下一小部分，以防市场继续朝他的方向发展。总的来说，这些留下的头寸让他损失惨重。他必须学会在决定是时候平仓时抛掉全部头寸，这一开始让他感到焦虑。

我无意刁难别人。我只是试着让他们做出最符合自身利益的事。人类想要感觉舒适。我的工作就是当个烦人精，让他们做出必要的改变。

还有什么别的个人缺陷导致操盘手无法发挥出全部潜能的例子吗？

有个管理大型对冲基金的操盘手从来不愿意以市价购买股票，他总是试着出一个更低的价格。结果，他错过了很多笔交易。

这个缺点是如何被发现的呢？

我问他："今天怎么样？"

"不太乐观。我刚错过了一笔某公司的大交易。我想买入，但因为价格太高我无法买进。我出了个价，可股价已经上涨了一美元，我不想支付更高的价格。"

我试着让他换一种角度思考。他已经操盘多年，一直很成功，大多数交易都赚了钱。为什么会这么斤斤计较？

你觉得他为什么会这样呢？

我觉得是性格使然。他就是这样成长起来的，会事事都斤斤计较。

这样做挡他的路了吗？

这妨碍了他取得更大的成功。我所做的，就是了解操盘手现状，帮助他看清是什么阻碍了他。

还有别的行为模式阻碍操盘手取得更大成功的例子吗？

有个操盘手用基本面来选股，在其股价下跌时加仓。尽管他选择了以摊平成本的方式建仓，但当股票回升至盈亏平衡时，他会如释重负，通常会清仓。

难道他没有意识到他的入场方法总是会导致最初的亏损吗？

他理性上明白，但在心理上，他仍然觉得这是一种亏损。因此每次股票回升至盈亏平衡，他就很高兴，并且清仓。第一步，是让他意识到，自己究竟在做什么。现在他可以持仓更久一些了。自知是我最重要的工具之一。在这个例子中，操盘手得面对现实，因为他在欺骗自己。

那他做出改变了吗？

嗯，现在当他再想在股价回到盈亏平衡时清仓，他就会自己克制住。不只是他会这样做，我能看出来其他操盘手也有这样的倾向。

那他的业绩因此提升了吗？

突飞猛进。去年他赚了2800万美元。今年年初的时候，我问他："你今年目标是多少？"

"5000万美元吧。"他这样答道。

"5000万美元？"我反问。

"好吧……"

我听到那声"好吧"就跟他说:"让我们扩展一下这个'好吧'的含义。这句'好吧'大概是指多少钱?"

"我可能还可以再多盈利一些。"

"一些是多少?"我又问。

"我不想说。"他这样回答我。

"别啊,说说吧。"

"我不想说,否则你会强迫我做到。"

"我不会强迫你。但你到底觉得能赚多少?"

"我觉得我能赚1亿美元。"他低声说道。

"好,那就说出来。"

"好的。我打算赚1亿美元。"

我告诉他:"我们要把你在这儿的同事找来。"

我们把他们叫来之后,他说:"我刚刚和阿里聊过了,今年我们打算赚1亿美元。"

3周之后他跑来告诉我,他已经达成了今年赚1亿美元的目标。关键就在于,在他说自己的目标是5000万美元时,让他意识到自己的犹豫。如果对话就在那儿中断,他就不会赚到1亿美元了。我必须通过交流,感受他的真正想法。1亿美元不是我定的数字,而是在我和他沟通后定下的数字。如果说我的工作有什么独到之处的话,就是倾听并捕捉到反映出一个操盘手在退缩时的一丝不确定。

你写了一本关于交易心理学的书。如果我请你用50个字给出交易成功的建议,你会怎么说呢?

确定一个目标、一个与目标一致的策略、一套要遵循的纪律,以及风险管理准则。接着交易,追踪并评估你的表现。

基辅医生对于实现目标，特别是在取得交易成功方面的建议可以总结为如下几点：

- ▶ 相信使之成为可能。
- ▶ 为了达成目标，你不只要有相信其可能发生的信念，还得致力于实现它。
- ▶ 向其他人承诺自己会达成某个目标，比向自己承诺更为强大。
- ▶ 卓越的运动员——奥运会金牌得主，还有顶级操盘手，都一直会重新制定自己的目标，所以他们会更上一层楼。离开舒适区，才能保持卓越的表现。
- ▶ 在制定目标后，运动员或是操盘手需要制定一套与目标匹配的策略。
- ▶ 操盘手、运动员还有其他目标导向的人需要监控自己的表现，以确保他们在通往目标的正轨上，如果他们没有在通往目标的正轨上，要诊断出是什么阻碍了他们。

---------★---------

阿里·基辅博士的近况

自上次采访以来，基辅博士仍专注于与操盘手进行合作，并撰写了两本相关图书：《交易心理分析》与《风险心理学》。

自我们上次专访以来，大熊市来临，汹涌当道，你在你合作的操盘手身上看到了什么变化？

自信程度大大降低。越来越多的操盘手打电话给我，因为他们已经身心俱疲，对股市失去兴趣，又或者是觉得他们的市场分析或操盘方法已经失效。他们想知道自己该怎么办才好。

那你是怎么跟他们说的？

我建议他们休息片刻，重整旗鼓，再慢慢重启。我帮助他们降低了期待值，这样他们就可以重新获得一些掌控感。如果期待值还是太高的话，就很可能感到非常挫败。我也提醒他们，不要为了把所有亏损的钱赚回来而进行大的押注。

你能给我举一个在当前市场环境中遇到重大困难的操盘手的具体例子吗？

我最近遇到这样一位操盘手，他偏向做多，管理着3500万美元，今年已经亏损了300万美元。他大大缩小了头寸规模，试着重获尊重。他陷入了极大的痛苦中。由于业绩不佳，他开始抗拒走出办公室与团队里其他的同事交流。他有一些轻度抑郁症的典型症状。他的糟糕业绩让他失去信心，畏畏缩缩，反过来这种心态又进一步影响他的业绩，他就这样陷入了一种自我循坏的怪圈。

那你给了他什么建议呢？

问题在于，他以业绩来给自己下定论。我告诉他，要多贡献想法，多与公司里其他同事交流，积极参与进来。

熊市期间，你与操盘手的合作有什么变化？

我的基本策略一直没变。我还是注重鼓励操盘手竭尽全力取得胜利，致力于有一定挑战的目标，接着制定与目标匹配的策略：迅速止损，在有信心、有优势也有足够利润作为缓冲时扩大头寸规模。

这种方法在很多市场和策略中广泛有效：外汇操盘手、宏观操盘手、可转换债券套利交易者，甚至使用黑箱系统的量化交易者，对他们也一样有效。在股票交易员中，这种方法对那些有能力做空并有信心安然度过空头挤压的交易员很有效，因为他们了解自己空头头寸基本面的脆弱。然而，一些股票操盘手则难以适应近年恶劣的熊市。对这些操盘手而言，获得胜利是其次，更重要的是别被洗牌出局。尽管我倾向于强调业绩提升的事——也就是，帮助操盘手获得更多收益——对于一些操盘手而言，还是把重点放在保护资本和风险管理上更合适。

具体说来，你是怎么帮助这些遇到困难的操盘手的呢？

通常是让这些操盘手正视自己的否认倾向与合理化倾向。比如说，对于某些操盘手而言，这意味着即使基本面良好，也要学会止损。对于另一些操盘手而言，则意味着帮助他们克服做空时内心的不适。我同时还建议操盘手，只有在他们有利润缓冲后，才能再冒更大的风险。对于某些小心谨慎，不愿将所有分配给他们的资金都用上的人，我则会鼓励他们在拥有利润缓冲、夏普比率有保证的情况下扩大交易规模。

还有什么其他重点变化吗？

我发现自己更多处理的是一些管理问题，比如说维持公司内士气、团队建设以及与后勤人员沟通的技巧。比如说，一家对冲基金的经理最近跟我说："我指示我手下的操盘手做空10万股，可他只卖出了4万股。"我问他，为什么他不直接告诉那位操盘手，再卖6万股。"哎，"他说，"我不想打击他的自信心。"牛市让这些经理以更随和的方式管理其团队，他们中的很多人从来没学会让员工明白，当他们说X时，他们指的是X，而不是Y。在股市中，你可担不起出这种错的代价。

想必有些与你合作的经理在牛市中混得风生水起，并不是因为天赋异禀，只是乘上了股市的东风。你如何区分一位操盘手到底是一时落魄，还是本来就没什么过人之处呢？

首先，看的是业绩。如果这位经理一直在亏钱，也许就该考虑转行了。此外，你还得看工作的水平，看其所使用的方法的复杂度。我最近和一位经理共进过午餐，他成功筹集了大量资金，新开设了一家对冲基金。我很惊讶他的方法竟然如此基础。他希望他的分析师给他一份价格区间低位附近的股票清单，这样他就可以买进，以及价格区间高位附近的股票清单，这样他就可以卖出。他没有比这更细致的筛选标准了。我对此大吃一惊。我建议他引入一些一流分析师，加强投资过程。

在我们的初次专访中，你强调过操盘手承诺达成更高目标的重要性。显然，在熊市中，许多操盘手肯定与他们的目标相距甚远，甚至还亏了钱。你会让他们做些什么？

一位操盘手可能曾说过，他的目标是1000万美元，然而他只盈利了200万美元，但今年已经过半了。在这种情况下，也许把目标定在500万美元更好。降低目标没什么丢人的。与其为达到更高的目标而感到沮丧，不如达到一个较低的目标。

　　所以，现在你会常常建议操盘手下调自己的目标，但以前你是会建议他们提高目标的。

　　说得没错。

　　那么，那些不只是没能达成目标，甚至亏损了一大笔钱的操盘手呢？假设他说自己的目标是1000万美元，结果一年过半，反而亏了300万美元。

　　问题是亏了300万美元的人对这300万美元想得太多了。你不该想着把亏损部分赚回来——那样负担太重了。你必须从你所在的地方开始。是，你确实亏损了，但这一周，这个月，今年剩下的时间，你能做些什么呢？你得试着找回控制感。

WIZARD LESSONS 金融怪杰的经验

1.没有唯一正确的路

想在股市中取得成功,并不是只有唯一解。优秀的操盘手采用的方法五花八门。有些人完全信奉基本面,有些人只使用技术分析,还有些人会将这两种方法结合到一起。有些操盘手觉得两天就已经算是长线了,然而另外一拨人觉得两个月都算短线。有些人高度依靠定量分析,然而另外一些人主要依靠的是市场定性决策。

2.共通特性

尽管受访的操盘手在方法、背景和性格上都存在巨大的差异,然而他们之中很多人还是会有数不胜数的共性。其中一点就是他们全都很自律。

成功的交易基本上分为两个阶段:

(1)制定有效的交易策略,同时计划好能应对所有突发状况的相应交易方案。

(2)严格遵循计划行事,绝无例外(根据定义,任何合理的破例原因——比如说,纠正疏忽——都应当属于计划的一部分)。无论交易策略多么靠谱,能不能成功还是得看执行阶段,这需要绝对的自律。

3.你需要根据自己的个性交易

科恩强调过,交易风格与个性匹配极为重要。股市交易不是只有唯一正确的方法。你得了解你自己。比如说,不要试图既做投资者又做日内交易者。选择一个你觉得舒服的交易方法。米勒维尼也提过类似的建议:"专注于掌握适合你个性的交易风格，这是一生的功课。"

成功的操盘手都喜欢使用适合自身个性的方法。比如说，库克乐于在交易中赚些小钱，但就连小亏一笔也痛心疾首。鉴于这样的个性，他制定的方法，即接受每笔交易的低回报风险比以换取高胜率，就很适合他。然而，同样的方法对于其他人可能就不合适。不存在适合每个人个性的交易，每个交易者都得为自己量身定制一套交易方法。

4.失败与坚持

尽管本书中一些操盘手得以旗开得胜，但另一部分人则在股市中出师不利。马克·库克不只好几次亏了个底朝天，有一次还欠了几十万美元的债，离个人破产仅有一步之遥。斯图尔特·沃尔顿则一度把他从父亲那儿借来的钱赔了个干净，几年后，他又一次不但亏掉了本金，还亏掉了他的房屋净值贷款。马克·米勒维尼也是如此，不仅在股市上把自己的钱赔干净了，连借来的钱也搭了进去。

尽管他们起步阶段都出师不利，状况可以用惨烈来形容，然而这些操盘手最终都取得了骄人的成功。他们是如何脱胎换骨的呢？当然，部分原因是他们有不被失败打败的内在力量。但没有灵活性的坚韧并不是美德。如果他们继续做他们之前做的事情，他们会经历同样的结果。关键在于他们彻底改变了方法。

5.优秀操盘手有着灵活变通的特质

即使是优秀的操盘手，在开始的时候也会有完全错误的想法。然而他们最终能成功，是因为他们能够灵活变通，转变方法。拉罗什富科就曾说过："人生最大的悲剧之一，就是残酷的事实会将美好的想法扼杀。"而优秀的操盘手能够直面这样的"悲剧"，摒弃之前的看法，选择拥抱现实。

以沃尔顿为例，他一开始会卖出强势股，买入便宜货。当他观察到市场实际运作结果与他最初的倾向冲突时，他能灵活变通，完全扭转其做法。再比如说，米勒维尼在还是新手的时候喜欢买入创新低的低价股，这种方法和他最后使用的方法几乎完全相反。

股市是动态的。某个时期适用的方法，换一个时期可能就不再适用了。想在股市中获得成功，需要对多变的环境和不断变化的实际情况有足够的适应能力。举几个例子：

▶ 沃尔顿会调整他的策略以适应他对当前市场环境的看法。所以他也许一年会买入动量股，一年会买入价值股。"我的理念是，"他说，"像水母一样漂浮，让市场把我推向它想去的地方。"

▶ 尽管雷斯卡波开发的系统的表现好到让人难以置信，他还是继续研究这些系统的迭代，这样当股市状况发生改变时，他就能做到有备无患。

▶ 弗莱彻目前的主要策略，是从早期相对简单得多的策略分几个阶段演变而来。随着竞争对手越来越多地采用他目前使用的方法，弗莱彻正忙于开发新策略。

▶ 科恩曾说："我一直在学习，这让我保持兴奋和新鲜感。我现在做的事不会与10年前雷同。我已经蜕变了，也将继续蜕变下去。"

6. 要想成为成功的操盘手，得花些时间

要想操盘成功，经验只是块敲门砖。就像其他行业一样，经验只能通过时间积累。就像库克说的那样，"你不能指望一夜之间就能摇身一变成为医生或是律师，操盘也是如此。"

7. 记录你的市场观察

尽管经验的增长不能操之过急，记录下你的市场观察比起纯靠记忆要有效率得多。在库克转败为胜的过程中，每天记录他在股市中注意到的反复出现的模式至关重要。他的所有交易策略都脱胎于这些笔记。马斯特斯则将观察到的内容记录在他的名片背面。一沓这样的笔记，为他的交易模型打下了基础。

8.制定交易理念

制定交易理念——股市概念与交易方法的结合——要根据你在股市里的经验，还得适合你的个性（见第3点）。制定交易理念是一个动态的过程——随着你的经验增长，积累的知识也逐渐增多，现有的理念就应相应地进行更新。

9.你的优势是什么？

除非你能明确而坚定地回答出这个问题，否则你就还没有做好交易的准备。本书中每位操盘手都有具体的优势。举几个例子：

► 马斯特斯开发了一个基于催化剂的模型，该模型能识别高胜率交易。

► 库克能识别出一些价格形态，它们在85%的时间里能正确预测股市的短期方向。

► 科恩能够将其精选的操盘手和分析师所提供的信息流，与他作为操盘手与生俱来的择时技巧相结合。

► 巨大的研究投入与极少的交易成本使肖的公司得以识别出市场低效现象并从中获利。

► 通过将精心构建的融资交易与对冲技术相结合，弗莱彻实施的交易几乎在任何情况下都有着极高的获利概率。

► 沃森广泛的以沟通为基础的研究，让他能够在华尔街充分认识到这些机会之前，识别出那些被忽视的、可能会暴涨的股票。

10.自信来源于成功，还是成功来源于自信？

所有这些金融怪杰最显著的特点之一就是高度自信。这也引出一个问题：他们是因为操盘如此成功才自信的，还是因为他们自信所以取得了成功呢？当然了，如果有人能取得书中操盘手那样的辉煌成就，感到自信并不奇怪。但我采访这类金融怪杰越多，就越确信，自信是这些操盘手与生俱来的共通点。这里就从众多例子中摘取几个：

▶ 当沃森被问及，在他之前没有成功选股的经验时，是什么给了他信心从事资金管理行业，他是这样回答的："一旦我决心去做一件事，我就下定决心要成功，不管有什么障碍。如果我没有那种态度，我永远也不会成功。"

▶ 马斯特斯在成立他的基金之时，还只是个没有业绩记录的失业股票经纪人，他对类似的问题做出了这样的回答："我意识到如果别人能从事交易，我也可以。同时，我曾在最高级别的游泳比赛中取得过名次这件事也给了我信心，让我觉得自己在这行也能做得出类拔萃。"

▶ 雷斯卡波的自信似乎已经超出了理性范畴。当问到他为什么不等到开发出自己的方法，再与作为团队基金经理的合伙人分道扬镳时，雷斯卡波说："我知道我肯定能想出来点什么的。这点无须质疑。我用心做的事就没失败过，这次也是一样。"

对自信程度进行坦诚的评估，也许可以作为预测一位操盘手未来是否会在股市中成功的因素之一。至少，那些考虑转行成为交易者或是将自己财产可观的一部分投入股市中的人，应该问问自己，他们对于最终成功是否有着绝对的自信。回答时的任何犹豫都应被视为警示信号。

11.勤奋

讽刺的是，许多人被股市吸引，正是因为这看上去是一条赚钱的捷径，然而股市中的佼佼者往往是那些非常勤奋的人——几乎是过分勤奋。请看本书中的一些例子：

▶ 肖运营一家大型交易公司还不够，他还创立了一些成功的科技公司，为两家计算化学软件公司提供风投资金和支持，同时还担任总统顾问委员会主席。即使在他少有的休假期间，他也认为，"我发现我每天还是需要工作几小时让自己保持理智。"

▶ 尽管雷斯卡波的系统运行时间很快，表现也很出色，雷斯卡波还是继续将大量时间投入在计算机研究上。他继续工作，好像这些系统明天就会失效一样。

他从未错过任何交易日，即使在膝盖动了手术的那天，他都痛苦地一瘸一拐地在屋子里穿行，以便查看股市状况。

► 米勒维尼每周工作6天，每天交易14个小时，自称10年来即使是在他罹患肺炎期间，也从未错过任何一个交易日。

► 库克在每周花上50—60个小时交易的同时，还继续做着日常的农活。除此之外，在那次使他濒临破产的灾难性交易之后的几年里，库克的工作相当于两份全职工作。

► 本德不止将整个白天都用于在美国股市中进行交易，还用半个晚上交易日本股市。

12.痴迷

痴迷与勤奋之间，往往只有一条微妙的界线，而这些金融怪杰们，就常常逾越这条界线。显然刚刚举的一些例子里，就包含有痴迷的成分。对股市的这种痴迷，是一种与成功挂钩的特质，在其他领域也常常如此。

13.金融怪杰往往是创新者，而不是追随者

举几个例子：

► 弗莱彻刚开始从事第一份工作时，他们给了他一张桌子，让他"自己想办法"。弗莱彻从未停止过努力。他的整个职业生涯，都在思考并将创新的市场策略投入使用。

► 本德不仅开发出了自己的期权交易风格，还创造出一种押注传统期权模型无效以获利的方法。

► 肖的一生可以被总结为创新二字：他研究生时期创办的软件公司，他在超级计算机结构设计上的先驱工作，他创立的众多公司，以及他在德劭集团所使用的独有复杂数学交易模型的开发中所发挥的核心作用。

► 在10多年里，通过每天详细记录自己的股市观察，库克开发出大量独创且

可靠性极高的交易策略。

▶ 米勒维尼没有使用已经在股市相关图书中流行的形态,而是发掘出了他自己独家的一些图表形态。

▶ 马斯特斯通过记录下自己所有的股市观察,设计出他自己的以催化剂为基础的交易模型。

▶ 尽管雷斯卡波对细节守口如瓶,但单就他们卓越的业绩而言,他无疑开发出了独一无二的系统。

14.要想成为赢家,就得愿意承受损失

用沃森的话来说就是,"你不能害怕承担损失。在这行成功的人,都是愿意输钱的人。"

15.风险控制

米勒维尼认为,新手最常见的错误之一就是他们"花了太多时间研究入场策略,却没有投入足够时间管理资金"。"无论你采用怎样的投资策略,"他说,"这场战役最重要的是控制损失。"科恩则这样解释了止损的重要性:"大多数操盘手赚钱的时间也就在50%—55%这个范围内。我最好的操盘手只有63%的时间赚到了钱。这意味着你会有很多失误。如果是这样的话,你最好确保自己的损失尽可能小。"

受访的操盘手会使用如下的风险控制方法:

▶ 止损点。米勒维尼和库克都会提前确定,如果股价走势朝着对自己不利的方向发展,他们会在什么点位退出。这种方法让他们得以将任何头寸的潜在损失限制在一个明确的风险水平上(除非股价在一夜之间大幅波动)。米勒维尼和库克均表示,任何交易的止损点都取决于预期收益——也就是说,潜在收益更大的交易会使用范围更宽的止损点(也就是接受更大的风险)。

▶ 减仓。库克在他电脑上贴着一张纸条,上面写着:减仓。"我亏损的时候,"

他说，"做的第一件事就是止损。"科恩也表达了几乎相同的观点："如果你觉得自己错了，或者是大盘走势对你不利，并且你不知道为什么，那就买入一半。你常常可以再次这样操作。如果你这样操作两次，那么你就已经买回了自己3/4的头寸。剩下的头寸规模也不大了。"

▶ 选择低风险头寸。有些操盘手依赖于非常严格的选股条件来控制风险，以这种方式替代止损清仓或是减仓（见第17点）。

▶ 限制初始头寸规模。科恩告诫说："操盘手……普遍会犯的一个错是，相对于他们的投资组合而言，持有的单个头寸过大了。那么等到股票走势对他们不利的时候，就会成为他们的不能承受之痛，他们最后不是惊慌失措就是呆若木鸡。"同样，弗莱彻也引用过他的导师埃利奥特·沃克的话："你无法承受失败的风险就切勿押注。"

▶ 分散投资。持股越分散，风险就越低。然而，仅仅只是分散投资，是不足以完全实现风险控制的，因为大多数股票与大盘都有很强的相关性，因此股票之间也互有关联。同时，就像第52点说的那样，投资过于分散也会出现重大弊端。

▶ 做空。尽管普遍认为做空充满风险，但实际上它是能降低投资组合风险的有效工具（见第58点）。

▶ 对冲策略。一些操盘手（弗莱彻、肖和本德）起初就使用了对冲方法。对于这些操盘手而言，风险控制就是限制杠杆，如果杠杆过高，即使是低风险策略也会转变成高风险交易。（比如说，请参看肖的专访中有关美国长期资本管理公司的讨论。）

16.绝不可以惧怕风险

风险控制切不可与惧怕风险混为一谈。愿意接受风险也许是操盘手的必备特质之一。就如沃森所言，"你必须愿意接受一定程度的风险，不然你就永远无法采取行动。"当科恩被问到雇用新的操盘手时看重什么特质，他是这样回答的："我会找那些不怕冒险的人。"

17.通过聚焦被低估的股票来限制跌幅

很多受访的操盘手都会将他们的选股范围限制在那些被低估的股票中。沃森着重关注市盈率相对较低（8—12）的股票。奥库穆什则会买入那些从其高点下跌了60%及以上、市盈率低于12的股票。他还偏好买入股价与账面价值尽可能接近的股票。

所有这些操盘手专注于买入符合其价值股定义的股票的一个原因是，这样做可以限制跌幅。买入处于低位的股票还有一个好处，那就是处于这个区间的股票，如果出现转机，往往具有巨大的上涨潜力。

18.只有价值远远不够

需要强调的是，尽管数位操盘手都将低估值作为买入股票的必要条件，但他们都不认为这是个充分条件。想要进行交易，还需要有其他令人信服的理由，因为一只股票完全可以处于低价，就这样维持多年。即使你买入一只股价没有太多变化的价值股亏不了多少钱，这也可能代表着一起严重的投资失误，因为资金本可以用在其他更高效的投资上，实际却被套在了这只股票上。

19.催化剂的重要性

一只蕴含着极高价值的股票可能数年都在原地踏步，套住了宝贵的本金。因此，需要问这样一个重要问题：什么会让股票上涨？

沃森的选股过程有两个必要步骤。首先，确定符合其价值股标准的股票，这也是较为简单的一步，这一步只是确定了候选股票。接着，寻找催化剂（近期或即将出现的）以确认这些价值股有令人信服的理由在近期上涨。为了找出这些催化剂，他与企业以及它们的竞争对手、分销商和客户都进行了广泛的沟通交流。根据他的说法，每笔交易都需要一个催化剂。

马斯特斯则基于催化剂开发出了一整套交易模型。经过多年研究观察，他发现了多种股票对于催化剂的反应模式。尽管这些模式中，大多数单一出现只能提供很小的优势，但当组合在一起，就能识别出高胜率交易。

20.大多数操盘手关注何时入场，忽略了何时退出

退出时间与入场时间同样重要。任何忽视退出的市场策略都算不上完整。退出策略包括以下一个或多个要素：

► 止损点。详见第15点。

► 盈利目标。受访的多位操盘手（如奥库穆什、库克等）会在股价到达他们预先设定的盈利目标时退出。

► 止损时间。如果一只股票（或指数）未能在特定时间达成目标，就平仓。马斯特斯和库克都将止损时间视为有效的交易策略。

► 违反交易前提。如果执行一笔交易的理由不复存在，则立刻清仓。比如说，当科恩因预期收益不佳做空IBM时，财报公布的收益比预期还好，科恩立刻就回补了他的头寸。尽管这笔交易让他损失惨重，如果他迟疑了，损失将大得多。

► 与预期相反的市场行为（见第21点）。

► 综合考虑投资组合（见第22点）。

这些要素中，一部分可能对所有操盘手都适用（如出现与预期相反的市场行为时退出）；另一部分则因人而异。比如说，对使用基于择时的策略的米勒维尼而言，使用止损点非常重要。但对于倾向于在暴跌后买入低估值股票的奥库穆什和沃森，就不是这么回事了。（然而，后者还是会在做空头寸上使用止损点策略，因为空头交易的损失没有上限。）再比如说，在一些操盘手的方法中，会确定盈利目标，但对于另一些操盘手和投资者而言，这样做可能会限制其盈利潜力，从而对他们不利。

21.如果市场行为与预期不符，退出

众多操盘手提到，如果市场没有像预期的那样对某一事件（如盈利报告）做出反应，他们就会将其视为自己判断失误的证据并且清仓。我采访科恩的时候，

他正看涨债券市场，当时债市正处于长期下跌中。他告诉我了一些他相信债券市场会在未来几个月内出现大幅反弹的原因，我当时就坐在他身边看他买入了多头头寸。接下来几天，债券市场确实反弹了，但这一趋势很快戛然而止，债券价格又跌至新低。在我到访他公司的一周后，我又对科恩进行了电话回访，我问他，是否还在做多他几周前看涨的债券市场。"不，"科恩答道，"你按自己的理论操作，然后得根据市场给你的回应判断自己是否正确。"

22.何时清仓不只取决于股票，还取决于是否能找到更好的投资

能用于投资的资金是有限的。一直持有某股，就无法用这些资金买入另一只股票。因此，如果存在更好的投资机会，那么清仓一项看起来还不错的投资往往是合理的。比如说，沃森就采用了被他自己称为"食槽旁的小猪"的理念。他持续不断地更新着他的投资组合——将那些他仍然看涨的股票替换为看上去风险回报率更佳的股票。因此，投资者对现有持仓提出的关键问题不是"股价会涨吗"，而是"相比于我以相同的资金能持有的其他股票，投资这只股票是更好的选择吗"。

23.耐心的美德

无论你以什么标准选股和决定入场时机，都得耐心等待条件达成。比如说，奥库穆什就会耐心等到股价跌到他认为"划算"的区间，即使这意味着错过80%他想买入的股票。在1999年年中，奥库穆什只投资了13%的资金，原因就如他当时所说的那样，"没有划算的交易。在我找到股价低廉的股票前，我不会冒险投资。"

24.设立目标的重要性

与奥运会运动员及专业操盘手合作的基辅博士，强烈主张设定目标的力量。他认为，相信目标可能实现，就会使其可实现。然而，仅仅相信目标可以达成还

远远不够。基辅说，为了达成一个目标，你不只要有信念，还得承诺你会达成。他说，向他人许诺你会达成的目标，尤为有效。

基辅博士强调说，想取得出色的表现，就需要将目标设在操盘手的舒适区之外。因此，寻求超越的操盘手就需要一直重新制定目标，以使其一直具有挑战性。操盘手们还需要监控自己的表现，以确保他们在通往目标的正轨上，如果他们没有在通往目标的正轨上，要诊断出是什么阻碍了他们。

25.这次并没有不一样

每次出现市场狂热时，人们会说"这次不一样"，然后解释说为什么这次牛市会持续下去，即使当时的价格已经高得离谱。1980年，当金价飙升至一盎司近1000美元时，说法则是黄金"与其他大宗商品不同"。据说，普通的供求规律不适用于黄金，因为通货膨胀日益加剧，而黄金具有储存价值的特殊作用。（还记得两位数的通货膨胀率吗？）1980年代日本股市疯涨，企业市盈率常常高达美国对应级别公司的5—10倍，人们对这个牛市也有着让人安心的解释：日本股市有所不同，因为公司之间彼此都持有大额股份，他们也很少卖出自己所持的份额。

在本书写作期间，科技股，特别是互联网股票出现了爆炸性的增长。没有收益，甚至连一点收益的影子都不见的股票被炒到了离谱的价位。再一次，不乏有专家来解释为什么这次不一样，为什么收益不再重要（至少对于这些股票而言是这样）。一些受访的操盘手也警告了有关当前股市狂热方面的内容。到了提交本书书稿的时候，许多互联网股票已经出现了巨幅下跌。然而，这个信息仍有意义，因为总会有一些市场或板块会再次呼喊"这次不一样"。记住：每次都一样。

26.基本面不是在真空环境中看涨看跌的，看涨看跌只是相对于价格而言的

如果一家好公司的股价上涨幅度超过了看涨基本面的贴现幅度，那它可能是一笔糟糕的投资。相反地，一家出现状况、与负面新闻相关联的公司，如果其股价跌幅大于看跌消息的贴现幅度，那么也有可能会成为一笔不错的投资。问及想

给投资者们什么建议，加兰特表示："一家好公司也有可能会是一只烂股票，反之亦然。"

27.成功的投资和交易与预测无关

举个例子，雷斯卡波强调说他从未做出过任何预测，也对声称自己具有预测能力的人嗤之以鼻。当他被问到为何一提到股市预测他就发笑时，他回答说："我笑的是那些预测股市的人。他们实际一无所知。没人能知晓会发生什么。"

28.永远不要根据你读到的或别人说的来假设市场事实，亲自验证一切

库克第一次问及点数（是指纽约证券交易所上涨股票数量减去下跌股票数量所得的数字）的含义时，一位经验丰富的经纪人告诉他，如果点数很高，就是买入的信号。而通过他自己的研究和记录下的观察结果，他发现事实恰恰相反。

本德最初从事期权交易时，就对行业通用的期权定价模型的核心前提有所质疑。他深信这个传统观念有误，于是他开发出一种方法，这种方法实际上是基于押注广泛使用的期权定价模型所指示的无效。

29.绝对不要听取他人意见

要想在股市中成功，自己做决定至关重要。大量操盘手都曾提到，听信他人建议是他们犯过最严重的错。沃尔顿和米勒维尼曾因为这样的错误失去了全部的投资资金。谈到这次经历，米勒维尼说："我错就错在把决策的责任交给了别人。"沃森的代价很低，他在课堂项目中以低分的代价学到了这一课。科恩谈起他认识的一个具有成为优秀操盘手的能力，却无法真正成为优秀操盘手的人时，他说因为"他拒绝自己做主"。

30.切勿自满

沃尔顿告诫称："这个行业的奇怪之处在于，不管你变得多成功，一旦你自

视甚高，那么一通糟糕的电话就会让你破产。"

31.需要有自我认知

每位操盘手都必须意识到可能阻碍交易成功的个人弱点，并进行适当调整。比如说，沃尔顿最终意识到，他的弱点就是会听信他人的意见。他意识到自己的缺点之后，即使他管理的资产似乎决定了需要一名员工，他仍独自工作。此外，为了能安全地发泄他听消息的赌瘾，他留出了一小笔资金——小到不会造成任何损失——用于此类交易。

基辅博士将他与操盘手之间的工作描述为"一种对话过程，以找出阻碍一个人表现的个人缺陷"。他帮助操盘手识别的个人缺陷包括：

▶ 一位操盘手喜欢寻找划算的交易，导致他错过了许多不错的交易，就因为他总是想着得到更好一些的入场价格。

▶ 一位操盘手以摊平成本的方式入场，但他总将这些交易视为亏损，即使这都是按照他计划的方式入场的。

▶ 一位操盘手总是在他决心清仓的时候，担心股价会在他清仓后上涨，所以总是保留一部分仓位，而这样的行为对他十分不利。

只有自我认知还不够，交易者还必须愿意做出必要的改变。库克与许多操盘手共事过，也见过许多拥有良好操盘技能的人失败，就因为他们不愿意克服他们的个人缺点。他提到一个例子，是他的一位客户沉迷于在周五交易日到期时交易的兴奋。尽管这位操盘手其他交易时段都表现出色，但这些数量高得多的交易所赚得的微小收益，相比于他在4年中每个周五交易到期日的巨额亏损显得杯水车薪。尽管明白了自己的弱点所在，这位操盘手还是拒绝做出改变，最终全面溃败。

32.别带着情绪

讽刺的是，尽管许多人被吸引到市场来寻求刺激，金融怪杰们常常将不要受情绪影响作为给投资者的重要建议。沃森说："你投资时不能带入情绪，如果你带着情绪，就会做出糟糕的决定。"

33.将个人问题视为你交易的警钟

健康问题或是情绪压力有时可能会影响操盘手的业绩。比如，所有库克亏损的时期（在他成为持续盈利的操盘手之后）都能对应上他有个人困难的时期（如身体受伤、他父亲心脏病发作）。

沃尔顿作为操盘手的成熟标志，是离婚在即，他又恰巧处于少见的亏损时期，此时他决定暂停交易。当你正经受着健康危机或是个人生活遭遇困难，要对交易业绩恶化的迹象保持高度警惕。在这段时间里，削减交易规模，准备好在出现麻烦的第一个迹象时完全停止交易才是明智的做法。

34.分析你过去的交易以获得可能的洞察

分析你过去的交易也许会发现可以用来提高未来表现的模式。比如说，米勒维尼通过分析他过去的交易，发现如果他将亏损额度限定在一个固定的最大值，那么他的收益将会大大提高。这一发现促使他改变交易规则，大幅提升了他的业绩。

35.不要担心自己看起来愚蠢

永远不要因为担心别人可能会怎么看，而限制或影响你的市场决策。关于担心他人意见的危险，米勒维尼就是一个完美的例子。在他的职业生涯早期，他在决心清仓许多亏损头寸后，仍然持有了很久，就是因为担心会被他的经纪人揶揄。

36.杠杆的危险

讽刺的是，即使马克·库克在最初的交易中，大部分交易都盈利了，但他还是因为杠杆过高而血本无归。如果你杠杆加得太重，出一次错就足以让你出局。

37.持仓规模的重要性

要想获得超群的业绩，不仅得选对股，还得有信心在有投资潜力的交易里投入重仓。基辅博士在看过科恩的交易数据后说，科恩十分可观的收益中，几乎100%都来源于他5%的交易。科恩自己则估计，他自己的交易大概只有55%是盈利的。这些表述隐含的意思是，当科恩进行大的押注时，通常他都是正确的。事实上，他决定究竟哪些交易需要重仓的超凡技巧，正是他成功的关键所在。

再举个例子，即使雷斯卡波是一个系统交易者，他偶尔也会在那些他认为的高胜率交易上加一些杠杆。有趣的是，他在这些交易中从来没有亏损过。

重点在于，所有的交易都不一样。如果认为一场交易，相对于风险来说盈利潜力更大，或是有极高的胜率，都应投入相较其他交易更重的仓位。当然了，"仓位更重"的程度也因人而异，但这一理念，无论是对于平均持仓100股的普通交易者，还是对于平均持仓100万股的基金经理，都一样适用。

38.复杂性不是成功的必要因素

库克用于指示交易的一些形态和指数其实很简单，但他应用这些形态和指数的技巧才让他真正实现了成功。

39.将操盘视为事业，而非爱好

库克和米勒维尼都说过："爱好是花钱的。"沃尔顿也提出过相仿的建议，"要么全力以赴，要么就不要去做。切勿浅尝辄止。"

40.交易和其他创业一样，需要切实的商业计划

库克建议，每个交易者都应制订一份囊括了以下所有问题答案的商业计划：

▶ 你打算在什么市场进行交易？

- 你的交易资本是多少?
- 你将如何下单?
- 哪种类型的亏损会让你暂停交易并重新评估自己的投资方法?
- 你的盈利目标是什么?
- 你会用什么流程分析自己的交易?
- 如果出现个人问题,你会怎么改变交易流程?
- 你会怎么设置自己的办公环境?
- 做出成功交易,你会如何奖励自己?
- 作为交易者,你会如何持续提高自己的水平?

41. 定义高胜率交易

尽管受访的操盘手方法各有千秋,都各具自身特色,但他们都找到了识别出高胜率交易的方法。

42. 找到低风险机遇

许多受访的操盘手都开发出了专注于识别低风险交易的方法。低风险交易的优点在于它结合了两个要素:耐心(只有一小部分想法能够符合标准)、风险控制。

43. 做任何交易前,都确保你有好的理由

如科恩所述,因为"股价太低"买入,或是因为"股价太高"卖出,并不是个好理由。沃森这样解释过彼得·林奇的原则:"如果你没办法在四句话以内简要概括自己为什么持有一只股票,也许你就不该持有它。"

44. 在投资中运用常识

沃森从他的榜样彼得·林奇那儿得到启发,极力倡导常识性研究。他通过大

量案例说明，一个人能做的最重要的研究常常只是试用某个公司的产品，或者对于零售商而言，就是参观其商场销售点。

45.买入那些难以买到的股票

沃尔顿说："实际上我乐于见到我想买的股票变得难买。我在42美元的位置下单买入戴尔，在45美元的时候成交。我很喜欢这样。"米勒维尼则说："那些即将暴涨的股票很难做到买入的时候不推高市场。"他说，"技术欠佳的操盘手"会犯的一个错就是，"希望等回调的时候买入这只股票，可根本不会出现回调"。

46.不要让之前更低价位的清仓阻止你买入本会买入的股票

沃尔顿觉得，即使好股票的股价涨到了比他清仓时更高的价位，他也愿意买入，而这正是帮助他成为一名成功交易者的变化之一。米勒维尼则强调说，你需要一个止损退出后重新入场的计划，"不然，"他说，"你会经常发现，自己止损后眼睁睁看着头寸上涨个50%或者100%。"

47.如果资金投资在别处更有效率，一直持有亏损的股票可能是个错误，即使它反弹了

当一只股票比买入价下跌很多时，投资者很容易就会将一直持有合理化，"我怎么能现在退出？肯定不会亏损更多了。"即使所言非虚，这样的想法也会让钱套牢在这些股票里，让交易者错过其他机会。沃尔顿在谈到他为什么在一些股票的价格已经比他买入时下跌了70%之后抛售时，说："通过清仓我的投资组合，重新投资在可靠的股票上，我赚的钱比我继续持有这些股票，等着它们反弹要多得多。"

48.你不需要做孤注一掷的决策

米勒维尼在提出这点建议时说明，如果你对是否要获利了结踌躇不定，只了

结一部分盈利没什么问题。

49.关注股票对于新闻消息的反应

沃尔顿会寻找那些遇到利好消息会涨得更多，同时有负面消息时不会跌得太狠的股票。如果一只股票对负面消息反应不佳，那么用沃尔顿的话来说，"（它）没有得到（市场的）眷顾。"

50.内部人买入是重要的确认条件

管理层或者公司本身愿意买入自家股票也许不是买入某只股票的充分条件，但这种行为确实强有力地证实了这只股票会是项不错的投资。许多操盘手认为，内部人买入是他们选股过程中的关键因素（比如奥库穆什与沃森）。奥库穆什强调说，内部人买入的统计数据需要相对其他数据来看。"我会对比其买入股票的数量和他的净资产还有薪水。比如说，如果他买入的股票比他的年薪还多，我就认为其买入的量很大。"奥库穆什同时也指出，有必要确保内部人买入是代表买入新的股票，而不是行使期权。

51.希望两个字，谁都会说

库克建议，如果你发现自己会说"天哪，我希望这个头寸能回到原来的价位"，要么清仓，要么减仓。

52.反对分散投资的理由

分散投资往往被奉为圭臬，因为在降低风险上，这是项重要的工具。这种说法是有道理的，因为一般来说，冒险将你的全部资产放在1—2只股票上，相比于将投资分散在数量更多的多元化股票中，并不明智。然而，高于一定数量级后，分散投资也许会带来负面影响。比如说，奥库穆什对于为什么他将他的投资组合限制在大约10只股票做出了如下解释："逻辑很简单：我最看好的10只股票表现肯定比我最看好的100只要好。"

上述内容并非想要反对分散投资。事实上，最小程度的分散投资几乎总是可取的。重点在于，尽管有些分散投资是有利的，但有时让投资过于分散反而可能会带来坏处。每位交易者都应将分散投资的合适程度作为独立决策加以考量。

53.警惕数据挖掘

如果测试的数据足够多，即使只是随机的数据，也会偶尔呈现出模式。数据挖掘——让计算机在数据中循环，测试成千上万甚至上百万的因素组合，以寻找可以盈利的模式——往往会产生看上去不错但实际上没有任何预测能力的交易模型（系统）。这样的事后分析会诱导研究人员交易毫无价值的模型。肖则会通过先提出一个市场行为假设，再对其进行测试，来避免此类陷阱，而不是盲目地搜寻数据来寻找模式。

54.协同效应和收效甚微的指标

肖提到，尽管他的公司识别出的单个市场低效现象无法单独使交易获利，但它们可以相互结合以识别获利机会。这意味着技术面或基本面的指标单独使用收效甚微时，结合到一起也许能得出一个更加可靠的指标。

55.只有在预期状况与过去相同时，过去的卓越业绩才具有相关性

理解为什么一项投资（股票或基金）过去表现出色非常重要。比如说，在1990年代末期，许多业绩较好的基金将其优异的业绩归功于买入高市值股票的策略。结果，相对于市场其他股票，高市值股票被哄抬至极高的市盈率。一位新手投资者想要这些基金继续在未来有优异表现，实际上就是在下一个投资赌注，赌这些高市值股票相比于市场其他股票还会继续越涨越高。

专栏作家乔治·J. 邱奇曾写道："每一代人都有自己独有特点的愚蠢，但基本原因如出一辙：即使周遭的环境已经在发生翻天覆地的变化，人们还是坚信近

期发生的事会在无限的未来里继续发生。"

56.流行会摧毁有效的策略

这条原则的经典例子来自1980年代的投资组合保险（当股票投资组合的价值下跌时，系统性地卖出股指期货，以降低风险敞口）。在其实行的早些年，投资组合保险给投资者们提供了一种在大盘下跌时限制损失的合理策略。然而，当这一策略变得越来越流行，就为其自身的毁灭埋下了伏笔。在1987年10月股灾发生时，投资组合保险已经被广泛投入使用，这导致了之后的多米诺骨牌效应，即股价下跌，引发投资组合保险卖出，从而导致股价持续走低，导致更多的投资组合保险卖出，如此循环往复。甚至可以说，知道有大量低于大盘价的投资组合保险卖单存在，是1987年10月19日股市大崩盘的原因之一。

57.市场就像一枚硬币有两面——只是概率并不相等

就像你可以抛硬币赌正反一样，你也可以决定是做多还是做空一只股票。然而和寻常硬币不同，市场这枚硬币每一面的概率并不相等：股价的长期上升趋势导致对卖空交易产生强烈的负面偏见。就如雷斯卡波所言："做空股票就很蠢，因为概率对你不利。股市几十年来都以每年超过10%的速度在上涨。你为什么要逆势而为呢？"（实际上，有个绝佳的原因逆势而为，我们很快就会谈到。）

做空的另一劣势是上行空间有限。如果买入得合适，可能一笔交易能获利数倍乃至数十倍，而最完美的做空仓位最多也就能获利100%（如果股价归零的话）。反过来说，做多仓位是不可能亏损超过100%的（假设不使用保证金的话）。然而做空头寸理论上的损失可以是无上限的。

最后，除了指数产品，整个股市系统都不利于做空。做空交易者必须借入股票卖出，这个行为存在未来某天借入的股票被收回的风险，迫使操盘手必须回补（买入）相应头寸。故意迫使空头回补（空头挤压）往往会导致估值过高，甚至一文不值的股票在崩盘前剧烈反弹。因此，做空交易者面临着押对了宝，却仍然因为人为强制平仓而亏损的风险。做空者还有另一个障碍，那就是头寸只能在上涨时（股票交易价较上次卖出价更高时）执行——这个规定可能会导致交易执行时的价格比下单时的市场价更糟糕。

58.做空的理由

鉴于做空有如此多的弊端，似乎很容易得出做空莽撞愚笨的结论。说得有道理，但并没说对。以下这个惊人的事实就可以证明：本书中受访的12位操盘手，其中11位都参与过做空交易！（唯一的例外是雷斯卡波。）显然，做空肯定是有其令人信服的理由的。

理解做空理由的关键，是要将这些交易置于整个投资组合中的背景下，而不是作为独立的交易来看待。尽管有这么多劣势，但做空交易有一个强大的属性：它们与投资组合的其他部分呈负相关（多头头寸亏损时，这些交易会倾向于获利，反之亦然）。这一特性使得做空成为降低风险最有用的工具之一。

为理解做空是如何降低风险的，我们来对比两个假设出的投资组合。投资组合A只持有多头头寸，一年盈利20%。投资组合B做了与投资组合A完全相同的所有交易，但在此基础上加入了少量空头交易。为使这个例子简单易懂，就假设投资组合B中的空头头寸一年正好不赚不亏。根据上述假设，投资组合B一年也是盈利20%。然而，这其中有一个重要的差别：投资组合B股票下跌的幅度往往较小。为什么？当投资组合中的其他部分下跌时，投资组合中的空头头寸往往表现最好。

在我们所举的例子中，我们假设空头头寸不赚不亏。如果操盘手还能在空头头寸上获得些净收益，那么空头交易就不但能减少风险，还能提高收益。事实上，即使空头头寸仅仅不赚不亏，也能有机会在不增加风险的前提下提高收益。（准确地说，即使投资组合中空头部分有少量净损失，这句话也是成立的，但对此充分的解释不在本书的范围。）如何做到？以更大的杠杆交易多头头寸即可——因为空头头寸与投资组合的其他部分形成了对冲，所以这样做也不会增加风险。

现在，众多受访操盘手以空头交易来补充他们的多头头寸的原因显而易见：这让他们得以提高他们的风险回报水平（风险更低，或者回报更高，又或者二者兼得）。

如果做空有助于降低投资组合的风险，为什么常常有相反的想法，认为这是一种高风险的行为呢？两个原因。首先，空头交易通常被简单地视为独立交易，而不是放在整个投资组合的背景下进行。其次，空头头寸无限的亏损敞口确实可能导致巨大的风险。然而幸运的是，这样的风险是可控的，这也是我们要谈到的下一点。

59.做空必不可少的一条规则

尽管做空往往会降低投资组合的风险，但任何单个空头头寸的损失都可能会远远高于最初的资金投入。举几个例子：

▶ 1998年6月，1万美元的亚马逊空头头寸会在7个月后造成12万美元的亏损。

▶ 1998年10月，1万美元的易趣空头头寸会在7个月后造成23万美元的亏损。

▶ 1997年1月，1万美元的雅虎空头头寸会在两年后造成68万美元的亏损。

这些例子清晰地表明，只需在做空上犯一个错误，就可能让整个账户化为乌有。正因为空头头寸理论上无限的风险，所以做空有一条重要规则：制订一个限制损失的计划，并严格地遵循计划。

以下是受访的操盘手提到过的一些空头风控方法：

▶ 即使操盘手的看跌分析完全不变，当空头头寸达到预先决定的最大亏损点时，立刻平掉空头头寸。就如沃森所言，"即使我笃定这家公司最后会破产，也还是会平仓……如果在我们的投资组合里，有1%是这只股票的空头，我不会让它变成5%的亏损。"

▶ 在一个投资组合内，空头头寸应有一个具体的最大百分比的上限。因此，空头头寸的价格升高，那么头寸规模就应相应降低，使其所占投资组合的比例与之前持平。

▶ 空头头寸被视为短期交易，通常会与类似于财报发布这样的特定催化剂相关。是盈利是亏损，都要在数周甚至数日内清仓。

60.识别做空的候选股票（对于只做多的交易者而言，则是应避免的股票）

完全专注于做空的加兰特，在寻找潜在空头时会注意以下危险警示信号：

▶ 高额应收账款（商品及服务的大量未付账单）；
▶ 变更会计师；
▶ 首席财务官频繁换人；
▶ 公司将股价下跌归咎于做空者；
▶ 公司为利用当下流行趋势而完全改变其核心业务。

而这些存在危险警示信号的股票必须符合另外3个条件，才满足实际做空交易的要求：

▶ 非常高的市盈率；
▶ 会让股票在短期内变得脆弱的催化剂；
▶ 股价上升趋势已经停滞或是逆转。

沃森理想的做空对象是股价居高、产品单一的公司。他会寻找那些因为它们的单一产品或是主要产品不能达到宣传声称的效果，或是因为竞争者没有进入壁垒，从而导致未来销量不堪一击的公司。

61.利用期权表达具体的股价预期

现行期权价格会反映出价格变动是随机的这一假设。如果你对某只股票未来价格变动的相对概率有具体的预期，那么期权交易就经常可能（在同等风险水平下）比买入股票提供更高的盈利潜力。

62.卖出你想买入的股票的价外看跌期权

这是奥库穆什用过的一个技巧，对许多投资者也许都有效，但可能只有很少一部分人在使用。这个技巧就是，如果投资者想以某个价格买入一只股票，那么就可以卖出这只股票的看跌期权，行权价就是他想买入的价格。这一策略能确保在股票没有跌至预期买入点的情况下获得一定的利润，如果其确实跌至预期买入点，收到的权利金还能降低买入股票的成本。

比如说，假设甲公司的股价是24美元，你想以20美元的价格买入该股。一般来说，为了达成这一投资目标，你会下一个买单，将买入价限制为20美元。而奥库穆什建议的另一方法则是卖出该股行权价为20美元的看跌期权。这样一来，如果股价没能跌到你的买入价，你至少能通过卖出20美元的看跌期权赚到些钱，这些期权到期后就一文不值了。另一方面，如果这只股票跌至20美元以下，看跌期权的买方将行使期权，你最终也能以20美元的价格持有这只股票，而这正是你想买入的价格。而且，如果是后者这种情况的话，你买入的成本也会因卖出期权所获得的权利金而降低。

63.华尔街研究报告往往存在偏见

许多操盘手都提到华尔街研究报告往往存在偏见。沃森提到说，正是投行的关系导致了这样的偏见——即使不是特别喜欢某些股票，分析师通常会感受到给这些公司"买入"评级的隐性压力，这些公司是其公司的客户。

64.成功的普遍性

本章意在总结成功交易与投资的要素。然而，我相信，这些能使人走向成功交易的特质对于取得其他行业的成功一样有所裨益。除了那些只针对市场的项目，几乎所列的每一项，都可作为在任何努力中获得成功的蓝图。

APPENDIX 附　录

期权——了解基础[1]

期权有两种基本类型：看涨期权和看跌期权。买入看涨期权，买方就有权利——但并非义务——在到期日（含到期日）前的任何时间以指定的价格买入标的股票（或其他金融工具），该价格称为行权价。看跌期权为买方提供了在到期日之前任何时候以行权价卖出标的股票的权利——并不是义务（因此，请注意，买入看跌期权是看跌交易，而卖出看涨期权则是看涨交易）。期权的价格被称为权利金。举个期权的例子，买方买入一张行权价130的IBM看涨期权就有权在期权有效期内任意时间以每股130美元的价格买入100股IBM公司股票。

看涨期权的买方通过锁定特定的买入价格，寻求从预期的价格上涨中获利。看涨期权买方可能出现的最大亏损，等值于为该期权支付的权利金价值。如果行权价高于当时的市场价，持有至到期的期权，就会出现这种最大亏损。比如说，如果行权价130的IBM期权到期时，该股交易价为125美元，那么期权到期时将一文不值。如果期权到期时标的市场价格高于行权价，期权就会有一定的价值，因此期权就会被行使。然而如果市场价与行权价的差额小于权利金的金额，那么这笔交易的净盈亏仍然为负。因此，为了使看涨期权的买方能够获得净利润，买方买入看涨期权时，市场价与行权价之间的差额必须（在扣除佣金成本后）大于期权的权利金金额。市场价越高，最终收益也就越大。

看跌期权的买方，通过锁定一个卖出价，寻求从预期的价格下跌中获利。就如看涨期权的买方一样，其最大可能的亏损也与为该期权支付的权利金等值。对

---

[1] 改编自杰克·施瓦格，《期货市场完全指南》。由约翰·威利父子出版公司授权转载。

于持有至到期日的看跌期权，如果行权价超过市场价的数值（扣除佣金成本后）大于买入该看跌期权时的权利金，交易则能够净获利。

看涨或看跌期权的买家风险有限，潜在收益无限，对于卖家则是相反。期权卖方通过履行在期权被行使时按行权价建立相反头寸的义务，收取权利金。比如说，如果看涨期权被行使了，卖方就必须以行权价在标的市场建立空头头寸（这样做是因为，通过行使看涨期权，买方以该价格建立了多头头寸）。

看涨期权的卖方寻求从预期的横盘至小幅下跌的市场中获利。在这种情况下，卖出看涨期权赚取的权利金提供了最具吸引力的交易机会。然而，如果交易者预期股价会大跌，他最好是做空标的市场或是买入看跌期权——这样一来，交易就有了无限的获利潜能。相似的，看跌期权的卖方也寻求从预期的横盘到小幅上涨的市场中获利。

一些新手难以理解既然这样的交易潜能无限而风险有限，为什么操盘手并不总是倾向于做期权买方（即买入看涨期权或看跌期权，这取决于对股市的看法）。这样的困惑反映出没有考虑到概率的问题。尽管期权卖方理论上的风险是无限的，但发生概率最大的价格水平（即期权交易发生时，价格接近市场价），将给期权卖家带来净收益。简单来说，期权买家以大概率小幅亏损的代价，换得小概率获得巨大利润的机遇，然而期权卖家则是以小概率大幅亏损，换取大概率小幅获利。在一个有效市场中，长期而言，无论是一直作为期权买方还是一直作为期权卖方都不会有太大的优势。

权利金由两部分组成：内在价值和时间价值。看涨期权的内在价值是当前市场价高于行权价的金额（看跌期权的内在价值是当前市场价低于行权价的金额）。事实上，内在价值是指如果以当前市场价行使期权所能变现的部分权利金。内在价值就是期权的底价。为什么这么说呢？因为如果权利金低于内在价值，交易者就可以买入并行使期权，从而实现净收益（假设这位交易者的收益至少覆盖了交易成本）。

具有内在价值的期权（即行权价低于市场价的看涨期权和行权价高于市场价

的看跌期权）为价内期权。没有内在价值的期权为价外期权。行权价最接近市价的期权为平价期权。

被定义为内在价值为零的价外期权，因为在到期日之前市场价有可能超出行权价很多，因此仍有些价值。价内期权的价值则比股票头寸的内在价值要高，因为期权头寸比标的市场头寸更受欢迎。为什么呢？因为期权和股票头寸在价格有利波动的情况下，收益相等，但期权的最大损失是有限的。权利金超过内在价值的部分，被称为时间价值。

以下是影响期权时间价值的三个最重要因素：

1.行权价与市场价之间的关系。深度价外期权的时间价值很小，因为市场价不太可能在期权到期前达到行权价或超过行权价。深度价内期权的时间价值很小，是因为这些期权头寸与标的市场头寸极其相似——除非发生极端不利的价格波动，二者的收益和损失是相等的。换言之，对于深度价内期权而言，限制风险的价值不大，因为行权价与现行市场价相差太多。

2.到期前剩余时间。到期日前剩余的时间越多，期权的价值就越高。这点毋庸置疑，因为有效期越长，期权内在价值在到期前就越有升值的可能。

3.波动率。在期权到期前，时间价值会直接随着标的市场的预计波动率（衡量价格变化程度的一种指标）变化。之所以会产生这种联系，是因为更高的波动率提高了内在价值在到期日之前以任何具体数值增加的可能性。换言之，波动率越高，市场可能的价格区间就越大。

尽管波动率是衡量权利金价值极为重要的一个因素，但需要强调的是，市场未来的波动率，只有在事后才会确切地知道。（与此相反的是，到期前剩余时间和当前市场价与行权价的关系，在任何时间节点都可以准确确定。）因此，波动率必须始终以历史波动率数据为基础进行估算。市场价（即权利金）所隐含的未来波动率估计值可能高于也可能低于历史波动率，这就是所谓隐含波动率。